U0506772

书目答问补正

张之洞 ／ 撰　范希曾 ／ 补正

徐鹏 ／ 导读

上海古籍出版社

蓬莱阁典藏系列

图书在版编目(CIP)数据

书目答问补正／(清)张之洞撰；范希曾补正；徐鹏
导读. —上海：上海古籍出版社，2019.5（2023.12 重印）
（蓬莱阁典藏系列）
ISBN 978-7-5325-8912-8

Ⅰ.①书… Ⅱ.①张… ②范… ③徐… Ⅲ.①古籍-
图书目录-中国 Ⅳ.①Z838

中国版本图书馆 CIP 数据核字(2018)第 134327 号

蓬莱阁典藏系列

书目答问补正

张之洞 撰 范希曾 补正 徐鹏 导读

上海古籍出版社 出版、发行

（上海市闵行区号景路159弄1-5号A座5F 邮政编码 201101）
(1) 地址：www. guji. com. cn
(2) E-mail：guji1@guji. com. cn
(3) 易文网网址：www. ewen. co

印 刷 江阴市机关印刷服务有限公司
开 本 787×1092 1/32
印 张 10.625
插 页 5
字 数 215,000
版 次 2019 年 5 月第 1 版 2023 年 12 月第 3 次印刷
ISBN 978-7-5325-8912-8/K·2518
定 价 42.00 元

如有质量问题,请与承印公司联系

出版说明

　　中国传统学术发展到晚清民国,进入一个关键的转折时期。面对"数千年未有之变局",旧传统与新思想无时不在激荡中融汇,学术也因而别开生面。士人的眼界既开,学殖又厚,遂有一批大师级学者与经典性著作涌现。这批大师级学者在大变局中深刻反思,跳出旧传统的窠臼,拥抱新思想的精粹,故其成就者大。本社以此时期的大师级学者经典性著作具有开创性,遂延请当今著名专家为之撰写导读,希冀借助今之专家,诠释昔之大师,以引导读者理解其学术源流、文化背景等。是以本社编有"蓬莱阁丛书",其意以为汉人将庋藏要籍的馆阁比作道家蓬莱山,后世遂称藏书阁为"蓬莱阁",因借取而为丛书名。"蓬莱阁丛书"推出后风行海内,为无数学子涉猎学术提供了阶梯。今推出"蓬莱阁典藏系列",萃取"蓬莱阁丛书"之精华,希望大师的经典之作与专家的精赅之论珠联璧合,继续帮助读者理解中国传统学术的发展与大师的治学风范。

目 录

《书目答问补正》导读

徐　鹏

一

张之洞的《书目答问》，是一部指导治学门径的举要目录，它的出现，得到了当代学者的普遍重视，从而为我国目录著作开辟了一个新的领域。

张之洞（一八三七——一九〇九）字孝达，号香涛，河北南皮人。清朝末年，他是地位仅次于李鸿章的洋务派代表人物。据《书目答问》中的"略例"所述，该书系完成于光绪元年（一八七五）张任四川学政期间。一般认为，张撰本书时得到曾为张之洞幕僚的校勘目录学家缪荃孙的帮助。

早在《答问》问世以前，清高宗弘历曾下令修纂了一部我国历史上规模最大的丛书——《四库全书》，并由当时一些著名学者为全书撰写了提要——《四库全书总目提要》。姑且不谈修纂《四库全书》的功过，单就《提要》来说,它对一万多部古籍进行了考订和评论,作为治学门径的书,至今仍还有着重要的参考作用。但《提要》的内容毕竟比较繁杂,对于初学者来说,要从如此众多的书籍中确定其轻重缓急,还需要经过一番认识和实践的过程。而且,从《提要》完成以后到《答问》问世以前这一个世纪内,在学术研究领域内又出现了大量有价值的著作,这些著作往往在前人研究成果的基础上进行了新的探索,取得了新的成就,这就需要有一部"以约驭繁"、反映最新研究成果的目录著作来为初学者作入门的指导,《答问》就担负起了这样一个任务。作者在《略例》中指出:"此编所录,其原书为修《四库》书时所未有者十之三四,《四库》虽有其书而校本、注本晚出者十之七八。"可见,《答问》除了选录《四库全书》所收的部分图书之外,还补充了不少《四库》以外的或晚出的材料。

作者撰书的目的是很明确的。"诸生为学者来问应读何书,书以何本为善⋯⋯因录此以告初学。"因为作者认为,"读书不知要领,劳而无功;知某书宜读而不得精校、精注本,事倍功半"。所以需"分别条流,慎择约举,视其性之所近,各就其部求之"。这就是说,这本书想为初学者解决两个问题:哪些是比较重要的书和哪些是比较好的版本。

二

作为一本指导治学门径的举要书目,如何从浩如烟海的图书中慎择约取,选出其中基本的、具有代表性或带有总结性的最重要的著作,是一个必须解决的首要问题。但要决定哪些书是重要的或不重要的,除了作者的学识以外,还必然涉及到作者本人治学的基本观点。作者提出"读书期于明理,明理归于致用"的主张,他说:"使者谆谆劝诸生读书,意在使全蜀士林美质悉造成材,上者效用于国家,其次亦不失为端人雅士,非欲驱引人才尽作书蠹也。"又说:"读书宜读有用书。有用者何?可用以考古,可用以经世,可用以治身心。"一句话,读书必具有经世致用的实用目的。

从这一点出发,我们才有可能对张之洞主张里出现的一种貌似矛盾而实质上却颇为一致的现象——对古与今的看法,有所理解。一方面,他大力主张"读书宜多读古书",说"除史传外,唐以前书宜多读,为其少空言耳。大约秦以上书一字千金;由汉至隋,往往见宝,与其过也,无亦存之;唐至北宋,去半留半;南宋迄明,择善而从"。并在"史部"下以《逸周书》、《国语》、《战国策》等另立"古史"一类,在"子部"下以《荀子》、《孔丛子》、《孙子》等另立"周秦诸子"一类,而在其他各部类中也收录了大量传统的先秦两汉古籍。但另一方面,他又大力宣扬"今胜于古"的思想,如在一开始的"经部"下说:"经学、小学书以国朝人为极,于前代著作撷长弃短,皆已包括其中,故于宋元明人从略。"以《诗经》为例,《答问》共举有关著作五十余种,其中为《四库》著录者仅《毛诗正义》、《诗地理考》等十余种(删《四库》著录宋元人著作三十余种),尚不及《四库》著录总数的四分之一。其增补者绝大部分为清人著作。又如"小学"部分,《答问》收书一百十余种,内清人著作达八十余种。在"史部·地理"类下又说:"今人地理之学,详博可据,前代地理书特以考经文史事及沿革耳。若为经世之用,断须读今人书,愈后出者愈要。"在这类著作中,除了收录《三辅黄图》、《水经注》、《元和郡县志》等张氏所谓"考经文史事及沿革"的古籍外,还收录了大量清人著作及《新译海塘辑要》、《职方外纪》、《坤舆图说》等若干翻译作品。在"子部·天文算法"下又说:"推步须凭实测,地理须凭目验,此两家之书皆今胜于古。"此类书籍,《答问》以其"极有益于经济之学",收录达六、七十种之多,其数量于"子部"中仅次于"儒家"著作,其中除清人著作占有相当比重外,还收录了《代数术》、《曲线说》、《数学启蒙》等翻译著作。

从这里可以看出,张氏的所以主张"多读古书",与他的"考古"、"治身心"有联系。而他的强调"今胜于古",则包括两个方面:一种是后人的研究成果业已超越前人,如经学、小学等类的清人著作;另一种则以后出者较前出者为精确,如地理、天文算法之类,则又与他主张的"经世"有联系。这种对古与今的关系的看法,从张氏的观点看来,两者之间并无截然的界限,不论是提倡"多读古书"也好,或者强调"今胜于古"也好,均可以归结到共同的一点——"有用",当然这个"有用"是受作者的政治学术观点制约的。

正是由于作者抱有明确的宗旨,因此《答问》在选择收录图书时往往具有"驭繁就简"的特点。如历代有关研究《诗经》的著作不下数百种,张氏选取了五十余种,但如孔颖达《毛诗正义》、陈奂《诗毛氏传疏》、马瑞辰《毛诗传笺通释》等一些主要著作均已包括在内。历代研究李白、杜甫的著作为数极多,而张氏则仅选取王琦注《李太白集》及仇兆鳌

《杜诗详注》、杨伦《杜诗镜诠》等数种。除收录历史上流传下来的重要古籍和它们的主要注本外,《答问》还收录了若干天文术数及克虏伯《炮说》、《行军测绘》等应用科学方面的翻译著作。这种提纲挈领式的介绍方法,对一般初学者来说,无疑具有重要的指导和参考作用。

三

《答问》的另外一个特点是作者在书名下列举了若干比较重要和常见通行的版本和注本,并加以适当的比较和评论。版本方面,如《四书考异》下云:"原刻本总考、条考各半,学海堂本止条考三十六卷。"《钦定二十四史》下云:"北监本、扫叶本、陈本、坊翻毛本有脱误。"《历代名臣奏议》下云:"明经厂足本,通行本不全。"杨氏仿宋本《蔡中郎集》下云:"通行三本皆逊此本。"或指出各本的差异,或指出各本的优劣,的确可以帮助读者节省不少摸索时间。注本方面,如郝懿行《尔雅义疏》下云:"郝胜于邵。"《翁注困学纪闻》下云:"此注更胜七笺本。"冯浩《玉溪生诗详注》下云:"胜于朱鹤龄、姚培谦注本。"《答问》在录出注本的同时,往往还注意介绍和分析其特点。如《杜诗详注》、《杜诗镜诠》下云:"杜诗注本太多,仇、杨为胜。"蒋之翘《柳河东集辑注》下云:"此本通行。宋人柳文音辩五百家注已括此书内。"冯应榴《苏诗合注》下云:"苏诗宋施元之注最有名,查慎行补注亦善,冯、王、翁三注更详备。"也有提示书籍内容的,如图理琛《异域录》下云:"多纪俄罗斯地理。"王士祯《感旧集》下云:"解题下多存旧闻逸事。"《苕溪渔隐丛话》下云:"此书采北宋诗话略备。"此外如指出《韵会举要》"注所引有古书",《礼部韵略》可"藉以考见当时程试之制",《读史方舆纪要》"专为兵事而作,意不在地理考证",《太平广记》"所引多唐以前逸书,可资考证者极多"等等,对读者都有很好的指导作用。

《答问》在传统的经、史、子、集分类之外,还增加了"丛书目"一类,列举古今合刻及清代一人自著丛书一百余种,在图书分类方面表示了作者自己的见解。书后并附"清代著述诸家姓名略",将清代学者分隶于经学家、史学家等十余类中,部分类目下又分若干小类,从中可以约略窥见清代学者治学专长及其所属流派。尽管分类不一定恰当,但对了解清代学术源流及其代表人物仍然具有一定的参考作用。

四

当然,《答问》也还存在着不少问题,如在选录图书时继承了《四库全书》的正统观念,排斥了对戏曲、小说的收录,以及对《四库》修书时被禁毁的一些书籍没有作应有的补充。甚至因《提要》中对"词曲"类有"词曲二体,在文章、技艺之间,厥品颇卑,作者弗贵"等语而对此类著作大量加以删削,以致著名如苏轼《东坡词》、辛弃疾《稼轩词》等均不予收录。有些地方则带有主观和不够全面的缺点,如《易》类收焦循《周易补疏》、《易话》、《易广记》而不收其《易章句》、《易通释》、《易图略》,《一切经音义》收玄应本而不收慧琳本,《陶渊明集》仅收汤汉注本而不收陶澍《靖节先生集》本,以及"释道家"录《法苑珠林》而不录《云笈七签》,《书》

类收左袒古文的段玉裁的《古文尚书撰异》而不收对古文表示不同意见的魏源的《书古微》等。其他如以《明宫史》与《酌中志》并列，而未指出前书为后书之摘本，并将作者误为吕毖。钱大昕《三史拾遗》之"三史"乃指《史记》、《汉书》、《后汉书》，而误为《辽金元三史拾遗》。惠栋《明堂大道录》一书实为《易》而作，而以之归入《礼记》。惠栋《周易述》、江声《尚书集注音疏》、桂馥《说文义证》等书均为重要著作，而以之归入"附录"，等等，前人对之亦颇有非议。至于版本著录方面的漏略、讹误更不在少数。《答问》尽管存在着这样那样的缺点和错误，但从总体说来，它在扩大读者知识面、指导治学门径等方面仍然不失为一本具有一定参考价值的入门书目。

五

《答问》问世以后，由于它比较切合一般读者需要，出现了不少翻刻本和批校本，但这些本子只是对个别书名、卷数、作者、版本等作了一些增改，基本上还是保存了《答问》的原来面貌。直到一九三一年《书目答问补正》正式出版，才使《答问》的面貌起了较大的变化。《补正》作者范希曾，字耒研，江苏淮阴人，一九二七年就职于南京国学图书馆，一九三〇年去世，年仅三十一岁。范氏此书，如其书名所示，包括"补"与"正"两方面的内容，即补《答问》问世后"五十年间新著新雕未及收入"者，并正其"小小讹失"。

光绪二年以后，学术界出现了不少有价值的研究著作，并且由于敦煌古籍和殷墟甲骨的发现，以及影印技术的发展，出现了大量有价值的研究资料和以前很难见到的秘本。范氏在国学图书馆的工作，使他有机会看到和了解到不少稿本、抄本的收藏情况，为增补工作提供了有利的条件，也使《补正》具有了较高的使用价值。

　　《补正》补录图书一千二百种左右，其中部分为《答问》未收而《补正》加以补充的，此类所补书籍，其性质往往与原书相近，经过补充以后，读者对此可以得到一个比较完整的认识。如《广韵》下补《唐韵》残卷、《切韵》残叶及陈澧《切韵考》、李衡山《切韵考》等，《唐律疏义》下补《刑统》、《永徽法经》、《大明律》、《大清律例》及沈家本《历代刑法考》、程树德《九朝律考》等，《高僧传》下补《续高僧传》、《宋高僧传》、《明高僧传》、《补续高僧传》、《释迦谱》、《佛本行集经》、《佛祖通载》等，《宋六十名家词》下补《宋六十一家词选》、《四印斋所刻词》、《彊村丛书》、《唐五代二十一家词辑》等。部分为《答问》成书后清人及近人研究成果，其成就超过前人的。此类图书在一定程度上反映了自《答问》至《补正》这五十年间学术研究上的主要成就。如孙诒让《周礼正义》，钱绎《方言笺疏》，王先谦《汉书补注》、《后汉书集解》，王先慎《韩非子集解》，郭庆藩《庄子集释》，丁晏《曹集诠评》，朱绪曾《曹子建集考异》等。其他如罗振玉影印的唐写本《修文殿御览》残卷、《慧超往五天竺传》残卷、《铁云藏龟》、《殷虚书契》及王国维《戩寿堂所藏殷虚文字》等，则或出自敦煌秘室，或出自地下所发掘，皆为前人之所未见者。

　　特别值得注意的是范氏增补的大量稿本材料，如《周官记》下补：

"刘师培《周礼古注集疏》二十卷,未刊,清稿存蕲春黄侃处。"王念孙《广雅疏证》下补:"钱大昭亦著《广雅疏证》,凡二十卷,未刊,有传钞本,一名《广雅疏义》。王念孙《雅诂表》,未刊,手稿二十余册,今藏上虞罗氏。此书以古韵二十一部分别《尔雅》、《方言》、《广雅》、《小尔雅》四书之字为二十一表。"《新旧唐书互证》下补:"武忆《新唐书注》,临桂唐景崇《两唐书校注》,未刊。鄞县董沛《唐书方镇表考证》二十卷,甘泉张宗泰《新唐书天文志疏证》,未刊。"《大清一统志》下补:"顾炎武《肇域志》一百卷,未刊,稿藏天津某氏。"《管子义证》下补:"淮阴范耕研《管子集证》二十六卷,采王念孙父子、孙星衍、洪颐煊、戴望、张文虎、俞樾、孙诒让、刘师培、章炳麟诸家说,并附己见,其书未刊。"《太平御览》下补:"此中引书二千八百余种,民国十一年北京大学研究所尽为辑出,存校中未刊。"《楚辞补注》下补:"仪征刘师培《楚辞考异》十七卷,长沙易培基《楚辞校补》十七卷,未刊。"《幼学堂诗集》下补:"未刊稿本《文集》一百卷,旧藏独山莫氏。"等等,达一百四五十种。此类稿本既未刊刻,往往不为外界所知,《补正》为之详加著录,并尽量提供有关线索,对治学者说来,无疑具有重要的参考价值。

《补正》除补充《答问》漏收和新出的大量图书、版本外,还补足或纠正了《答问》漏略或讹误的书名、卷数、作者姓氏、刻书年代等近百处,并继承《答问》的传统,在部分书籍下附加了按语。如《孟子正义》下注云:"焦氏疏释赵注,采摭颇广,而本之程瑶田《论学小记》、戴震《孟子字义疏证》者为多。清儒注《孟子》,焦书最完善。"《郑志》下注云:"《郑志》魏郑小同编述,皆其祖玄与门人问答之词。原书十一卷久佚,此辑本也。"《酌中志》下注云:"与右《明宫史》是一书,此并列作二书,非。"《文子缵义》下注云:"聚珍本自《永乐大典》辑出,内阙五篇,非足本;涵芬楼道藏举要影印道藏本十二卷,附《释音》一卷,此本足。"《宋诗钞》下注云:"此书凡录宋诗百家,百一十卷,刻成者止八十四家,九十四卷。"此类按语,或对书籍加以评论,或提示其大致内容,或分别版本异同,或指出《答问》讹误,均可给予读者以有益的启示。

与《答问》一样,《补正》也有不少疏漏和错误之处,如对词曲、小说以及清代的禁书没有作相应的补充,使这些部分仍然成为全书的薄弱环节。又《陶靖节诗注》下未补陶澍集注本《靖节先生集》,《初唐四杰集》后未补蒋清翊《王子安集注》,《渭南文集》下未补《四部丛刊》本,误沈钦韩《水经注疏证》稿本四十卷为四十四卷,误《春秋公羊传历谱》作者包慎言为包世臣,以及在《左传杜解补正》、《春秋识小录》下重复增补丁晏《左传杜解集正》,在《老子王弼注》下重出涵芬楼道藏举要影印道藏本等。至于版本方面的误无为有、误有为无等亦不在少数。但经过《补正》的大量补充,丰富了《答问》的原有内容,在扩大读者知识面和进一步提供更多研究线索等方面作出了它应有的贡献。

六

《答问》在光绪二年(一八七六)刊印以后,在社会上颇为流行。据贵阳本王秉恩跋,光绪三年,张之洞曾对之重加勘定,在京师为诸生授读。以后印改定本与初印本相较,其中增补书名、卷数、作者、版本等二十余处。以后各地重印翻雕,大率不出初印及后印改定本两个系统,其中惟光绪五年在贵阳刊刻的王秉恩校刻本对原书作了较大的改动。

贵阳本改动原书大体上也着重于"补"与"正"两个方面。有补书名的,如《三礼图集注》后补《三礼图说》,《纪元通考》下补《纪元会考》、《建元类聚考》,《图绘宝鉴》下补毛大纶、蓝瑛、谢彬纂第六、七、八卷及《补遗》诸本,《震川文集》下补《补集》、《馀集》等等,近三十种。有补卷数的,如《汉玉刚卯考》、《潜书》等原刻均无卷数,贵阳本为之补足,约二十余处。有补版本的,如《毛郑诗》下补"同治壬申淮安重刻周本",《海国图志》下补"同治七年广州重刻本、光绪二年魏氏刻本",《韩非子》下补"汪氏重刻本",《南宋杂事诗》下补"淮南书局刻本"等等,此类增补,于贵阳本中所占比重最多,近二百种。其改正原书版本错误的,如《明夷待访录》下原有"粤雅堂"本,但《粤雅堂丛书》未收此书,贵阳本改正为"海山仙馆"本;《史纠》下原有"函海"本,贵阳本改正为"指海"本等等。改正卷数错误的,如《答问》误《春秋说略》十二卷为四卷,误《闻见后录》三十卷为二十卷,误《华阳集》三卷为二卷等等,贵阳本均一一为之改正。此外尚有删改书名、篇数、作者、按语、刊刻年月等等。此书存在的最大问题是补改时不作任何说明,一律径加增改,因此何者为原有,何者为增改,如果不与原刻勘对,根本无法区别原书的本来面貌。但贵阳本终究纠正和增补了不少材料,比其他各种版本仍具有它自己的优点。

由于范希曾作《补正》时没有看到贵阳本,因此原刻有某些错误贵阳本已经改正而《补正》仍沿旧误的,如《尔雅古义》原误作《尔雅音义》,《四书典故辨正》二十卷原误作十二卷,《韵会举要》作者黄公绍原误作黄公韶等,贵阳本均已改正,而《补正》未改。也有贵阳本已经补充某些版本而《补正》仍旧缺漏的,如《复古编》下贵阳本补"安邑葛鸣阳刻本",《朝野类要》下贵阳本补"聚珍本、福本"等等,《补正》亦未据以补入。

七

因为贵阳本流传较少,而其校改之处又未为《补正》所吸收,因此这次整理重印就以一九三五年国学图书馆重印本为底本,以贵阳本对校,并参校了中华书局一九六三年重印的本子,又参考了柴德赓等有关《答问》的部分校记。校点整理由瞿凤起先生进行。凡底本衍误,据校本改正的字,加〔 〕号;原衍文误字加( )号。凡据校本增补的字皆加〔 〕号。凡校本异文两是者,加〈 〉号。贵阳本增改处若与范氏《补正》重复则不校补,以使《书目答问》正文和《补正》内容相衔接,保存范书原貌。

另外,本书还采入了江人度《书目答问笺补》中在各小类后所加的说明,它指出了每类书籍的性质和同类书中各小类之间的关系,对读者具有一定的参考价值,亦加方括号标出,不另加说明。

又本书著者为清代人,故书中提到清代时称为"国朝"。现保持原书面貌,亦不加更改。

书目答问补正 |

张之洞　撰

范希曾　补正

序

柳诒徵

淮阴三范，俱以抗志绩学闻于南雍。伯冠东，治周秦诸子；仲绍曾，攻物理化学；叔希曾，为归、方散体文。既先后卒业为中等学校师。希曾慨然谓空文无用，站教席，发愤闭户，覃研流略，欲洞究学术根极支裔，竟古今之经变，而自跻于通儒。家贫不能多得书，广勾公私书目，时时札记于书目答问上下方，朱墨狼藉，盖以之为问学之基，非欲名撰述也。

丁卯夏，余馆盋山，要希曾助编馆目，希曾大喜，谓藉是读未见书，假以岁月，学其有成。居山馆阅三稔，日孜孜勘藏书，体羸善病，不懈益勤。馆书逾四十万卷，希曾创意厘析，为目若干卷，分别部居多独到。长日饭罢坐陶风楼下啜茗，或休沐，徙倚乌龙潭，联袂登清凉山，纵谈平生蕲向及编摩所得，罩然有刘子政、曾子固之遗风，不屑屑与近世人较铢黍，余恒幸山馆之与希曾交难得也。

希曾植鹄既伟远，所业未易竟，出旧所治《南献遗征》及《书目答问》实馆刊，世咸重其赅洽。希曾雅不以是自画。一夕风雪中语余，来岁将归淮阴，约守数书，植古谊，积雅诂，颛力为文，庶以垂世行远，徒断断于刊本传目，若贾胡衒宝，无当也。余慰勉之曰："博约并事，以子之年，夫何难！"然自是希曾日蕉萃，患干咳，日晡寒热间作，羸然不胜衣，经春涉夏，病益甚，所居薛庐，距馆数十武，晨夕往返至不能支。冠东来视之，将护以归。且过别余，余期其善摄卫，秋爽仍南来，希曾黯然无一语。归未几，遂不起。冠东、绍曾恸其弟年之不永，撰述不能充其志，为重印《南献遗征》笺于邗上；余亦检其遗箧，斥馆金印《书目答问补正》之全稿，忽忽迨今夏，距别时垂一期矣。每循山楼抚书棱，音尘犹若接视听，诚不意其英年玉貌而止于斯也。

文襄之书，故缪艺风师代撰，叶郋园氏亟偶之。第其书断自乙亥，阅五十余年，宏编新著、影刻丛钞、晚出珍本，概未获载，故在光绪初足为学人之津逮者，至晚近则病其漏略矣。郋园批校增辑之三四本未印行，江氏笺补亦不广，希曾所辑最后而较备，虽亦有限于见闻，或浏览虽及而未暇胪写者，要已可备俭学之检阅，艺风之传，倘赖以益广乎。校印既竣，为述其缘起，庶阅者哀希曾之志事，而闵余之不能护持斯人使康强耆老，乃仅与其两兄累欷于此附庸先哲之书也。辛未夏五月柳诒徵。

书目答问略例
此编为告语生童而设，非是著述，海内通人见者，幸补正之。

诸生好学者来问应读何书，书以何本为善。偏举既嫌绖漏，志趣学业亦各不同，因录此以告初学。

读书不知要领，劳而无功；知某书宜读而不得精校精注本，事倍功半。此编所录，其原书为修四库书时所未有者十之三四。四库虽有其书，而校本、注本晚出者十之七八。今为分别条流，慎择约举，视其性之所近，各就其部求之。又于其中详分子目，以便类求。一类之中，复以义例相近者使相比附。再叙时代，令其门径秩然，缓急易见。凡所著录，并是要典雅记，各适其用。皆前辈通人考求论定者。总期令初学者易买易读，不致迷罔眩惑而已。弇陋者当思扩其见闻，泛滥者当知学有流别。

凡无用者、空疏者、偏僻者、淆杂者不录，古书为今书所包括者不录，注释浅陋者、妄人删改者、编刻讹谬者不录，古人书已无传本、今人书尚未刊行者不录，旧椠旧钞偶一有之、无从购求者不录。若今人著述有关经史要义，确知已成书者，间附录其书名，以备物色，且冀好事为刊行之。

经部举学有家法实事求是者，史部举义例雅饬考证详核者，子部举近古及有实用者，集部举最著者。每一类之后，低一格为次录。

多传本者举善本，未见精本者举通行本，未见近刻者举今日见存明本。子史小种多在通行诸丛书内，若别无精本及尤要而希见者，始偶一举之。有他善本，即不言通行本。凡云又某本者，有异同。

近人撰述，成而未刊、刊而未见者尚多，要其最著者约略在是。至旧籍习闻者，此录未及，其书可缓。京师藏书，未在行箧，蜀中无从借书，订补俟诸他日。

兹乃随手记录，欲使初学便于翻检，非若藏书家编次目录，故不尽用前人书目体例。学海堂本即皇清经解。津逮本即津逮秘书。问经堂本即问经堂丛书。皆取便省，他丛书仿此。官书据提要偰臣工编辑者，止注敕编，以别于御撰。

《汉书·艺文志》有互见例，今于两类相关者，间亦互见，注其下。

凡不书时代者，皆国朝人。此为求书计，故生存人著述亦有录者，用经世文编例，录其书，阙其名。

所举二千余部，疑于浩繁，然分类以求，亦尚易尽，较之泛滥无归者则为少矣。诸生当知其约，勿骇其多。

光绪元年九月日，提督四川学政、侍读衔翰林院编修张之洞记。

卷一　经部　经学、小学书，以国朝人为极，于前代著作，撷长弃短，皆已包括其中，故于宋元明人从略。

正经正注第一　此为诵读定本，程试功令，说经根底。注疏本与明监本五经，功令并重。

十三经注疏。共四百一十六卷。乾隆四年武英殿刻附考证本，同治十年广州书局覆刻殿本，阮文达公元刻附校勘记本，明北监本，明毛晋汲古阁本。目列后。　阮本最于学者有益，凡有关校勘处旁有一圈，依圈检之，精妙全在于此。四川书坊翻刻阮本，讹谬太多，不可读，且削去其圈，尤谬。明监、汲古本不善。【补】阮刻注疏有南昌局补印原刻本，湖南翻刻本，上海坊间石印本。

周易正义十卷，魏王弼、晋韩康伯注，唐孔颖达等正义。
【补】吴兴刘承幹嘉业堂重刻宋单疏本周易正义十四卷，附校记二卷。
尚书正义二十卷，旧题汉孔安国传、唐孔颖达正义。【补】日本大阪每日新闻社影印宋刻本二十卷。吴兴张钧衡择是居丛书覆宋刻本二十卷，附校记一卷，刘氏嘉业堂重刻单疏本尚书正义二十卷，附校记二卷。　毛诗正义七十卷，汉毛亨传、郑玄笺、唐孔颖达正义。【补】刘氏嘉业堂刻单疏残本毛诗正义三十卷。蒙文通案（以下简称蒙案）：何绍基校刻毛诗正义注疏大字本，淮南书局印行注疏三十卷，诗谱一卷。　周礼注疏四十二卷，汉郑玄注、唐贾公彦疏。【补】贵池刘世珩玉海堂覆宋刻巾箱本周礼注疏十二卷。　仪礼注疏五十卷，汉郑玄注、唐贾公彦疏。【补】刘氏嘉业堂覆张敦仁刻本。　礼记正义六十三卷，汉郑玄注、唐孔颖达正义。【补】刘氏嘉业堂刻单疏残本礼记正义二十卷，附校记一卷。　春秋左传正义六十卷，晋杜预集解、唐孔颖达正义。【补】刘氏嘉业堂刻单疏残本春秋正义十二卷，附校记二卷。　春秋公羊传注疏二十八卷，汉何休解诂、唐徐彦疏。春秋穀梁传注疏二十卷，晋范宁集解、唐杨士勋疏。【补】刘氏嘉业堂刻单疏残本穀梁传七卷，附校记二卷。　孝经注疏九卷，唐玄宗御注、宋邢昺疏。　论语注疏二十卷，魏何晏等集解，宋邢昺疏。【补】刘氏玉海堂覆元元贞刻本论语注疏十卷，附札记一卷。　孟子注疏十四卷，汉赵岐注、旧题宋孙奭疏。　尔雅注疏十卷，晋郭璞注、宋邢昺疏。毛诗、仪礼，皆依疏本子卷计数，孝经亦依疏分卷。【补】归安陆心源十万卷楼覆宋刻单疏本，上海涵芬楼续古逸丛书影印宋咸平刻本。

相台岳氏本古注五经。宋岳珂校刻。　明翻刻宋本。武英殿翻刻本附考证,江南翻刻本,贵阳翻刻本,广州翻刻本,成都翻刻本。【补】南昌熊氏影印殿本。

易九卷,王韩注,附略例一卷。　书十三卷,孔传。　诗二十卷,毛传、郑笺。　春秋左氏传三十卷,杜集解。

礼记二十卷,郑注。便文可称相台五经。

永怀堂古注十三经。明金蟠、葛鼐同刻本,今江宁书局补足印行。又杭州局刻本。　诸经注,即明李元阳刻注疏本。孝经题汉郑氏注,实是唐玄宗御注。

易九卷,附略例一卷。【补】四部丛刊影印宋刻本。　蒙案:日本影刻北宋本周易九卷。　书二十卷。【补】四部丛刊影印宋刻本十三卷。

诗二十卷。【补】四部丛刊影印宋刻巾箱本。　仪礼十七卷。【补】四部丛刊影印明徐氏覆宋刻本。周礼四十二卷。【补】四部丛刊影印明覆宋岳氏刻本十二卷。　蒙案:四川刻相台本周礼十二卷。　礼记四十九卷。【补】四部丛刊影印宋刻本纂图互注礼记二十卷。　春秋左传三十卷。【补】贵池刘世珩玉海堂覆宋蜀刻大字本。四部丛刊影印宋刻巾箱本,附阙名春秋二十国年表一卷。　公羊传二十八卷。【补】四部丛刊影印南宋建安余氏刻本十二卷。　穀梁传二十卷。【补】遵义黎庶昌古逸丛书覆宋建安余氏刻本,丛书板今在苏州局。四部丛刊影印宋建安余氏刻本。　论语二十卷。【补】黎氏古逸丛书覆日本正平刻本十卷,四部丛刊影印日本正平本。孟子十四卷。【补】涵芬楼续古逸丛书影印宋刻大字本,四部丛刊影印宋刻大字本,上虞罗振玉吉石盦丛书影印日本覆宋刻本。 **孝经九卷。**【补】四部丛刊影印昆山徐氏影钞宋相台岳氏本一卷。 蒙案：贵阳陈氏影印日本藏北宋刻孝经小字本，扬州书局覆刻相台本孝经一卷。 **尔雅十卷。**【补】黎氏古逸丛书覆宋蜀大字本三卷，四部丛刊影印宋刻本三卷。 蒙案：顾广圻覆刻吴元恭本尔雅三卷，曾燠覆刻宋音图本尔雅三卷。

稽古楼单注巾箱本十三经。星子干氏刻本。 皆古注，论语并刻朱注，毛诗间采孔疏。

明监本宋元人注五经。明经厂本，扬州鲍氏刻本，南昌万氏刻本，又江宁局本，又崇道堂本，又武昌局本。 通行杜氏巾箱六经单注本，尚不谬。坊本音注，皆不可据。【补】又杭州局本。

 易宋朱子本义四卷。 **宋程子传四卷。**江宁本义，依朱子原本十二卷，兼刻程传，他本无。【补】黎氏古逸丛书覆元至正刻本易程传六卷。 **书宋蔡沈集传六卷。** **诗朱子集传八卷。**武昌局本附序。 **春秋**旧用宋胡安国传，乾隆间废，改用左传杜注三十卷。江宁本左传有姚培谦补注，鲍本合刻三传，附春秋传说汇纂。【补】杭州局亦刻姚补注。**礼记元陈澔集说十卷。**崇道堂本兼录御案。新刻五经，江宁本最善。

明洪武定制，试士经义，用注疏及此数本。春秋兼用左、公、榖、胡、张洽五传。永乐五经大全成书后，即专用此本。国子监雕版因至今沿称监本。今明监本希见，姑以旧名统摄之。

四书章句集注十九卷。明经厂大字本,扬州鲍刻本,南昌万刻本,武昌局本,皆合五经刻。【补】江宁局本。

以上正经、正注合刻本

毛郑诗三十卷,诗谱一卷,毛诗音义三卷,附毛诗校字记一卷。嘉庆甲子木渎周氏校刻本,〔同治壬申淮安重刻周本〕。　蒙案:木渎周氏刻本,毛诗传笺惠栋校定,诗谱戴震校,音义卢文弨校。板毁,坊间有翻刻扬州五云仙馆丁□□重校精刻本,无诗谱、音义。

重刻嘉靖本周礼郑注十二卷,附札记一卷。顾广圻校。黄丕烈刻士礼居丛书本。明嘉靖徐氏有翻刻相台岳氏三礼单注本,今偶一见,不录。【补】四部丛刊周礼、仪礼,皆据明嘉靖本影印。　蒙案:四部丛刊周礼用明翻相台本。

福礼堂周礼注十二卷。周氏刻本,张青选清芬阁重刻本。　郑注,附释文。

影宋严州单注本仪礼十七卷,附校录一卷。士礼居校本,武昌局翻黄本。　郑注。

影宋景德本仪礼疏五十卷。苏州汪氏校刻本。【补】又泾县洪氏公善堂覆宋刻本。

影宋抚州单注本礼记二十卷,附考异二卷。张敦仁校刻本,武昌局翻张本。 郑注。 〔附释文四卷。〕【补】学海堂经解刻张氏考异二卷。

惠校本礼记注疏六十三卷。惠栋依宋本校。 和氏刻本。

影宋单注本公羊传十〔二〕(一)卷。汪〔喜孙〕(士钟)刻本。何注。蒙案：杭州书局重刻汪氏问礼堂本。

校宋本孟子赵注十四卷，孙奭音义二卷。孔继涵刻微波榭遗书本，〔韩岱云本〕。【补】又上虞罗氏吉石盦丛书影印日本覆宋本音注孟子十四卷，影印覆宋蜀大字本音义二卷。

附释文尔雅单注本〔三〕(十)卷。清芬阁校。 郭注。

武昌局刻周礼、仪礼、公羊、穀梁、孝经、尔雅单注大字本。皆古注。 卷数仍旧。

〔以上古注〕

仿宋本周易本义十二卷。曹寅扬州诗局刻本，武英殿重刻宋大字本。【补】巴陵方功惠重刻殿本，贵池刘世珩玉海堂覆宋大字本。

重刻宋本周易本义十二卷，附吕氏音训。宝应刘氏校刻本。宋吕祖谦音训。音训别有金华丛书本。

周易传义音训八卷，附易学启蒙。程传、朱本义，宋董楷合编。吕氏音训新附。 高均儒校。 盱眙吴氏望三益斋刻本。

书传音释六卷，附书序。蔡传，宋邹季友音释。 高均儒校。吴氏望三益斋本。

翻刻宋淳祐大字本四书集注二十六卷。国朝刻本。

璜川吴氏仿宋本四书集注二十六卷,附考四卷。吴志忠校。　嘉庆辛未刻本。【补】是书一名朱子定本四书集注。吴氏校订精审,极有功于朱注。

〔以上宋儒注〕

以上正经、正注分刻本注疏乃钦定颁发学官者,宋元注乃沿明制通行者,四书文必用朱注,五经文及经解,古注仍可采用,不知古注者,不得为经学。

古香斋袖珍五经四书。康熙间内府刻。　无注。春秋无传。

秦氏巾箱本九经。秦镤刻。　有音无注。　易三卷,书四卷,诗四卷,礼记六卷,周礼六卷,春秋左传十七卷,孝经一卷,论语二卷,孟子七卷。【补】民国十五年武进陶湘涉园玻璃版影印宋刻巾箱本,九经白文不分卷,内阙春秋左传一种。

计树园十一经读本。全文无注,直音。　嘉庆元年万廷兰刻。无论语、孟子,经文皆依殿本注疏,胜于旁训,惟公、穀无传之经文未录。【补】光绪五年成都重刻本。

春秋四传合刻本三十八卷。左、公、穀、胡,元失名人编。通行本。

〔以上合刻本〕

周礼读本十二卷。袁橓校刻本。

得斋校本周官礼注六卷。殷盘校刻本。　郑注间采贾疏及宋人说。

周官精义十二卷。连斗山。　通行本。　不能得单注本者初学止可读此。

仪礼章句十七卷。吴廷华。　乾隆丁丑、嘉庆丙辰两刻本。阮元编录皇清经解学海堂刻本,极善。【补】苏州局本。

仪礼易读十七卷。马之骃。　通行本。　便于初学,惟字太小。

左传读本三十卷。道光间敕撰。　殿本,贵阳官本,清河官本。

　　〔以上分刻本〕

　　以上诸经读本附

右正经正注

列朝经注经说经本考证第二　空言臆说、学无家法者不录。

郑氏易注十卷。汉郑玄。　卢见曾曾刻雅雨堂丛书辑本,又广州刻古经解汇函本三卷,附补遗一卷,〔孙堂本〕。　蒙按:卢本从惠栋辑本。

周易郑注十二卷。丁杰辑补。　陈春刻湖海楼丛书本。　蒙案:丁本为张惠言订补。

马王易〔义〕（翼）一卷。问经堂辑本。【补】孙冯翼辑。

陆氏周易述一卷。吴陆绩。　古经解汇函重刻孙堂辑本,又马国翰玉函山房辑佚书本三卷。

子夏易传一卷。孙冯翼刻问经堂丛书辑本,又张澍二酉堂丛书辑本,又玉函山房辑本。此唐以前人依托,今通志堂、汉魏丛书所收十一卷本,乃宋以后人伪作。【补】又黄奭汉学堂辑本。　吴骞子夏易传辑存二卷,最精审,未刊。　此书晁以道称唐张弧伪作。

周易集解十七卷。唐李鼎祚。　雅雨堂本,古经解汇函重刻卢本,明毛晋刻津逮秘书本,张海鹏照旷阁刻学津讨源本,又明木渎周氏刻本,仁和叶氏刻周本,〔卢本附释文〕。【补】成都薛氏崇礼堂本。木渎周氏刻本即嘉庆戊寅吴县周孝垓刻本,此云明刻误。

李氏〔易〕(集)解剩义〔三〕(一)卷。　李富孙。　顾修刻读画斋丛书本。【补】光绪间吴县朱记荣刻槐庐丛书本三卷,南海黄任恒编翠琅玕馆丛书本三卷。

周易口诀义六卷。唐史征。　孙星衍刻岱南阁丛书本,古经解汇函重刻孙本。【补】武英殿聚珍本,闽覆本,道光己酉江西刻逊敏斋丛书本。

汉魏二十一家易注　卷。孙堂辑。　刻本。【补】子夏、孟喜、京房、马融、荀爽、郑玄、刘表、宋衷、陆绩、董遇、虞翻、王肃、姚信、王廙、张璠、向秀、干宝、蜀才、翟元、九家集注、刘瓛。　此书共三十三卷。　又黄奭汉学堂丛书、马国翰玉函山房辑佚书中,于汉魏人易注,并有辑本。

孙氏周易集解十卷。孙星衍。　岱南阁别行巾箱本,伍崇曜刻粤雅堂丛书本。【补】续李鼎祚。

周易虞氏义九卷,虞氏消息二卷,虞氏易礼二卷,虞氏易事　卷,易言二卷,易候一卷。张惠言。　茗柯全集本。学海堂本无易事、易言、易候。　刘逢禄虞氏易言补、易虞氏五述,李锐周易虞氏略例:未见传本。【补】易事一种,未注卷数,书实二卷。　张氏易事、易言、易候及李氏略例一卷,皆刻入王先谦所纂皇清经解续编中。刘世珩聚学轩丛书亦刻李氏略例。会稽赵之谦仰视千七百二十九鹤斋丛书单刻张氏易事二卷。四明张寿荣花雨楼丛钞单刻张氏易礼二卷。　秀水胡祥麟虞氏易消息图说一卷,潘祖荫刻滂喜斋丛书本,续经解本。南海曾钊周易虞氏义笺九卷,面城楼刻本。

周易郑氏义二卷。同上。【补】学海堂本。　蒙按:赵坦周易郑注引义,未见传本。

周易荀氏九家义一卷。同上。【补】学海堂本。

易义别录十四卷。同上。　孟喜、姚信、翟子元、蜀才、京房、陆绩、干宝、马融、宋衷、刘表、王肃、董遇、王廙、刘瓛、子夏。【补】学海堂本。

〔以上所录皆国朝人所辑古注,或唐人所采古义,惟关、郎、郭、京虽在唐以前,然实伪书,不录。见下自注。余多录国朝人所著,所谓于宋元明人从略也。〕

周易姚氏学八卷,周易通论月令二卷。姚配中。　汪守成刻本。【补】武昌局刻周易姚氏学十六卷,续经解本亦十六卷,张氏花雨楼丛书刻姚配中易学阐玄一卷。

卦气解一卷。宋翔凤。　自著浮溪精舍丛书本。【补】书目答问原刻后印本本行下,增印“卦本图考一卷,胡秉虔,吴县潘氏刻滂喜斋丛书本”二十字。胡书续经解本。　庄存与卦气解一卷,德化李氏刻木犀轩丛书本,续经解本。

周易补疏二卷。焦循。　焦氏丛书本,学海堂本。

〔以上正录〕

易纬十二卷。八种。　武英殿聚珍版本,杭州、福州重刻本,古经解汇函本。

目列后。　凡言聚珍版本者,福州皆有重刻本,杭州亦重刻第一单三十九种小字本。【补】南昌局重刻聚珍版本。

乾坤凿度二卷。伪。　　乾凿度二卷。艺海珠尘亦刻。【补】雅

雨堂亦刻。　　稽览图二卷。珠尘亦刻。　　辨终备一卷。　　通

卦验二卷。　　乾元序制记一卷。伪。是类谋一卷。珠尘亦

刻。　　坤灵图一卷。纬与谶异,皆古经说,纯驳不一,宜分别观之。

【补】参阅瑞安孙诒让札移卷一易纬条校。

易纬略义三卷。张惠言。　　茗柯全集本。　　钱塘易纬稽览考正一卷,未

刊。【补】张书广州局本。钱稿尚存,未刊。

乾凿度郑注二卷。丁杰辑补。　　雅雨堂本。

读易别录三卷。全祖望。　　鲍廷博刻知不足斋丛书本。

　　〔以上易纬之属〕

周易义海撮要十二卷。宋李衡。　　纳兰性德编刻通志堂经解本,广州书

局重刻通志堂经解本。

易小帖〔五〕(八)卷。毛奇龄。　　西河集本。

易例二卷。惠栋。　　周永年、李文藻刻贷园丛书本,张海鹏刻借月山房汇钞

本,钱熙祚刻指海本。【补】续经解本。　　庞大〔堃〕(望)易例辑略一卷,南菁书院

丛书木。

易笺八卷。陈法。　　京师贵州馆刻本。

　　〔以上余录〕

易图明辨十卷。胡渭。　　钱熙祚刻守山阁丛书本,粤雅堂本。【补】续经

解本。

易图条辨一卷。张惠言。　茗柯全集本。【补】续经解本。

〔以上二书皆驳图书之说,应有钩乙分,书本无。〕

春秋占筮书三卷。毛奇龄。　西河集本。【补】石门马俊良刻龙威秘书本止一卷。　金榜周易考占一卷,光绪间南陵徐乃昌刻积学斋丛书本。

〔此占筮,故自为类。〕

易音三卷。顾炎武。　顾氏音学五书本,学海堂本。

〔此小学〕

京氏易传三卷。汉京房。　津逮秘书本,学津讨源本。　此书多言占候,故四库列术数类,惟汉学家多与相涉,未便歧出,姑附于此。【补】四部丛刊影印明天一阁本。

易汉学八卷。惠栋。　单行本,毕沅刻经训堂丛书本。　孟、虞、京、干、郑、荀。　王保训辑京氏易八卷,严可均校补,未刊。【补】惠书昭代丛书本,续经解本。　王辑严补之京氏易,刻入德化李氏木犀轩丛书中。

易象钩解四卷。明陈士元。　守山阁本。

仲氏易三十卷。毛奇龄。　西河集本,学海堂本。

易说六卷。惠士奇。　家刻本,学海堂本,〔璜川吴氏经学丛书本〕。

周易述十九卷,易微言二卷。惠栋。　卢氏刻本。　**周易述补四卷**。江藩。　自刻本。〔三〕(二)书皆有学海堂本。【补】学海堂本不全。　李林松周易述补五卷,续经解本。

易确〔二十〕(十二)卷。许桂林。　自刻本。

易话二卷，易广记三卷。焦循。 焦氏丛书本。【补】焦循易章句十二卷、易通释十二卷、易图略八卷，合称雕菰楼易学三书。焦氏丛书本，学海堂本。

〔以上占候、象数之属〕

太极图〔说〕遗议一卷。毛奇龄。 西河集本。

河图洛书原舛编一卷。同上。

周易本义辨证五卷。惠栋。 常熟蒋光弼省吾堂汇刻书本。【补】日本昌平丛书本。 惠栋易大义一卷，海山仙馆本。宋翔凤周易考异一卷，李富孙易经异文释六卷，刘毓崧周易旧疏考证一卷，陈寿熊读易汉学私记一卷，俞樾周易互体征一卷，成蓉镜周易释爻例一卷，并续经解本。黄式三易释四卷，广州局本，杭州局本。吴翊寅易汉学考二卷，附师承表，广州刊吴氏遗书本。 最近治易诸家喜言费氏，其成书者，如阳朔柳逢良费氏易考 卷，新城王树柟费氏易订文十二卷，桐城马其昶周易费氏学十八卷，叙录一卷，皆有刊本。蒙按：仪征方申诸家易象别录 卷、虞氏易象汇编 卷、周易卦象集证 卷、周易互体详述卷、周易卦变举要 卷，统称方氏易学五书。方氏为一大家，仪征刘氏称之。 丹徒庄忠械周易通义十六卷，丹徒戴棠郑氏爻辰补六卷，山阳丁晏周易解故 卷，湘潭王闿运周易笺 卷。 马书有新旧两刻本，原刻十二卷，象象不合经，后刻象象合经，书不善。王书亦不善，黄氏易释亦不善。 李道平周易集解纂疏十卷，崇文本。

〔以上皆排击之书，毛氏二书攻图书之谬，惠书议朱子。〕

以上易之属杂道家言者不录。魏关朗传，唐郭京周易举正，皆伪书，不录。

尚书大传定本八卷。汉伏胜。 陈寿祺校注。 广州原刻本,古经解汇函重刻陈本,又雅雨堂本三卷。

【补】陈氏书本五卷,又叙录一卷,共六卷,此云八卷,误。古经解汇函重刻陈本,改并为三卷,续经解本亦然。四部丛刊影印原刻本六卷。 雅雨堂本卢见曾辑,书实四卷,附补遗一卷、考异一卷、续补遗一卷,此云三卷,亦误。补遗卢见曾撰,考异、续补遗则卢文弨就孙之騄所辑本校其异同而录之者。 光绪间仪征张丙炎刻卢辑本作三卷,附补遗一卷、续补遗一卷,在榕园丛书中。孔丛伯亦有辑本。 诸家所辑,陈氏最善。善化皮锡瑞尚书大传疏证七卷,所辑又略增于陈氏,疏释亦有家法,光绪间长沙思贤书局刻本。湘潭王闿运尚书大传补注七卷,自刻湘绮楼全书本,元和江标刻灵鹣阁丛书本。

蒙按:王补注尚书大传,成都刻本。 陈书本附五行、传、志三卷,故八卷。

尚书马郑注十卷。孙星衍辑。 岱南阁别行本。 龚自珍尚书序大义,尚书马氏家法,未见传本。

【补】孙书成都存古书局本。 蒙按:马郑注,四川有刻本,近未见,非存古书局本。

古文尚书疏证八卷。阎若璩。 家刻本,吴氏天津刻本。

【补】偃师武亿刊本,杭州局本,续经解本。

尚书今古文注疏三十卷。孙星衍。 平津馆本,学海堂本。 孙胜于王。

【补】冶城山馆刻本。 蒙按:孙别有尚书今古文注三十卷,成都存古书局刻本,湘绮手写本。

尚书后案三十卷。王鸣盛。 原刻单行本,学海堂本。 周用锡尚书证义,未见传本。臧琳尚书集解一百二十卷,臧镛堂补,未刊。

【补】臧氏稿藏缪炎之家。

〔以上正录〕

尚书释天六卷。盛百二。　学海堂本。【补】宝应成蓉镜尚书历谱一卷,续经解本。

尚书地理今释一卷。蒋廷锡。　借月山房本,指海本,学海堂本。

禹贡锥指二十卷,图一卷。胡渭。　原刻本,学海堂本。　程瑶田禹贡三江考,在通艺录内,又学海堂本。【补】番禺陈澧胡氏禹贡图考正一卷,续经解本。

禹贡郑注释二卷。焦循。　焦氏丛书本。【补】续经解本。　成蓉镜禹贡班义述三卷,以班书证禹域,考订精核,泾县洪氏刻本,广州局本,续经解本。

禹贡集释三卷,附锥指正误一卷。丁晏。　六艺堂自刻本。【补】续经解刻锥指正误一卷。

〔以上释天、释地理〕

尚书补疏二卷。焦循。　焦氏丛书本,学海堂本。

〔此书疑合下三书为类,此钩乙赘也。〕

尚书说一卷。宋翔凤。　浮溪精舍本。【补】续经解刻宋氏尚书略说二卷,尚书谱一卷。

尚书余论一卷。丁晏。　自著六艺堂诗礼七编本。【补】光绪间吴县朱记荣刻槐庐丛书本。

太誓答问一卷。龚自珍。　吴县潘氏滂喜斋刻本。【补】续经解本。

〔以上余录〕

古文尚书撰异三十三卷。段玉裁。 自著经韵楼丛书本,学海堂本。

〔此论小学〕

尚书中候郑注五卷。学津辑本。【补】皮锡瑞尚书中候疏证一卷,长沙思贤书局刻本。

〔此纬书〕

禹贡会笺十二卷。徐文靖。 徐氏六种本。【补】何秋涛禹贡郑注略例一卷,倪文蔚禹贡说一卷,并续经解本。杨守敬禹贡本义一卷,观海堂自刻本。

古文尚书考二卷。惠栋。 省吾堂本,学海堂本。 明梅鷟古文尚书考异,已括阎、惠、王诸家书内。【补】惠书昭代丛书本。梅书六卷,杭州局本。 程廷祚晚书订疑三卷,刘世珩聚学轩丛书本,续经解本。阎、惠、程三家书皆为考订伪古文尚书而作。

尚书集注音疏十二卷,尚书经师系表一卷。江声。 原刻篆书、真书两本,学海堂本。

〔惠、江二书皆纠伪孔传者〕

尚书王氏注二卷。魏王肃。 马国翰辑。 玉函山房辑佚书之一。 止标列近古尤要及辑本独详者数种,余具总义类原书中。【补】刘逢禄书序述闻一卷,尚书今古文集解三十卷,陈乔枞今文尚书经〔说〕(义)考三十二卷,尚书欧阳夏侯遗说考一卷,刘毓崧尚书旧疏考〔正〕(证)一卷,并续经解本。胡秉虔尚书序录一卷,潘氏滂喜斋刻本。戴震尚书义考二卷,刘氏聚学轩丛书本。皮锡瑞今文尚书考证三十卷,史记引尚书考一卷,光绪二十二年师伏堂自刻本。黄式三尚书启蘗五卷,光绪间家刻本,今版在杭州局。长沙王先谦尚书孔传参证三十六卷,光绪三十年虚受堂自刻本。瑞安孙诒让尚书骈枝一卷,民国十八年瑞安陈准排印本。海宁王国维周书顾命征一卷、后考一卷、洛诰笺一卷,并上海哈同花园排印广仓学宭丛书本。蒙按:黄书不善。　简朝亮尚书集注述疏三十五卷,后附读书堂答问,家刻。

以上书之属不知今古文之别者不录。

毛诗传疏三十卷。陈奂。　单行本,丛书本。【补】续经解本。

毛诗传笺通释三十二卷。马瑞辰。　道光十五年刻本。【补】续经解本,广州局本。　蒙按:阮元有毛诗补笺,不知刻否,揅经室集中全刊十月之交数篇。　王闿运毛诗补笺二十卷。

毛诗后笺　卷。胡承珙。　墨庄遗书本。　许桂林毛诗后笺八卷,未刊。【补】胡书三十卷,广州局本,续经解本。　蒙按:胡书后　卷未成,为陈奂所补。

毛诗稽古编三十卷。陈启源。　单行本,学海堂本。　钱大昭诗古训十二卷,未刊。【补】陈书光绪间上海同文书局有影印家刻本。钱稿旧藏嘉兴沈瓛庐处。

〔以上正录,应有钩乙分,书本无。〕

诗经小学四卷。段玉裁。　经韵楼本,学海堂本。【补】臧氏拜经堂刻本。

段氏毛诗故训传三十卷,经韵楼本,学海堂本。　蒙按:段书附小笺。张远览亦有毛诗小笺,偶见钞本,不善。

毛郑诗考正四卷。戴震。　戴氏遗书本,学海堂本。【补】昭代丛书本,指海本。

毛郑诗释四卷。丁晏。　六艺堂本。

诗广诂〔三十〕卷。徐璈。　刻本。

毛诗补疏五卷。焦循。　焦氏丛书本，学海堂本。

〔毛〕诗礼征（文）十卷。包世荣。　家刻本。【补】德化李氏刻木犀轩丛书本。

　　〔以上余录〕

校正陆玑毛诗草木鸟兽虫鱼疏二卷。丁晏校。　六艺堂本，古经解汇函重刻丁本，又津逮本。【补】又说郛本二卷。　津逮本明毛晋广要四卷。又仁和赵佑校正本二卷，乾隆间刻清献堂全编本，贵池刘氏刻聚学轩本。又上虞罗振玉校正本二卷，排印本。

陆玑疏考证一卷。焦循。　（焦氏丛书本）。【补】光绪间王先谦刻南菁书院丛书本。

诗经稗疏四卷。王夫之。　船山遗书本。【补】续经解本。

续诗传鸟名三卷。毛奇龄。　西河集本。【补】龙威秘书本，续经解本。

诗地理考六卷。宋王应麟。　玉海附刻本，津逮本，学津本。

毛诗地理释四卷。焦循。【补】此书未详。　朱右曾诗地理征七卷，续经解本。南清河程大镛毛诗地理证今十卷，未刊。

诗氏族考六卷。李超孙。　别下斋本。【补】翠琅玕馆丛书本。

毛诗识小三十卷。林伯桐。　修本堂遗书本。【补】岭南遗书本。

　　〔以上考证名物、地理〕

诗本音十卷。顾炎武。　音学五书本,学海堂本。

毛诗韵订十卷。苗夔。　自刻本。【补】歙县江有诰诗经韵读四卷,嘉庆甲戌刻本,咸丰壬子重刻本,民国十七年上海中国书店影印原刻本。

毛诗证读　卷。翟灏。　刻本。【补】此书不分卷,嘉庆十年刻。戚学标撰,非翟灏撰。

诗音表一卷。钱坫。　钱氏四种本。

诗经廿二部古音表集说　卷。夏炘。　自著景紫堂全书本。【补】此书二卷。

诗声类十二卷,分例一卷。孔广森。　㸐轩所著书本。【补】续经解本,四川刻本。

〔以上音韵〕

毛诗王氏注四卷,义驳一卷,奏事一卷,问难一卷。魏王肃。玉函山房辑本。【补】又汉学堂辑本。

毛诗异同评三卷。晋孙毓。　**难孙氏毛诗评一卷**。陈统。玉函山房辑本。【补】孙书又汉学堂辑本。

毛诗指说一卷。唐成伯玙。　通志堂本。

毛诗通考三十卷,郑氏诗谱考正一卷。林伯桐。　修本堂本。【补】毛诗通考三十卷,林伯桐撰,有岭南遗书重刻本。　郑氏诗谱考正一卷,非林所撰,乃丁晏撰,有续经解本,杭州局邵武徐氏丛书本。

蒙按:戴震考正诗谱,木渎周氏刻。胡元仪毛诗谱,续经解本,最善。

毛诗重言一卷,毛诗双声叠韵说一卷。王筠。 鄂宰四种本。

〔以上毛诗之属〕

鲁诗故三卷。玉函山房辑本。【补】申培鲁诗传,辕固齐诗传,汉学堂亦皆有辑本。 蒙按:陶方琦鲁诗故训纂,未见传本。

齐诗传二卷。玉函山房辑本。 近人别有齐诗翼奉学一卷。【补】此云近人,当即吴江迮鹤寿,所辑齐诗翼氏学,刻入续经解中,书实二卷。 陈乔枞齐诗翼氏学疏证二卷,自刻本,续经解本。

韩诗故二卷,韩诗内传一卷,韩诗说一卷。汉韩婴。 玉函山房辑本。 邵晋涵韩诗内传考〔一卷〕,有刻本,未见。

韩诗薛君章句二卷。汉薛汉。 玉函山房辑本。

韩诗内传征四卷。宋绵初。 刻本。 严可均辑韩诗二十一卷,附鲁诗、齐诗、汉人诗说,未刊。【补】宋书成都薛氏崇礼堂刻本,南陵徐乃昌积学斋刻本。

韩诗外传十卷。汉韩婴。 赵怀玉校本,周廷寀校注本,吴氏望三益斋刻周赵合校本,古经解汇函本,又津逮、学津、通津草堂三本,皆逊。陈瑑韩诗外传疏证十卷,未见传本。【补】光绪间定州王氏谦德堂重刻周赵合校本入畿辅丛书中,又武昌局重刻明薛氏本,又四部丛刊影印明沈氏野竹斋刻本。

三家诗考一卷。宋王应麟。 玉海附刻本,津逮本,学〔津〕(海)本。【补】阮元三家诗补遗三卷,光绪间湘潭叶德辉观古堂刻本,仪征李氏刻本。

诗考补注二卷,补遗一卷。林伯桐。 修本堂本。【补】修本堂丛书中无此二种,此乃丁晏所撰,属之林氏者误也。 有丁氏家刻颐志斋丛书本,四明张氏刻花雨楼丛钞本。

诗考异字笺余十四卷。周邵莲。　嘉庆元年刻本。【补】德化李氏刻木犀轩丛书本。

三家诗异文疏证六卷，补遗三卷。冯登府。　道光十年自刻本，又学海堂、续刻经解本二卷。　别有三家诗异义遗说二十卷，未刻。

三家诗遗说考十五卷。陈寿祺。　家刻本。【补】其子乔枞续有增辑，光绪壬午家刻小琅环馆丛书本五十一卷，又续经解本十八卷。　淮安顾震福三家诗遗说续考六卷，光绪壬辰自刻本。长沙王先谦诗三家义集疏二十八卷，民国四年家刻本。

〔以上鲁、齐、韩诗之属，应有钩乙分，书本无。〕

四家诗异文考五卷。陈乔枞。　自刻本。【补】续经解本。　长汀江瀚诗经四家异文考一卷，宣统间番禺沈宗畸刻晨风阁丛书本。

〔此兼考四家〕

吕氏家塾读诗记三十二卷。宋吕祖谦。　钱仪吉编刻经苑本，明嘉靖陆钛刻本。【补】金壶本。

诗缉三十六卷。宋严〔粲〕(羽)。　明刻本。【补】广州局本。

诗说三卷，附录一卷。惠周惕。　家刻本，借月山房本，指海本，学海堂本。【补】璜川吴氏刻本。

某溪诗经补注二卷。戴震。　戴氏遗书本，学海堂本。

虞东学诗十二卷。顾镇。〔自〕刻本。

诗古微 卷。魏源。 自刻本。 魏所著有书古微、公羊古微,未见传本。
【补】诗古微十九卷,宜都杨守敬刊本,又续经解本。 书古微十二卷,江宁局本,
续经解本。公羊古微未刊,稿藏魏氏。

〔以上汉宋兼采〕

三家诗拾遗十卷。范家相。 守山阁本。【补】家刻本,岭南遗书本。

〔此考三家诗以右列例之,当载毛诗名物图说之后。〕

毛诗写官记四卷,札记二卷。毛奇龄。 西河集本。

毛诗绅义二十四卷。李〔黼〕(辅)平。 广州原刻本,学海堂本。

毛诗古音考六卷。明陈第。 学津本。【补】此书实四卷,学津本附刊读诗
拙言一卷、附录一卷,故漫题六卷。 长沙余肇钧编刻明辨斋丛书本四卷,武昌
张氏校刻本四卷。

毛诗名物图说九卷。徐鼎。 乾隆三十六年刻本。【补】德清俞樾诗名物
证古一卷,续经解本。陈奂释毛诗音四卷、毛诗说一卷、毛诗传义类一卷、郑氏笺
考征一卷,皆续经解本,毛诗九穀释义一卷,上海神州国光社排印古学汇刊本。
毛奇龄白鹭洲主客说诗一卷,庄述祖毛诗考证四卷、周颂口义二卷,李遇孙诗经
异文释十五卷,陈乔枞毛诗郑笺改字说四卷,胡元仪毛诗谱一卷,并续经解本。
洪亮吉毛诗天文考一卷,广州局本。臧庸韩诗遗说一卷、订讹一卷,元和江标刻
灵鹣阁丛书本,会稽赵之谦刻仰视千七百二十九鹤斋丛书本。曾钊诗毛郑异同
辨二卷,刻本。罗振玉毛郑诗校议 卷,排印本。南清河程大镛读诗考字二卷,
家刻本。盐城陈玉树毛诗异文笺十卷,南菁书院丛书本。淮安顾震福毛诗别字
六卷,自刻本。日照丁以此毛诗正韵四卷,民国十三年排印本。仪征刘师培毛

诗词例、毛诗札记，未刊。　蒙案：富顺张芌圃诗经异文释补　卷，自刻本，补李书。臧庸书略，此书例不取，移附韩诗故下，无妨。曾氏异同辨，学海堂经义丛钞中。陈乔枞诗纬集证四卷。

〔以上毛诗〕

以上诗之属诗家与四家诗皆不合者不录。子贡诗传，申培诗说，皆伪书，不录。

礼说十四卷。　惠士奇。　原刻本，上海彭氏重刻本〔即璜川丛书本〕，学海堂本。

周礼疑义举要七卷。江永。　原刻本，守山阁本，学海堂本。

周礼汉读考六卷。段玉裁。　经韵楼本，学海堂本。　徐养原周〔官〕（礼）故书考，沈梦兰周官学，未见传本。【补】徐书〔四〕（一）卷，续经解本，归安陆心源刻湖州丛书本。又南陵徐氏积学斋刻程际盛周礼故书考一卷。　沈书未刊。

周礼故书疏证　卷。宋世荦。台州丛书本。【补】此书六卷。

周官礼郑氏注笺十卷。庄绶甲。　马宗梿周礼郑注疏证，未见传本。【补】马书有刊本。

周礼释注二卷。丁晏。　六艺堂本。

〔以上正录〕

周官禄田考三卷。沈彤。　果堂集本，学海堂本。

周礼军赋说四卷。王鸣盛。　学海堂本。【补】嘉定秦鉴汗筠斋刻本。

考工记图二卷。戴震。　戴氏遗书本，学海堂本。【补】昭代丛书本，四明张氏刻花雨楼丛钞本。

考工创物小记一卷，磬折古义一卷，沟洫疆理小记一卷，九穀考一卷。程瑶田。　在通艺录内，学海堂本。【补】通艺录内考工创物小记八卷，学海堂本作四卷，此云一卷，非。

车制图考一卷。阮元。掌经室本，学海堂本。　较钱坫车制考尤核。　朱鸿考工记车制参解，未刻。【补】阮书原名考工记车制图解，分上下二卷，此云一卷，误。七录书阁刻本，昭代丛书补编本。钱书一卷，德化李氏刻木犀轩丛书本，续经解本。

考工轮舆私笺二卷。郑珍。　附图一卷。今人。　同治戊辰莫氏刻本。【补】广州局本，续经解本，巴陵方功惠刻碧琳琅馆丛书本。　附图，珍子郑知同撰。

肆献裸馈食礼纂三卷。任启运。　钓台遗书本。互见。【补】续经解本，杭州局本。　海宁王国维裸礼榷一卷，上海哈同花园排印广仓学宭丛书本。

〔以上礼制考工之属〕

周官记五卷，周官说五卷。庄存与。　味经斋遗书本。【补】续经解本。

　　王聘珍周礼学二卷，曾钊周官注疏小笺四卷，王宗涑考工记辨八卷，并续经解本。胡匡衷周礼畿内授田考实，光绪乙酉仪征吴氏蛰园丛刻本。　瑞安孙诒让周礼正义八十六卷，光绪乙巳孙氏排印本。清儒治周礼，至孙氏集其大成。右列诸书胜义，多为所采，自有此书，他注可毋备。孙诒让辑周礼三家佚注一卷，光绪二十年家刻本。　刘师培周礼古注集疏二十卷，未刊，清稿存蕲春黄侃处。

又西汉周官师说考二卷，已刊。

以上周礼之属_{疑经者不录。}

仪礼郑注句读十七卷，附监本正误一卷，石经正误一卷。张尔
岐。　通行本。吴廷华仪礼章句，已入读本。【补】张书乾隆癸亥和衷堂原刊本，
江宁局本。　此书简明便读。

仪礼图六卷。张惠言。　阮刻单行本，武昌局刻缩本。　远胜宋杨复图。
【补】续经解本。

仪礼释例一卷。江永。　张海鹏刻墨海金壶本，守山阁本。　墨海金壶印
行不多，所刻书皆在守山阁丛书中。【补】续经解本。

礼经释例十三卷。凌廷堪。　仪征阮氏文选楼丛书本，学海堂本。

仪礼正义四十卷。胡培翚。　沔阳陆氏苏州刻本，内有十二卷杨大堉补。
【补】续经解本。

仪礼汉读考一卷。段玉裁。　经韵楼本，学海堂本。

〔以上正录〕

仪礼古今文疏义　卷。胡承珙。　墨庄遗书本，〔湖北新刻丛书本〕。
徐养原仪礼古今文疏证，有刻本，未见。【补】胡书十七卷，武昌局本，续经解本。
　徐书一名仪礼古今文异同，凡五卷，广州局本，续经解本，湖州丛书本。

仪礼〔古今文〕（故书）疏证　卷。宋世荦。　台州丛书本。【补】此书
二卷。

仪礼注疏详校十七卷。卢文弨。 抱经堂本。

仪礼〔经注疏〕正讹十七卷。金曰追。 刻本。【补】乾隆五十三年刻。

续经解本。

仪礼石经校勘记四卷。阮元。 粤雅堂本。【补】文选楼本，光绪间华阳

王秉恩刻石经汇函本。

〔以上校勘之属〕

仪礼释〔官〕(宫)九卷。胡匡衷。 家刻本，学海堂本，胡肇智重刻本，

蒙按：智疑当作昕，仪礼正义中胡肇昕说多，或即其人。

释宫(谱)增注一卷。江永。 指海本。【补】扫叶山房刻本，续经解本。

礼经宫室答问二卷。洪颐煊。 自著传经堂丛书本，〔学海堂本〕。 胡

培翚仪礼宫室定制考，未见传本。

弁服释例八卷。任大椿。 王氏刻本，学海堂本。【补】江都焦廷琥冕服考

四卷，南陵徐乃昌积学斋刻本。

丧服传马王注一卷。问经堂辑本。【补】孙冯翼辑。

丧服文足征记十卷。程瑶田。 通艺录本，学海堂本。【补】华亭张锡恭

丧服郑氏学十六卷，吴兴刘承幹刻求恕斋丛书本。

丧服会通 卷。吴嘉宾。 自刻本。【补】此书四卷，续经解本。

〔以上宫室、服制之属〕

仪礼管见四卷。褚寅亮。 家刻本。【补】续经解本，粤雅堂本。

仪礼小疏八卷。沈彤。 果堂集本，学海堂本。【补】原刻不分卷。

仪礼释注二卷。丁晏。　六艺堂本。

仪礼私笺八卷。郑珍。　遵义唐氏刻本,江宁重刻本。【补】广州局本,续经解本。

仪礼集编四十卷。盛世佐。　刻本。【补】此书四库全书著录作四十卷,嘉庆辛酉冯集梧贮云居刻本作十七卷,仅分卷有别,书内并无同异,刻本且有附录,为四库本所无。

〔以上余录〕

读礼通考一百二十卷。徐乾学。　原刻通行本。【补】苏州局本。

仪礼识误三卷。宋张淳。　聚珍本,杭本,福本,经苑本,荣誉刻得月簃丛书本。【补】南昌局重刻聚珍本。

仪礼集释三十卷,仪礼释宫一卷。宋李如圭。　聚珍本,福本,经苑本。释宫有守山阁本,金壶本。　二书虽善,已为今书该括。

仪礼析疑十七卷。方苞。　望溪全集本。

〔前二书自注已明,方书乃不专主汉儒者。〕

仪礼逸经传二卷。元吴澄。　吴文正公集本,通志堂本,学津本。蒙按:山阳丁晏佚礼扶微五卷。元和曹元忠礼经校释二十二卷,苏州局刻本,专校胡疏。

缋礼补亡一卷。诸锦。　吴省兰刻艺海珠尘本。　宋刘敞补士相见义、公食大夫义,在公是集中。【补】胡匡衷郑氏仪礼目录校证一卷,张惠言读仪礼记二卷,王聘珍仪礼学一卷,并续经解本。名山吴之英仪礼奭固十七卷、礼器图十七卷,民国九年四川刻寿栎庐丛书本。刘师培礼经旧说考略、逸礼考,未刊。

〔以上二书补仪礼之逸〕

以上仪礼之属有意攻驳古注者不录。

礼记集说一百六十卷。宋卫湜。 通志堂本。【补】高丽刻本。

续卫氏礼记集说一百卷。杭世骏。 活字版本。【补】杭州局本。

礼记陈氏集说补正三十八卷。陆元辅代纳兰性德撰。 通志堂本。

礼记训纂四十九卷。朱彬。 咸丰元年刻本。

礼记偶笺三卷。万斯大。 万氏经学五书本,续刻得月簃丛书本。钱坫内则注三卷,未刊。【补】万书续经解本。

礼记训义择言八卷。江永。 原刻本,守山阁本,金壶本。【补】续经解本。

礼记补疏三卷。焦循。 焦氏丛书本,学海堂本。 许桂林礼记长义四卷,未见传本。

礼记集解六十〔一〕卷。孙希旦。 苏州新刻本。 张敦仁抚本礼记郑注考异二卷,附仿宋抚本礼记后。【补】孙书瑞安孙衣言编刻永嘉丛书本。 张氏考异亦刻学海堂经解内。 丁晏礼记释注四卷,光绪间四明张寿荣刻花雨楼丛钞续集本。陈乔枞礼记郑读考六卷,自刻左海续集本,续经解本。俞樾礼记郑读考一卷,自刻春在堂丛书本,续经解本。

〔以上正录〕

蔡邕月令章句二卷。蔡云辑。　道光四年王氏刻本，又马瑞辰辑注本。
【补】蔡书南菁书院丛书本。

深衣考误一卷。江永。　单行本，学海堂本。

深衣释例三卷。任大椿。　燕禧堂五种本。【补】续经解本。

燕寝考三卷。胡培翚。　刻本，学海堂本。【补】指海本。

明堂大道录八卷。惠栋。　经训堂本。【补】续经解本。

禘说上下卷。同上。　同上。【补】续经解本。

　　〔以上礼制之属〕

大戴礼记卢辩注十三卷。雅雨堂校本，聚珍本，福本。【补】四部丛刊影
印明嘉靖癸巳袁裦嘉趣堂翻宋本，贵池刘氏玉海堂影元至正本。

大戴礼记补注十三卷，叙录一卷。孔广森。　㢮轩所著书本，扬州局
本，学海堂本无叙录。【补】光绪间定州王灏编刻畿辅丛书本。

大戴礼记解诂十三卷，叙录一卷。王聘珍。　自刻本。【补】广州局
本，旴江书院刻本。

大戴礼记正误一卷。汪中。　学海堂本。【补】家刻本，上海中国书店编
江都汪氏丛书影印本。　汪照大戴礼记补注十三卷，续经解本。孙诒让大戴礼
记斠补，家刊本。蒙案：新城王树枏大戴礼记补注十三卷。

夏小正传二卷。汉戴德传。　孙星衍校。　岱南阁别刻巾箱本。【补】巴
陵方氏翠琅玕馆重刻孙校本。

夏小正考注一卷。　毕沅校。　经训堂本。

夏小正疏义四卷，附释音异字记。洪震煊。 传经堂本，学海堂本。【补】极善。

夏小正四卷，校录一卷，集解四卷。顾凤藻。 士礼居本。王筠夏小正正义 卷，鄂宰四种本。【补】顾书扫叶山房影印士礼居本。 王书一卷，光绪癸未福山王懿荣编刻天壤阁丛书本。 黄模夏小正分笺四卷、夏小正异义二卷，续经解本。

曾子注释四卷。阮元。 文选楼本，学海堂本。 即大戴礼之十篇。

孔子三朝记七卷，目录一卷。洪颐煊。 传经堂本。 蒙按：三朝记洪氏有注，学海堂经义丛钞中本。

〔以上皆礼记之类，故附此。〕

以上礼记之属

白虎通义四卷。汉班固。 抱经堂校本，聚珍本，福本。 此书皆言礼制，故入此类。【补】此书四十四篇，四库全书著录作四卷，宋陈氏解题作十卷。南陵徐乃昌影元大德本十卷，四部丛刊影印元大德本十卷。陈立白虎通义疏证十二卷，江宁局本，续经解本。庄述祖白虎通义考一卷，刻本。刘师培白虎通义定本（刻本）〔三卷〕，白虎通义校补二卷（未刊），附白虎通义阙文补订一卷，排印本。

蒙按：白虎通义以十卷终嫁娶本为善，今惟北宋小字本（或谓亦是元本）为终嫁娶，而书合为上下二卷，但十卷之次可寻。元大德本十卷，终于崩薨，已非宋人之旧。明人合此十卷本为二卷，再分二卷本为四卷。今因范君之注，故附记如此。

礼论钞三卷。宋庾蔚之。 玉函山房辑本。

三礼义宗三卷。梁崔灵恩。 玉函山房辑本。

〔以上汉至六朝旧说〕

礼笺三卷。金榜。 单行本,学海堂本。 原书十卷,未全刻。

礼学卮言六卷。孔广森。 顨轩所著书本,学海堂本。

三礼义证　卷。武亿。 道光癸卯聊城杨氏刻本。【补】家刻本。此书十二卷。

礼说四卷。凌曙。 学海堂本。 本名礼论。

礼说　卷。金鹗。 沔阳陆氏刻本。【补】书名求古录礼说,凡十六卷。 家刻本,黄岩王氏刻本,续经解本。 蒙按:礼说广释经义,非独说礼之作。

求古录礼说补遗一卷。金鹗。 潘氏滂喜斋编刻本。【补】续经解本,家刻本,黄岩王氏刻本附校记三卷。

礼说一卷。陈乔枞。 家刻本。【补】续经解本。 惠士奇礼说十四卷,学海堂本。黄以周礼说,南菁书院刻儆季杂著本六卷,续经解本三卷。

〔以上国朝人说〕

郊社禘祫问一卷。毛奇龄。 西河集本,艺海珠尘本。【补】续经解本。胡培翚禘祫答问一卷,续经解本。

大小宗通〔绎〕(释)〔一〕(二)卷。同上。 同上。同上。【补】续经解本。

宗法小记一卷。程瑶田。 通艺录本,学海堂本。【补】秀水万光泰五宗图说一卷,民国五年上海广仓学窘排印本。德清俞樾九族考一卷,续经解本。

钓台遗书四卷。任启运。　彭氏刻本。

〔以上礼制之属〕

五礼通考二百六十二卷。秦蕙田。　原刻本。　最有用。宋陈祥道礼书,朱子仪礼经传通解,江永礼书纲目,皆括其中。【补】秦书苏州局本。　陈书一百五十卷,嘉庆甲子闽郭氏刻本。　朱书二十三卷,续编二十九卷,吕留良宝诰堂刻本,日本仿宋大字本。江书八十五卷,嘉庆庚午留真堂刻本,广州局本。

黄以周礼书通故一百卷,光绪间刻本,精博。　蒙按:徐乾学五礼备考　百卷,稿本,存浙江图书馆。林乔荫三礼陈数求义三十卷,梁　三礼通释,皆通礼中要著。

〔此通礼虽综括三礼为言而兼考历代之制,故自为类。〕

质疑二卷。杭世骏。　读画斋本,学海堂本。

读礼志疑六卷。陆陇其。　单行本,正谊堂全书本,〔同治戊辰浙江新刻全集本〕。

参读礼志疑二卷。汪绂。　单行本。

三礼图集注二十卷。宋聂崇义。　通志堂本,日本翻刻本,通行翻刻本。

是书多讹谬,以古书存目备考。　孙星衍、严可均同撰三礼图三卷,未刊。

〔以上不专主汉儒者,后一书自注已明。〕

〔三礼图说二卷〕。〔元韩信同。〕〔嘉庆六年福州王氏刻本。〕〔间补聂氏所未备,然亦不甚精详。〕

以上三礼总义之属三礼家不考礼制、空言礼意者不录。【补】海宁王

国维殷周制度论一卷,民国五年上海哈同花园排印广仓学宭丛书本,亦载观堂
集林内。此书兼论史事,不尽关经学,于古礼制推阐特精,有前人未及言者,故
附此。

乐律全书四十二卷。明朱载堉。　明刻本十种。【补】此书四库全书著录
作四十二卷十一种,明郑府刻本四十八卷,凡十二种,附三种。

御纂律吕正义五卷。康熙五十二年。　殿本。

律吕新论二卷。江永。　守山阁本。　钱塘律吕古义六卷,亦名律吕考
文,未见传本。【补】武昌局正觉楼丛书刻江永律吕新义四卷。钱书南菁书院丛
书本。

律吕阐微十卷。江永。

竟山乐录四卷。毛奇龄。　西河集本。

乐县考二卷。江藩。　粤雅堂本。

　　〔以上正录〕

燕乐考原六卷。凌廷堪。　凌次仲集本,粤雅堂本。【补】指海本。

声律通考　卷。今人。　广州刻本,〔陈氏自著丛书四种刻本〕。【补】此书
十卷,番禺陈澧撰,广州局刻东塾遗书中。

　　〔以上余录〕

琴操二卷。汉蔡邕。　平津馆本,读画斋本。　他部无可隶,附此。【补】杭
州局邵武徐氏丛书本。　刘师培琴操补释,载国粹学报中。

瑟谱六卷。元熊朋来。　粤雅堂本，指海本。　内有唐开元十二诗谱。【补】金壶本。　蒙按：此所载十二诗谱，与仪礼经传通解所载有出入。

以上乐之属

春秋释例十五卷，（长历一卷）。晋杜预。　岱南阁校本，聚珍本，福本，又席氏扫叶山房本，古经解汇函本。

春秋土地名一卷，长历一卷。晋杜预。　微波榭校本，扫叶山房本。

〔以上杜注〕

〔春秋〕左传贾服注辑述二十卷。李贻德。〔同治丙寅〕余姚朱氏刻本。马宗梿先有辑本刊行，李书为详，且有发挥。【补】李书苏州局本，续经解本。马书原刊本。

〔春〕（左）秋左氏古义　卷。臧寿恭。　刻本。　钱塘春秋左传古义六卷，未刊。【补】臧书六卷，潘氏滂喜斋刻本，续经解本。　蒙按：廖平春秋左氏古经说十二卷，成都存古书局本。

左传诂五十卷。洪亮吉。　集外续刻本，〔光绪丁丑授经堂重刊本〕。【补】此书二十卷。　武昌局洪北江全集本，续经解本。

〔以上三书，专采古义，应有钩乙分，书本无。〕

春秋左传补注十卷。元赵汸。　通志堂本，龚翔麟玉玲珑阁丛刻本。

左传杜解补正三卷。顾炎武。　亭林遗书本，学海堂本，借月山房本，指海本，〔璜川丛书本〕。【补】丁晏左传杜解集正八卷，吴兴张钧衡编刻适园丛书本。　蒙按：廖平左传杜解辨正八卷，成都排印本。

左传补注六卷。惠栋。　贷园丛书本，守山阁本，金壶本，学海堂本。

左传补注三卷。马宗梿。　原刻本，学海堂本。

左传补注一卷。姚鼐。　惜抱轩集本。　沈钦韩左传补注十二卷、考异十卷，未见传本。【补】姚书南菁书院丛书本。　沈补注吴县潘祖荫编刻功顺堂丛书本，续经解本。

左通补释三十二卷。梁履绳。　家刻本，〔湖北新刻本〕。　原书共六种，统名左通，尚有驳证、考异、广传、古音、肊说五种，未刊。【补】补释续经解本。钱塘汪氏振绮堂亦刻补释，其版今归杭州局。

左传小疏一卷。沈彤。　果堂集本，学海堂本。

左传补疏五卷。焦循。　焦氏丛书本，学海堂本。

左传旧疏考证八卷。　刘文淇。　道光十八年刻本。　原书十二卷。【补】武昌局本，续经解本，皆八卷。文淇子毓崧，孙寿曾，三世治左氏，相继草撰左传旧注疏证，皆未及成而没，长编已具，凡八十卷，定本止襄公，藏于家，未刊。文淇曾孙师培，别撰春秋左氏传古例诠微、左氏传例略、左氏传答问、左氏传时月日古例考，诸书中例略有刊本。

刘炫规杜持平六卷。邵瑛。　原刻本。【补】南菁书院丛书本，民国间排印本。　蒙按：陈熙晋春秋规过考信九卷。陈熙晋春秋述谊拾遗八卷，广雅丛书本。

左传事纬十二卷・附录八卷。马骕。　自刻本，汉阳朝宗书室活字版本无附录。【补】许元淮刻本,苏州潘氏敏德堂刻本,又函海中别本四卷。

〔以上皆补杜注之遗,或与之相出入者,末一书乃取左传事迹类分,即比事之书也。〕

补春秋长历十卷。陈厚耀。　刻本。　今人乌程汪氏补春秋长历,未刊。【补】陈书续经解本。　汪氏春秋长历,在所著历代长术内,其书未刊,稿藏吴兴蒋氏密韵楼。汪氏名曰桢。

春秋经传朔闰表二卷。姚文田。　在邃雅堂学古录内,家刻本。邹伯奇春秋经传日月考,乃学计一得之一篇,在邹征君遗书内。【补】邹考有光绪二十七年两湖书院重刻单行本。

春秋经传朔闰表发覆四卷。施彦士。　附刻范景福春秋上律表四篇,求己堂八种本。　孔继涵春秋闰例日食例,未见传本。【补】罗士琳春秋朔闰异同一卷,会稽赵之谦刻本,续经解本。

春秋地名考略十四卷。徐善代高士奇撰。　高文恪四部稿本。

春秋地理考实四卷。江永。　学海堂本。【补】沈钦韩左传地名补注十二卷,续经解本,吴县潘氏功顺堂刻本,长洲蒋氏心矩斋刻本。

春秋世族谱一卷。陈厚耀。　与李淇春秋世纪编合刻本,道光十九年汤刻本。【补】乾隆壬子刻本,杭州局邵武徐氏丛书本。　宝应成蓉镜春秋世族谱拾遗一卷,南菁书院丛书本。吴伟业春秋氏族志不分卷,未刊,太仓县立图书馆有旧钞本,十六册。

春秋名字解诂二卷。王引之。　自刻本,附经义述闻后,〔学海堂本同。〕【补】俞樾春秋名字解诂补义一卷,胡元玉春秋名字解诂驳一卷。并续经解本。

王萱龄周秦名字解诂补一卷，畿辅丛书本，贵池刘氏聚学轩刻本，附此。

左传姓名同异考四卷。高士奇。　高文恪四部稿本。【补】蜀冯继光春秋

名号归一图二卷，通志堂本。

春秋识小录九卷：职官考略三卷，地名辨异三卷，左传人名辨

异三卷。程廷祚。　绵庄遗书本，珠尘本。　林伯桐春秋左传风俗二十卷，

未刊。【补】汪中春秋列国官名异同考，光绪乙酉仪征吴丙湘蛰园丛刻本，江都汪

氏遗书本。丁晏左传杜解集正八卷，适园丛书本。李富孙左传异文释十卷，续

经解本。陈鹏春秋国都爵姓考，附曾钊考补，粤雅堂本。　蒙按：丁书重出，

应删。

〔以上朔闰、地名、人名之属〕

以上春秋左传之属

春秋繁露十七卷。汉董仲舒。　戴震、卢文弨校。　聚珍本，福本，抱经堂

本。【补】杭州局重刻抱经堂本，四部丛刊影印聚珍本。

春秋繁露注十七卷。凌曙注。　古经解汇函本。【补】凌氏蜚云阁自刻

本，潮州郑氏编刻龙溪精舍丛书本，续经解本，畿辅丛书本附张驹贤校记。　平

江苏舆春秋繁露义证七卷，宣统二年长沙刻本。刘师培春秋繁露校补二卷、繁

露〔佚〕遗文辑补一卷，（未刊）。　蒙按：董金鉴春秋繁露集注，长沙有刻本。

春秋公羊通义十一卷，叙一卷。孔广森。　黁轩所著书本，学海堂本。

春秋正辞十三卷。庄存与。　味经斋本，学海堂本。　龚自珍春秋决事

比,未见传本。【补】龚书一卷,续经解本。　蒙按:赵汸春秋属辞十五卷,通志堂本,庄书继赵而作。

公羊何氏释例十卷。刘逢禄。　学海堂本。　褚寅亮公羊释例三十卷,未刊。【补】曲阜孔广铭公羊释例三十卷,未刊。

公羊何氏解诂笺一卷。同上。　同上。【补】刘书皆有太清楼原刻本。

〔以上正录〕

论语述何二卷。同上。　同上。

公羊礼说一卷。凌曙。　学海堂本。　别有公羊礼疏十一卷、公羊问答二卷,未见传本。【补】公羊礼疏,凌氏蜚云阁原刻本,归安姚觐元编刻咫进斋丛书本,续经解本。公羊问答,咫进斋本,续经解本。

公羊逸礼考征一卷。陈奂。　潘氏滂喜斋刻本。【补】续经解本,吴县朱记荣刻槐庐丛书本。

公羊补注一卷。马宗梿。　刻本。

公羊补注一卷。　姚琅。　惜抱轩集本。【补】南菁书院丛书本。

〔以上余录〕

发墨守评一卷,箴膏肓评一卷,穀梁废疾申何二卷。刘逢禄。

学海堂本。【补】句容陈立春秋公羊义疏七十六卷,原刻本,续经解本。番禺何若瑶公羊注疏质疑二卷,广州局本。李富孙公羊异文释一卷,包〔慎言〕(世臣)公羊历谱一卷,并续经解本。王闿运春秋公羊传笺十一卷,湘绮楼自刻本,四川存古书局本。王代丰春秋公羊例表,长沙刻本,存古书局本。井研廖平大统春秋公羊补证十一卷,附大统春秋条例表、何氏公羊解诂三十论,存古书局刻六译馆丛书本。

康有为春秋董氏学八卷,自刻本。魏源董子春秋发微七卷,未见传本。

以上春秋公羊传之属

春秋经解十五卷。宋孙觉。　聚珍本,福本。

〔穀梁经传补注　卷。〕〔今人。〕〔自刻本。〕

穀梁释例四卷。许桂林。　粤雅堂本题一卷,实四卷。【补】续经解本四卷。

穀梁礼证二卷。侯康。　伍元薇刻岭南遗书本。　马宗梿穀梁传疏证,未见传本。【补】侯书续经解本。

穀梁补注一卷。姚鼐。　惜抱轩集本。【补】南菁书院丛书本。

穀梁大义述　卷。柳兴〔恩〕(宗)　有刻本,未见。　邵晋涵穀梁古注、洪亮吉公穀古义,未刊。【补】柳书原刻不分卷,续经解本三十卷。钟文烝穀梁补注二十四卷,家刻本,续经解本。李富孙穀梁异文释一卷,续经解本。石城江慎中春秋穀梁条指二卷,载国粹学报中。侯康穀梁礼征二卷,岭南遗书本。胶县柯劭忞春秋穀梁传注十五卷,民国十六年排印本。　蒙按:江慎中穀梁条例十卷,未刊。穀梁笺释,成书数卷。梅植之穀梁注疏,成书一卷。康有为穀梁刘氏学卷。王闿运穀梁申义,刊本。廖平穀梁古义疏十一卷。廖平释范一卷,四川存古书局刻本。

以上春秋穀梁传之属

箴膏肓一卷,起废疾一卷,发墨守一卷。汉郑玄。 问经堂辑本,珠尘本,亦在黄奭辑高密遗书内。【补】仪征张氏榕园重刻珠尘本。 蒙按:皮锡瑞箴膏肓疏证 卷、起废疾疏证 卷、发墨守疏证卷,廖平起废疾解一卷,存古书局刻本。

春秋古经说二卷。侯康。 岭南遗书本。【补】续经解本。

〔以上古说〕

春秋大事表五十卷,舆图一卷,附录一卷。顾栋高。 原刻本,学海堂本太少。【补】续经解本,全味经书局本。

春秋十论一卷。洪亮吉。卷施阁集续刻本。

半农春秋说十五卷。惠士奇。 家刻本。【补】学海堂本,璜川吴氏刻本。

春秋属辞比事记四卷。毛奇龄。 西河集本,学海堂本。【补】龙威秘书本。

春秋经传比事二十二卷。林春溥。 竹柏山房十一种本。

〔以上皆比事之属,应有钩乙分,书本无。〕

春秋三传异文笺十三卷。赵坦。 学海堂本。

春秋三传异文释十三卷。李富孙。 蒋光煦刻别下斋丛书本。钱塘春秋三传释疑十卷,未刊。【补】朱骏声春秋三家异文核一卷,贵池刘氏聚学轩本。

〔以上二书考三传异文,应有钩乙分,书本无。〕

春王正月考一卷。明张以宁。 指海本,通志堂本。

春秋日食质疑一卷。吴守一。 指海本,借月山房本。【补】崇明施彦士推春秋日食法一卷,修梅山馆刻本。湘潭谭沄春秋日月考四卷、古今冬至表四卷,光绪五年自刻本。

〔以上考正月、考日食〕

春秋毛氏传三十六卷。毛奇龄。　西河集本。【补】学海堂本。

春秋属辞辨例编六十卷。张应昌。　苏州局本。

〔以上辨例〕

春秋胡氏传辨疑二卷。明陆粲。　指海本。

春秋胡传考误一卷。明袁仁。　学津本。

〔以上攻胡传之失〕

春秋集传纂例十卷。唐陆淳。　玉玲珑阁本,钱仪吉刻经苑本,古经解汇函重刻钱本。

春秋微旨三卷。同上。　同上,同上,同上,学津本。

春秋集传辨疑十卷。同上。　玉玲珑阁本,古经解汇函重刻龚本。

春秋金锁匙一卷。　元赵汸。　微波榭本,学津本。

春秋集传十五卷。同上。　通志堂本。

春秋说略〔十二〕(四)卷。郝懿行。　郝氏遗书本。【补】郝懿行春秋比一卷,遗书本,成都存古书局本。　蒙按:廖平春秋三传折衷不分卷,存古书局本。

　　以上春秋总义之属春秋家与三传皆不合者不录。　陆氏三种,于三传皆加攻驳,因唐以前书,举以备考。

论语郑注十卷。宋翔凤辑。　　浮溪精舍本。　　郑珍辑论语三十七家注四卷,未刊。

论语义疏十卷。梁皇侃。　　殿本,知不足斋本,古经解汇函重刻鲍本。

论语正义二十卷。刘宝楠。　　江宁刻本。　　徐养原论语鲁读考、包慎言论语温故录,未见传本。【补】刘书二十四卷,续经解本。　　徐书一卷,续经解本,湖州丛书本。包书未刊。　　蒙按:十八卷以下刘恭冕补。

　　〔以上正录〕

论语稽求篇七卷。　　毛奇龄。　　西河集本,学海堂本。【补】龙威秘书本。

鲁论说三卷。　　程廷祚。　　绵庄遗书本。

论语〔竢〕(俟)质三卷。　　江声。　　胡珽编琳琅秘室丛书活字本。

论语骈枝一卷。刘台拱。　　刘氏遗书本,学海堂本。【补】所说不多而条条精确。　　俞樾续论语骈枝一卷,续经解本。

论语后录五卷。钱坫。　　钱氏四种本。

论语补疏三卷。焦循。　　焦氏丛书本,学海堂本。【补】此书二卷。

论语偶记一卷。方观旭。　　学海堂本。【补】成都存古书局本。

论语说义十卷。宋翔凤。　　浮溪精舍本。【补】续经解本。

　　〔以上余录〕

乡党图考十卷。江永。　　通行本,学海堂本。

论语类考二十卷。明陈士元。　　湖海楼本,归云别集本。【补】武昌局湖北丛书本。

论语后案二十卷。黄式三。道光甲辰活字版本。【补】杭州局本。潘维城论语古注集笺，续经解本，杭州局本。陈鳣论语古训十卷，嘉庆元年刻本，杭州局本。梁廷柟论语古解十卷，自著藤花亭十种本。冯登府论语异文考证十卷，藏修堂刻本。俞樾论语郑义一卷，续经解本。沈涛论语孔注辨伪二卷，续经解本。潘祖荫、赵之谦、朱记荣皆刻沈书。戴望论语注二十卷，用公羊义解说论语，南菁书院丛书本。　蒙按：王闿运论语训二卷。

　　以上论语之属论语、孟子、北宋以前之名，四书，南宋以后之名。若统于四书，则无从足十三经之数，故视注解家之分合别列之。　韩愈、李翱论语笔解，伪书，不录。

孟子音义二卷。宋孙奭。　士礼居影宋蜀大字本，抱经堂本，微波榭本，韩岱云本，成都局本，又通志堂本。　此真孙奭作，疏乃伪托。【补】光绪壬辰荣成孙氏山渊阁刻，日照许氏校影宋本。罗振玉影印复宋蜀大字本。　蒋仁荣孟子音义考证二卷，续经解本。

孟子赵注补正六卷。宋翔凤。　浮溪精舍本。【补】广州局本，续经解本。

孟子刘熙注一卷。宋翔凤辑。　浮溪精舍本。【补】广州局本。叶德辉辑孟子刘熙注一卷，光绪间观古堂自刻本。顾震福孟子刘注辑述七卷，光绪间自刻本。

孟子正义三十卷。焦循。　焦氏丛书本，学海堂本。　钱东垣孟子解谊十四卷、钱侗孟子正义十四卷，未刊。【补】焦氏疏释赵注，采摭颇广，而本之程瑶田论学小记，戴震孟子字义疏证者为多，清儒注孟子，焦书最完善。　戴震孟子字义疏证三卷，戴氏遗书本、指海本，抉摘宋明理学之蔽，卓然自成一家言，其意不在专释孟子。别有绪言三卷，即此书初稿，刻粤雅堂丛书中。今二书皆有通行排印本。

孟子四考四卷。 周广业。　乾隆乙卯刻本。【补】续经解本。

孟子杂记四卷。 明陈士元。　湖海楼本。【补】武昌局本。

孟子生卒年月考一卷。 阎若璩。　学海堂本。

孟子时事略一卷。 任兆麟。　心斋十种本。【补】朱记荣刻槐庐丛书本。

甘泉张宗泰孟子七篇，诸国年表二卷，南陵徐乃昌编刻积学斋丛书本。

以上孟子之属

四书释地一卷，续一卷，又续二卷，三续二卷。 阎若璩。通行本，学海堂本。　蒙按：王鎏四书地理考十二卷。

四书释地辨证二卷。 宋翔凤。　浮溪精舍本，学海堂本。

四书剩言四卷，补二卷。 毛奇龄。　西河集本。【补】学海堂本。

四书考异七十二卷。 翟灏。　原刻本，总考条考各半。学海堂本，止条考三十六卷。

四书典故辨正〔二十〕（十二）卷。 周炳中。　刻本。　凌曙四书典故核六卷、许桂林四书因论二卷，未刊。【补】凌书嘉庆间董云阁原刻本。许书有新刻本。

四书撰余说七卷。 曹之升。　通行本。

四书拾遗五卷。林春溥。 竹柏山房十一种本。

〔以上解四书〕

大学证文四卷。毛奇龄。 西河集本。

大学古义说二卷。宋翔凤。 浮溪精舍本。【补】戴震大学补注一卷,未刊。中庸补注一卷,载国粹学报中,亦无刻本。顾震福学庸古义会笺,光绪间自刻本。

〔以上解大学〕

四书经注集证十九卷。吴昌宗。 通行本。 此书括元詹道传四书纂笺在内。【补】詹书二十八卷,通志堂本。王夫之四书稗疏三卷,船山遗书本,续经解本。刘宝楠论孟集注附考二卷,载国粹学报中。

以上四书之属

孝经郑氏解辑一卷。臧庸辑。 知不足斋本。

孝经郑氏注一卷。严可均辑。 自著四录堂类集本。【补】光绪间归安姚觐元咫进斋重刻本,光绪癸卯大关唐氏重刻本。 善化皮锡瑞孝经郑注疏二卷,光绪间长沙思贤书局刻本。 蒙按:成都唐氏刻本,稍有增辑。

孝经义疏补九卷。阮福。 文选楼本,学海堂本一卷。【补】云南督署本。

孝经精义一卷,后录一卷,或问一卷,余论一卷。张叙。乾隆二年刻本。

孝经外传一卷。周春。 珠尘本。

孝经述注一卷。丁晏。　六艺堂本。　周中孚孝经汇解，未见传本。【补】丁晏别有孝经征文一卷，刻学海堂经解中。　周书未刊。

中文孝经一卷。周春。　珠尘本。【补】周松霭遗书本。

孝经汇纂三卷。孙念劬。　嘉庆四年刻本。

以上孝经之属变改原书篇次者不录。知不足斋丛书有古文孝经孔传一卷，今文孝经郑氏注一卷，皆伪书，不录。

尔雅汉注三卷。臧庸辑。问经堂〔丛书〕本。【补】光绪间吴县朱氏槐庐重刻本。

尔雅〔古〕（音）义十二卷。黄奭辑。　黄奭刻汉学堂丛书本。严可均辑尔雅一切注音十卷，未刊。【补】光绪间仪征张丙炎榕园重刻黄辑本。　严书光绪间德化李氏刻入木犀轩丛书。　严可均辑郭璞尔雅图赞一卷，光绪间湘潭叶德辉观古堂刻本。

尔雅义疏二十卷。郝懿行。　孙郝联薇校刻足本，沔阳陆氏刻本、学海堂本皆未足。郝胜于邵。【补】四川刻足本，武昌局本。　王念孙尔雅郝注刊误一卷，民国十七年上虞罗振玉石印殷礼在斯堂丛书本。

尔雅正义二十卷。邵晋涵。　原刻、重刻通行本，学海堂本。

〔以上正录〕

尔雅补郭二卷。　翟灏。自刻本。　戴蓥尔雅郭注补正　卷，未见传本。【补】翟书姚氏咫进斋刻本，华阳傅世洵编刻益雅堂丛书本，续经解本，德化李氏木犀轩刻本，施诂刻巾箱本。　戴书九卷，光绪间海阳韩氏刻本。

尔雅释义十卷，释地以下四篇注四卷。钱坫。　钱氏四种本。　钱大昭尔雅释文补三卷、钱绎尔雅疏证十九卷，未刊。【补】续经解刻钱坫尔雅古义二卷、释地四篇注一卷。　严元照尔雅匡名二十卷，嘉庆间仁和劳氏刻本，广州局本，湖州丛书本，续经解本。胡承珙尔雅古义二卷，载国粹学报中。原刊本刻成旋毁，传本罕见。周春尔雅补注四卷，光绪间叶氏观古堂刻本。张宗泰尔雅注疏正误五卷，广州局本，南陵徐乃昌积学斋刻本。刘玉麐尔雅补注一卷，广州局本，此书未全。陈玉树尔雅释例五卷，近排印本。

释宫小记一卷，释草小记一卷，释虫小记一卷。程瑶田。通艺录内，学海堂本。互见。

〔以上余录〕

释祀一卷。董蠡舟。

释服　卷。宋翔凤。　浮溪精舍本。【补】一卷。

释骨一卷。沈彤。　果堂集本。【补】昭代丛书补编本，汉阳叶志诜刻本。

释缯一卷。任大椿。　燕禧堂本，学海堂本。

释舟一卷。洪亮吉。　卷施阁集本。【补】刘宝楠释穀四卷，广州局本，续经解本。海宁王国维尔雅草木虫鱼释例一卷，民国五年上海哈同花园排印广仓学宭丛书本，民国十六年王氏排印观堂遗书本。郑珍亲属记二卷，广州局本。

以上尔雅之属讲尔雅不通小学者不录。

御纂七经。殿本，杭州局本，武昌局本，成都书局本不精。　目列后，此当敬遵与正注同。

周易折中二十二卷。康熙五十四年依古本经传分编。 又乾隆二十

年钦定周易述义十卷,殿本。

书经传说汇纂二十一卷。康熙末至雍正八年。

诗经传说汇纂二十一卷。康熙末年。 又乾隆二十年钦定诗义折

中二十卷,多宗毛、郑,殿本。

春秋传说汇纂三十八卷。康熙三十八年。

周官义疏四十八卷。乾隆十三年。

仪礼义疏四十八卷。同上。

礼记义疏八十二卷。同上。

古微书三十六卷。明孙毂。 章刻本,陈刻本,活字版本,守山阁本,金壶

本。 孙书本有焚微、线微、阙微、删微四种,总名微书,此其删微一种。【补】守

山阁本注出处。

七纬三十八卷。赵在翰辑。 福州小积石山房刻本。

玉函山房辑佚书经编三百五十二种。马国翰辑。 济南新刻本。

经史子集四编皆刊行,此编皆周秦至〔唐〕(隋)经说经注。【补】长沙思贤书局重

刻小字本,长沙重刻大字本不善。

汉魏遗书钞一百八种。王谟辑。 原刻本。 分四册,无卷数,经史子集

四类。此百八种,止经翼一门,皆汉魏至隋经注经说。

古经解钩沈三十卷。余萧客辑。 原刻本,鲁氏重刻本。

五经异义汉许慎。**并驳义**汉郑玄。一卷,补遗一卷。王复辑。 问经堂本,珠尘本。【补】仪征张氏榕园重刻珠尘本,黄辑高密遗书本,许郑遗书本,孔辑通德遗书本,袁辑郑氏佚书本。

五经异义疏证三卷。陈寿祺。 家刻本,学海堂本。 蒙按:皮锡瑞五经异义疏证 卷,长沙刻本。

郑志三卷,附录一卷。钱东垣等校。 秦鉴刻汗筠斋丛书本,粤雅堂重刻秦本,又聚珍本,福本,问经堂本,古经解汇函重刻孙本,汉学堂本。【补】南昌局重刻聚珍本,武亿校刻本,马氏玉函山房本,袁编郑氏佚书本。 郑志,魏郑小同编述,皆其祖玄与门人问答之词,原书十一卷,久佚,此辑本也。 宝应成蓉镜郑志考证一卷,南菁书院丛书本。善化皮锡瑞郑志疏证八卷、郑记考证一卷,光绪间长沙思贤书局刻本。

六艺论一卷。陈鳣辑。 别下斋刻本。【补】又玉函山房本,汉学堂本,洪颐煊辑经典集林本,臧庸辑本,问经堂刻本,南陵徐乃昌鄦斋刻本,孔辑通德遗书本,袁辑郑氏佚书本。 善化皮锡瑞六艺论疏证一卷,光绪间长沙思贤书局刻本。

圣证论一卷。马国翰辑。 玉函山房本。 互见。【补】又汉魏遗书钞本。 蒙按:皮锡瑞圣证论补评二卷,思贤书局刻本。

高密遗书十四种。黄奭辑刻汉学堂本。 六艺论,易注,尚书注,尚书大传注,毛诗谱,箴膏肓,释废疾,发墨守,丧服变除,驳五经异义,答临孝周礼难,三礼目录,鲁禘祫义,论语注,郑志,郑记。【补】汉郑玄遗著自黄氏外辑者尚有数家。曲阜孔广林辑通德遗书十七种,分箴膏肓、起废疾、发墨守为三种,增尚书中候注、论语弟子篇二种，而无郑志、郑记，余目同黄辑，光绪庚寅济南书局刻本。鄞县袁钧辑郑氏佚书二十一种，增尚书五行传注、尚书略说注二种，有郑志、郑记，余目同黄辑，外附郑君纪年，光绪戊子杭州局刻本。王复、武亿同辑郑氏遗书五种，驳五经异义、箴膏肓、起废疾、发墨守、郑志，嘉庆间原刻本，常熟鲍氏重刻本，此五种问经堂丛书亦刻。许郑遗书六种，增鲁禘祫义一种，余目同上，道光间浙东陈锡熊刻于云南五华书院。

经稗六卷。郑方坤。　以上十二书，皆辑古〔说〕（义）。

　　〔以上皆辑古说，见原注。〕

九经古义十六卷。惠栋。　贷园丛书本，省吾堂本，学海堂本。马应潮九经古义注，未刊。【补】惠书昭代丛书补编本，吴县朱记荣刻槐庐丛书本，益都李文藻刻本。　马氏左传古义注稿本，旧藏武进费氏处，余未详。

诗书古训六卷。阮元。　粤雅堂本。【补】续经解本。

　　〔以上二书，亦辑古说，而参以证据。〕

助字辨略五卷。刘淇。　康熙五十年刻本，聊城杨氏刻本。【补】康熙本卢承琰刻，杨氏本咸丰五年杨以增刻。　乾隆四十四年国泰重刻本，民国十二年长沙杨氏重刻本。

经传释词十卷。王引之。　家刻本，守山阁本，学海堂本。　冯登府十四经诂答问十卷，未刊。【补】王书泾县洪氏刻本。　冯氏十三经诂六卷，朱氏槐庐刻本，续经解本。

　　〔以上二书，皆释虚字。〕

经义杂记三十卷，叙录一卷。臧琳。　家刻本，学海堂本。【补】学海堂本十卷。

经问十八卷,〔经问补〕(续经问)三卷。毛奇龄。　西河集本。【补】学海堂本十五卷。

群经补义五卷。江永。　单行本,学海堂本。【补】璜川吴氏刻经学丛书本。

经咫一卷。陈祖范。　家刻本。【补】光绪十七年广州局刻本。

经学卮言六卷。孔广森。　㢸轩所著书本,学海堂本。

经传小记〔一〕(三)卷。刘台拱。　刘氏遗书本。【补】续经解本。

经义知新记一卷。汪中。　学海堂本。　其述学内篇二卷入集部。【补】经义知新记,江都汪氏丛书影印本。　述学内外篇六卷,俱入集部,考订家集其外篇,互见骈文家集,此但云内篇入集部者,误。学海堂经解刻述学摘本二卷。

群经识小八卷。李惇。　学海堂本。

五经小学述二卷。庄述祖。　珍艺宧遗书本。【补】成都存古书局本,续经解本。

考信录三十六卷。崔述。　东壁遗书本。　考信录提要、〔上古〕、〔唐虞〕、夏、商、丰镐、洙泗、丰镐别录、洙泗余录、孟子事实录、续说、附录。【补】考信录子目提要,唐虞间尚有补上古一种,共十二种,三十六卷。光绪间定州王灝文刻畿辅丛书本。

经义述闻三十二卷。王引之。　自刻本,江西刻本,学海堂本只二十八卷。【补】道光七年京师重刻本,扬州覆刻本。

五经要义一卷,五经通义一卷。宋翔凤。　浮溪精舍本。

左海经辨二卷。陈寿祺。　家刻本,学海堂本。【补】学海堂经解又摘刻左海文集二卷。

　　〔以上余录〕

通艺录四十〔三〕(二)卷。程瑶田。　自刻本。【补】学海堂本三十卷,少数种。

群经宫室图二卷。焦循。　焦氏丛书本。　近人有经义图说,巾箱本,虽为程试而作,然胜于宋明人六经图。【补】焦书续经解本,无锡朱氏刻本。　清康熙间桐城江为龙、叶涵云同编六经图十六卷,江西刻本。

　　〔以上考工之属〕

六经天文编二卷。宋王应麟。　学津本,玉海附刻本。

经书算学天文考一卷。陈懋龄。　学海堂本。【补】光绪间四明张寿荣刻花雨楼丛钞本。

观象授时十四卷。秦蕙田,方观承。　学海堂摘本。　此五礼通考之一门,阮经解摘出,于学者亦便。

邃雅堂学古录七卷。姚文田。　家刻本。

学计一得二卷。邹伯奇。　邹征君遗书本。　互见子部算法。

　　〔以上天文、算法〕

九经说十七卷。姚鼐。　江宁朱刻本,惜抱轩集本。　钱大昭经说十卷,未刊。【补】姚书嘉庆丙辰旌德刻本十二卷,未足。

　　〔**九经集解九卷**。〕〔雷学淇。〕〔自刻本。〕

经义未详说五十四卷。徐卓。　自刻本。

群经平议十卷。今人。　俞氏丛书本。【补】此初刻本未足,苏州刻春在堂丛书本,续经解本,俱三十五卷。　德清俞樾撰。

十三经客难五十五卷。龚元玠。　江西刻本。

　　〔以上总录〕

隶经文四卷。江藩。　粤雅堂本。【补】家刻节甫老人杂著本,续经解本。

　　〔说学斋经说一卷。〕〔叶凤毛。〕〔珠尘本。〕

巢经巢经说一卷。郑珍。　家刻本。【补】续经解本。

句溪杂著五卷。陈立。　自刻本。

经义丛钞三十卷。学海堂本。　体例未协,中有精粹。【补】此书余杭严杰编。　续经解刻武亿群经义证八卷,洪颐煊读书丛录一卷,徐养原顽石庐经说〔十〕(六)卷,朱大韶实事求是斋经说二卷,俞正燮癸巳类稿六卷,癸巳存稿四卷,陈澧东塾读书记十卷,朱绪曾开有益斋经说五卷,陈乔枞礼堂经说二卷,邹汉勋读书偶识十一卷,刘书年贵阳经说一卷,俞樾达斋丛说一卷,黄以周经说略二卷,陶方琦汉孳室文钞二卷,林兆丰隶经剩义一卷,林颐山经述二卷,诸书中间系摘本。　戴震经考五卷,光绪间南陵徐乃昌鄦斋刻本。萧山王绍兰周人经说四卷,王氏经说六卷,光绪间吴县潘祖荫刻功顺堂丛书本。

　　〔以上余录。按此类低格者多汉宋兼采之学。〕

　　以上诸经总义之属

经义考三百卷。朱彝尊。 扬州马氏刻本，重刻通行本。【补】乾隆乙亥卢氏雅雨堂刻本,杭州局本不善。

经义考补正十二卷。翁方纲。 自著苏斋丛书本。 钱东垣补经义考四十卷、续经义考二十卷,未刊。【补】翁书粤雅堂本。

通志堂经解目录一卷。翁方纲注。 苏斋丛书本,粤雅堂本。

十三经注疏姓氏一卷。翁方纲。 苏斋丛书本。

授经图四卷。明朱睦㮮。 黄虞稷、龚翔麟同编。 玉玲珑阁本。毕沅、洪亮吉传经表一〈二〉卷、通经表一〈二〉卷,未见传本。【补】朱书二十卷,其自序称四卷,提要疑其误,通光十九年三原李锡龄刻惜阴轩丛书本二十卷。 传经表、通经表,光绪五年亮吉曾孙用懋重刻洪北江遗书本,光绪九年四明张寿荣刻花雨楼丛钞本,光绪十二年会稽章寿康刻式训堂丛书本,光绪三十年吴县朱记荣刻校经山房丛书本。 名山吴之英汉师传经表一卷,民国九年四川刻寿栎庐丛书本。

国朝汉学师承记八卷,附经师经义目录一卷。江藩。 原刻本,粤雅堂本。【补】华阳傅世洵刻益雅堂丛书巾箱本。 蒙按:江书有陈寿祺眉注本,偶见传钞。赵之谦续国朝汉学师承记,未见传本。

西京博士考二卷。胡秉虔。 钱氏刻艺海珠尘续编本。【补】常熟张金吾两汉五经博士考三卷,常熟鲍廷爵编刻后知不足斋丛书本,光绪间四明张氏花雨楼刻本。海宁王国维汉魏博士考三卷,民国五年上海广仓学窘排印本,此书善,并订正胡、张二氏之误。

〔以上目录。按此不入史部谱录类之目录,较便寻检。〕

五经文字一卷,附五经文字疑一卷。唐张参。　微波榭本,马曰璐小玲珑山馆丛书本〔三卷〕〔无附卷〕,广州刻小学汇函即马本,西安石本。【补】日本缩刻石本,常熟鲍氏后知不足斋本。

九经字样一卷,附九经字样疑一卷。唐唐元度。　微波榭本,小玲珑山馆本〔无附卷〕,小学汇函刻马本,西安石本。　〔二书道光己酉虞山顾氏玲珑山馆丛刻六种,以马版印行。〕【补】日本缩刻石本。

刊正九经三传沿革例一卷。宋岳珂。　任大椿刻本,知不足斋本,粤雅堂本,海宁陈氏刻本,又丛书大字本,〔湖北新刻丛书本〕。【补】仪征汪氏藤花榭刻本,吴县吴志忠刻本,成都存古书局本。

九经误字一卷。　顾炎武。　亭林遗书本,指海本,借月山房本。钱大昕经典文字考异三卷,未刊。【补】顾书续经解本。　钱书神州国光社编古学汇刊本。

七经孟子考文补遗一百九十九卷。山井鼎考文,物观补遗。日本刻本,阮刻巾箱本。　易、书、诗、左、礼记、论语、孝经、孟子。【补】内尚书古文考一卷,单刻入函海。　山井鼎、物观皆清康熙间日本国人。

经典文字辨证五卷。毕沅。　经训堂本。

注疏考证六卷。齐召南。　学海堂本,原附殿本注疏后。　书、礼记、左、公、穀。

十三经注疏校勘记二百四十三卷。阮元。　原刻单行本,学海堂本,又散附阮刻注疏各卷之后,较略。【补】罗振玉敦煌古写本周易王注校勘记,排印本。今人刘世珩、刘承幹、张钧衡等重雕宋元本诸经注疏,亦各附校勘记,已见前,中有阮校所未及者。　阮氏校勘记,实以卢文弨所校十三经注疏为蓝本,卢校尤完备,未刊,旧藏阮氏,今不知存否,方东树有临本,已毁于火。

〔以上文字〕

经典释文三十卷,考证三十卷。唐陆德明释文,卢文弨考证。抱经堂本,武昌局翻本,成都局翻本附孟子音义,通志堂本未善。【补】广州局刻本尤草率,四部丛刊影印通志堂本,附录诸家校。

蜀大字本三经音义四卷。论语一卷,孝经一卷,孟子上下卷。岱南阁本,士礼居刻别行本。

汉魏音四卷。洪亮吉。　卷施阁本,〔光绪戊寅授经堂重刊全集本〕。

九经补韵附考证一卷。宋杨伯嵒。钱侗考证。　汗筠斋本,粤雅堂本,学津本。【补】常熟鲍廷爵编刻后知不足斋丛书本。

经读考异八卷,〔补二卷〕,〔叙述二卷〕。武亿。　原刻本,学海堂本〔只八卷〕。　钱绎十三经断句说十三卷、钱侗群经古音钩沈四卷,未刊。

十三经音略十二卷。周春。　粤雅堂本。

经籍籑诂〔一〕(二)百一十六卷,〔附补遗〕。阮元。　扬州原刻本。以经为主,故列此。【补】江宁局本。

〔以上音义〕

十经文字通正书十四卷。钱坫。　原刻本,间有误处。

群经音辨七卷。宋贾昌朝。　张士俊刻泽存堂〔五〕(四)种本,粤雅堂本,〔道光庚子三韩杨氏重刻张本〕。【补】畿辅丛书本,长沙余肇钧编刻明辨斋丛书本,长洲蒋氏铁华馆仿宋刊本。　王念孙群经字类,上虞罗振玉排印本。歙县江有诰群经韵读一卷,嘉庆间自刻音学十书本,咸丰壬子重刻本,民国十七年上海中国书店影印原刻本。歙县吴承仕经籍旧音辨证七卷,民国间北京排印本。

以上诸经目录文字音义之属

汉石经。残字六百七十五字,熹平四年。　翁方纲重摹南昌府学石本,绍兴府学再摹石本。　录此以见汉刻体势,若遗文则隶释、隶续为详。【补】道光间江宁陈宗彝重刻汉熹平石经残字本,上虞罗振玉玻璃版影印宋拓本。　汉熹平石经残字集录一卷,补遗一卷,民国十七年罗振玉石印双钩本。民国十一年洛阳汉太学遗址有汉熹平石经原石出见,存论语尧曰篇残字十字又半,今存开封图书馆,有拓本。

唐石经。开成二年。　西安府学石本,乾符修改,后梁补刻,明王〔尧〕惠补缺。　十三经无孟子,明人补刻。【补】日本缩刻本。　孟子七卷为清初陕西巡抚贾汉复所刻,非明人。　蒙按:张宗昌有覆刻本,凡阙文均双钩补足。

国朝石经。乾隆五十八年敕刊,嘉庆八年敕改定。　国子监石本。十三经皆备,文字多依古本,与通行本多异,极精核。

石经考一卷。顾炎武。　亭林遗书本,借月山房本,指海本。　汉唐蜀石经,亦详金石萃编中。【补】光绪间华阳王秉恩刻石经汇函本。

石经考一卷。万斯同。　省吾堂本。【补】光绪十三年山阴宋泽元编刻忏花盦丛书本,顾沅编刻砚堂丛书本。

石经考异二卷。杭世骏。　杭氏七种本。【补】石经汇函本。　瞿中溶汉石经考异补正二卷,吴兴张钧衡编刻适园丛书本。

汉石经残字考。翁方纲。　复初斋集。【补】常熟鲍廷爵后知不足斋本,石

经汇函本。

魏三体石经残字考二卷。　孙星衍。　平津馆本。【补】石经汇函本,此

书止一卷。　魏三体石经原石久亡,光绪间忽出见于洛阳,为尚书君奭残篇,其

石旋归黄县丁氏,今有拓本及上虞罗氏吉石盦玻璃版影印本。民国十一年洛阳

又有魏三体石经原石出见,为尚书多士、君奭、无逸及春秋僖公经、文公经诸残

篇,为隶续所不载,盖宋以来所未睹也,罗振玉、王国维、章炳麟、叶德辉诸人多为

之考证,其石今存开封图书馆,有拓本及玻璃版影印本。

唐石经校文十卷。严可均。　四录堂类集本。　王朝渠唐石经考正一卷,

附十三经拾遗后。钱大昕唐石经考异一卷　未刊。【补】严书石经汇函本。

王考正新建陶福履编豫章丛书本,光绪十六年泾县朱氏刻。钱书刊入涵芬楼秘

笈第六集。

蜀石经残字一卷。王昶。　摹刻板本,学海堂收经义丛钞内。【补】石经汇

函本,此为毛诗残本。　又原拓蜀石经春秋穀梁传残,民国六年上虞罗氏吉石

盦玻璃版影印本。又庐江刘体乾藏原拓蜀石经周礼三传,都一百七十五叶,附

乾隆以来诸家题跋校记,民国十六年上海中国书店有玻璃版影印本。吴骞蜀石

经毛诗残本考异一卷,刻本。缪荃孙蜀石经校记一卷,民国二年上海神州国光

社排印古学汇刊本。

北宋汴学篆隶二体石经记一卷。丁晏。　六艺堂自刻本。【补】石经

汇函本。　原拓北宋嘉祐石经周礼、礼记残,民国六年上虞罗氏吉石盦玻璃版

影印本。

石经考文提要十三卷。彭元瑞。　刻本。　阮元仪礼石经校勘记,已入仪礼。【补】彭书德清许宗彦刻本,石经汇函本。

石经补考十二卷。冯登府。　自刻本,学海堂经解续刻〔本〕六卷。　国朝、汉、魏、唐、蜀、北宋、南宋。【补】石经汇函本十二卷。　桂馥历代石经略二卷,刻本。

　　以上石经之属此乃经文本原,故别为类,杭考原流,冯考文字。

右列朝经注、经说、经本考证此类各书,为读正经、正注之资粮。

小学第三　此小学谓六书之学,依汉书艺文志及四库目录。

说文解字十五卷。汉许慎。　宋徐铉校定附字。　平津馆小字本,小学汇函重刻孙本,汲古阁五次剜改大字本,朱校大字本即毛本,藤花榭额氏刻中字本,广州新刻陈昌治编录一篆一行本,苏州浦氏重刻孙本。　孙本最善,陈本最便。【补】江宁局翻毛四刻本,五松书屋刊宋本,光绪十二年朱氏翻孙本,涵芬楼影印藤花榭本。涵芬楼续古逸丛书影印北宋刊本善,此即平津馆、藤花榭据刻之本,乃大徐本第一刻也。四部丛刊影印北宋刊本,即上缩本。

汲古阁说文订一卷。段玉裁。　袁廷梼刻本,武昌局刻附段注说文后。

　　严可均段氏说文订订一卷,未刊。【补】段书光绪间归安姚觐元编刻咫进斋丛书本。　严书光绪十三年海宁许氏刻入许学丛刻。

说文旧音一卷。毕沅辑。　经训堂本。【补】咸丰二年江都李祖望编刻半亩园丛书本。　胡玉缙说文旧音补注一卷、补遗一卷、续一卷,南菁书院丛书本。

说文校议三十卷。姚文田、严可均同撰。 原刻本,归安姚氏咫进斋重刻本,李氏半亩园丛书本。【补】顾广圻说文辨疑一卷,即校议之辨疑,原刻本,武昌局本,光绪九年长洲张炳翔编刻许学丛书本,光绪十年吴县雷氏刻。归安严章福说文校议十五卷,刘承幹刻吴兴丛书本。

说文斠诠十四卷。钱坫。 家刻本。【补】江宁局本。

说文解字考异二十九卷。姚文田。 姚氏咫进斋家刻本,未毕工。 钮树玉说文考异三十卷,未见传本。【补】姚书咫进斋本,光绪初年刻成。 钮书苏州局本。 王念孙说文解字校勘记残稿一卷,宣统元年番禺沈宗畸编刻晨风阁丛书本。沈涛说文古本考十四卷,吴县潘祖荫滂喜斋刻本。朱士端说文校定本一卷,同治间自刻春雨楼丛书本。莫友芝仿唐写本说文解字木部笺异一卷,同治二年原刻本,许学丛书本。胡重说文集校,未刊。

说文系传四十卷,附校勘记三卷。南唐徐锴。 苗夔校。 寿阳祁氏刻本,归安姚氏翻祁本,小学汇函重刻祁本,汪本、马本不善。【补】光绪二年平江吴氏重刻祁本,光绪九年苏州局重刻祁本,又四部丛刊影印述古堂影宋钞本。

说文系传校录三十卷。王筠。 自刻本。 钱师慎说文系传刊误二卷,未刊。【补】汪宪说文系传考异四卷,道光十七年瞿世瑛清吟阁刻本。荆州田吴炤说文二徐笺异 卷,影印稿本。

说文解字段氏注三十卷,六书音韵表五卷。段玉裁。 原刻本,苏州重刻本,学海堂本,武昌局本附段氏汲古阁说文订一卷。【补】成都存古书局本,光绪七年苏州刻巾箱本,民国九年上海扫叶山房影印原刻本。

说文段注订八卷。钮树玉。 原刻本,武昌局本。【补】金氏重刻本,许学

丛书本。 王绍兰说文段注订补十四卷,萧山胡氏天津刻本,吴兴刘氏嘉业堂
刻本。

说文段注匡谬八卷。徐承庆。 姚氏咫进斋刻本,未毕工。 冯桂芬说

文段注考正十六卷,未见传本。【补】咫进斋本光绪初年刻成,吴县潘氏刻本。
冯书民国十七年上海蟫隐庐影印稿本。 桂馥说文段注钞案一卷、补一卷,徐
松说文段注札记一卷,龚自珍说文段注札记一卷,并光绪间长沙叶德辉观古堂
刻本。扫叶山房影印叶刻本,附说文解字段氏注影印本后。马寿龄说文段注撰
要九卷,许学丛书本。徐灏说文解字注笺十四卷,附检字四卷,石印本。邹伯奇
读段注说文札记,刻本。何绍基说文段注驳正,未见传本。

说文释例二十卷,说文句读三十卷。王筠。 自刻本。【补】释例光绪

癸未成都御风楼重刻本。句读成都存古书局重刻本,涵芬楼影印王氏自刻本。

　　〔以上正录〕

说文新附考六卷,续考一卷。钮树玉。 原刻本,武昌局本。郑珍说文

新附考四卷,尤精核,未刊。【补】钮书许学丛书本。 郑书六卷,光绪间刻入姚
氏咫进斋丛书,华阳傅世洵益雅堂亦刻。 钱大昭说文徐氏新补新附考证一
卷,光绪间南陵徐乃昌刻积学斋丛书本。王筠说文新附考校正,许学丛书本。
毛际盛说文新附通谊,原刻本。

说文逸字二卷,郑珍。附录一卷,补遗一卷。今人。 家刻本。【补】

姚氏咫进斋刻单行本,光绪间福山王懿荣刻天壤阁丛书本。附录、补遗郑珍、子
知同撰。 张鸣珂说文逸字考四卷,原刻本。李桢说文逸字辨证二卷,家刻本。

说文翼十六卷。 严可均。 姚氏咫进斋本,未毕工。【补】咫进斋单行

本,光绪初年刻成。

说文（正俗）辨字〔正俗〕八卷。李富孙。　新刻本。【补】校经顾刻。

　　〔以上论形〕

说文声系十四卷。姚文田。　家刻本,吴刻本,粤雅堂本。　钱塘说文声系二十卷,未刊。

说文声读表七卷。　苗夔。　自刻本。　别有说文声读考,未刊。【补】王氏天壤阁重刻本,续经解本。

说文字原韵表　卷。胡重。　金刻本。　钱侗说文音韵表五卷、说文孳乳表三卷,未刊。【补】胡表二卷,许学丛书本。　吴县江沅说解字音韵表十七卷,续经解本。

说文声类二卷。严可均。　四录堂本。【补】续经解本,德化李氏木犀轩本。

说文谐声谱　卷。张惠言。【补】此书二十卷,由惠言子张成孙续成,刻于广州,未见传本。又临桂龙翰臣节本九卷,刻续经解中,署张成孙撰。

说文通训定声十八卷,柬韵一卷。朱骏声。　原刻本,甚便学者。【补】同治九年江宁局补版本,泾县洪氏刻本,光绪中上海坊间石印巾箱本,附说雅十九篇、古今韵准一卷。　朱骏声说文通训定声补遗一卷,光绪间刻本。朱珔说文假借义证二十八卷,泾县朱氏家刻本,民国十五年上海中国书店影印家刻本。

汉学谐声二十卷,古音论一卷,附录一卷。戚学标。原刻本。【补】汉学谐声凡二十四卷,此云二十卷,误。　高邮宋保谐声补逸十四卷,许学丛书本,德化李氏木犀轩本。

六书说一卷。江声。　琳琅秘室本。【补】李氏半亩园丛书本,傅氏益雅堂丛书本。　叶德辉六书古微十卷,观古堂自刻本。

转注古义考一卷。曹仁虎。　珠尘本。【补】许学丛书本,傅氏益雅堂丛书本。

六书转注说〔二〕(一)卷。夏炘。　景紫堂本。

　〔以上论声〕

说文引经考二卷。吴玉搢。　姚氏咫进斋本。

说文引经考证八卷。陈瑑。　武昌局本。　臧礼堂说文引经考二卷、张澍说文引经考证,未见传本。

说文古语考二卷。程际盛。　刻本。　钱绎说文解字读若考三卷、说文解字阙疑补一卷,钱侗说文重文小笺二卷:未刊。【补】傅云龙说文古语考补正卷,刻本。叶德辉说文读若考七卷,附一卷,同声假借字考二卷,自刻本。萧道管说文重文管见一卷,刻本。

　〔以上引经、引古语〕

惠氏读说文记十〔五〕(四)卷。惠栋。　借月山房本,指海本,〔半亩园本〕。

席氏读说文记十五卷。席世昌。　借月山房本,指海本。

说文管见三卷。胡秉虔。　家刻本。　许桂林许氏说音十二卷、说文后解十卷,未刊。【补】胡书潘氏滂喜斋本,贵池刘世珩聚学轩本。张行孚说文审音十六卷,桐庐袁昶渐西村舍丛刻本。

说文答问疏证〔六〕(一)卷。钱大昕答,薛传均疏证。 原刻本,姚氏咫进斋重刻本,巾箱本,〔扬州再刻本〕。【补】光绪间鄞县郭传璞编刻金峨山馆丛书本,广州局本。 承培元广说文答问〔八〕(六)卷,广州局本。章炳麟小学答问一卷,杭州局刻章氏丛书本。

〔以上论义〕

小学考五十卷。谢启昆。 嘉庆丙子刻本。【补】光绪十四年杭州局重刻本。 九江黎经诰许学考二十六卷,民国十六年江宁排印本。

字通一卷。宋李从周。 珠尘本,知不足斋本。

说文字通通释 卷。 刻本。【补】吴县高翔麟说文字通十四卷,道光戊戌刻本,上列书殆即指此。

复古编二卷。宋张有。 张氏刻本,〔安邑葛鸣阳刻本〕。【补】江宁局本,广东刻本。

〔以上据说文以正隶俗〕

篆韵谱五卷。南唐徐锴。 苏州冯氏刻本,小学汇函本,函海本不善。【补】此书提要题五卷,函海本、小学汇函本并同。冯桂芬影宋本则作十卷,与通志、直斋书录解题卷数合。此仅分卷有异,实无增减。 王筠说文韵谱校五卷,光绪间潍县刘氏刻本。

〔此论韵,故自为类。〕

说文通检十四卷。今人。 同治十二年广州新刻本,附说文后。此书为翻检说文而设,极便。 毛〔漠〕(模)说文检字二卷,止可检汲古本,原刻重刻两本,皆在成都。【补】通检番禺黎永椿编。 涵芬楼影印番禺陈氏原刻本,武昌局重刻本。　毛〔谟〕(模)检字姚氏咫进斋重刻本。　史恩绵说文易检十四卷,涵芬楼影印稿本。丁养和说文便检十二集,刻本。一贯三,不著编撰人名氏,十二集,此书可检说文段注、经籍籑诂、说文通训定声三书,尤为便用,非上列诸种所及,有石印本。

说文义证五十卷。桂馥。　〔灵石〕杨氏原刻本,武昌局翻本。　宋鉴说文解字疏、马宗梿说文字义广注,未见传本。【补】宋、马书皆未刊。　许瀚桂注说文条例一卷,潘氏滂喜斋本。

说文声订二卷。苗夔。　自刻本。　钱大昭说文统释六十卷,未刊。【补】苗书许学丛书本。　光绪间鄞县郭传璞金峨山馆单刻钱氏说文统释自叙三万言为一卷,全书未刊。

〔说文辨疑一卷。〕〔顾广圻。〕〔武昌局本。〕

说文疑疑二卷。孔广居。　家刻本。【补】许学丛书本。　张行孚说文发疑七卷,刻本。陈诗庭读说文证疑,许学丛刻本。许槤读说文杂识一卷,许学丛书本,武昌局本。王念孙读说文记,许学丛刻本。许棡读说文记,古均阁本。江沅说文释例二卷,李氏半亩园本。陈瑑说文举例,许学丛刻本。毛际盛说文述谊二卷,刘氏聚学轩本。潘奕隽说文蠡笺十四卷,原刻本,许学丛刻本,聚学轩本。于鬯说文职墨三卷,南菁书院丛书本。江陵田潜一切经音义引说文笺十四卷,民国十四年鼎楚室自刻本。

说文拈字〔七〕(四)卷,〔补遗三卷〕。王玉树。　原刻本。

说文群经正字二十八卷。邵瑛。　嘉庆丙子刻本。【补】程炎说文引经考四卷,未见。吴云蒸说文引经异字,刻本。雷浚说文引经例辨三卷,家刻本。

高翔麟说文经典异字释一卷，万卷楼刻巾箱本。承培元说文引经证例二十四卷，广州局本。柳荣宗说文引经考异十六卷，刻本。陈寿祺说文经字考一卷，李氏半亩园本。杨廷瑞说文经斛，刻本。王育说文引诗辨证，刻本。

说文提要一卷。武昌局本。【补】成都存古书局本。扫叶山房石印本，附说文段注影印本后。　此书陈建侯编，但载部首，而许书说解，多加删节，虽便初学，未为善本。　张行孚说文揭原　卷，原刻本，专释部首，有新意，胜陈书。丁福保编说文解字诂林，所收凡一百六十余种，分类别裁，不加改削，集校释之钜观，凡无力分购原书者，得此为便，民国十五年上海医学书局就各原刻影印。

〔文字蒙求一卷。〕〔王筠。〕〔自刻本。〕

别雅五卷。吴玉搢。　〔小蓬莱山馆〕刻本。【补】康熙间原刻本，乾隆间新安程氏督经堂刻本，华阳傅氏益雅堂刻本。　许瀚别雅订五卷，潘氏滂喜斋刻本。丁寿昌别雅校正，未刊。

拾雅二十卷。夏味堂。　原刻本，刘际清刻青照堂丛书本。

以上小学类说文之属元、明人讲说文者，多变古臆说，不录。说文兼形、声、义三事，故别为一类。

汗简三卷，目录叙略一卷。宋郭忠恕。　汪启淑刻本，汪立名一隅草堂本。　此书多沿误，郑珍汗简笺正七卷，极精，未刊。【补】郑书已刊，凡八卷，广州局本。　江永汗简校本，亦精，未刊，原稿旧藏姚氏咫进斋。

〔此古文，应有钩乙分，书本无。〕

薛氏钟鼎款识二十卷。　宋薛尚功。　阮刻本。【补】上海文瑞楼影印阮刻本，贵池刘世珩影刻临宋写本。松江某氏藏宋拓石刻本，犹完具，今尚无影印之者。

积古斋钟鼎款识十卷。阮元。　通行本。　学海堂本，未摹篆文，不便学者。【补】此书名积古斋钟鼎彝器款识，常熟鲍氏后知不足斋本，武昌局本，上海坊间影印刻本。

筠清馆金文　卷。吴荣光。　自刻本。【补】宜都杨守敬观海堂刻本。

此书五卷。　近人编录钟鼎彝器款识诸书，补入史部金石类，于此不复见。

吴大澂说文古籀补十四卷，湖南刻本，坊间石印本。孙诒让古籀拾遗三卷，家刻本，扫叶山房影印本，契文举例一卷，罗氏吉石盦影印稿本，名原二卷，家刻本。罗振玉编铁云藏龟不分卷、铁云藏龟之余一卷、殷虚书契前后编十卷、殷虚书契菁华一卷、殷虚书契考释一卷、殷虚书契待问编一卷，并罗氏影印本，殷商贞卜文字考一卷，石印。王国维戬寿堂所藏殷虚文字一卷，附考释一卷，民国六年上海广仓学窘影印本。商承祚殷虚文字类编十四卷，民国十二年自刻本。容庚金文编十四卷，附录二卷、通检一卷，民国十四年天津贻安堂石印本。丹徒叶玉森说契孪契枝谭写刻本，载学衡第三十一期，铁云藏龟拾遗一卷，石印本。丹徒陈邦怀殷墟书契考释小笺一卷，铅印本。丹徒陈邦福殷墟霾契考一卷、殷契辨疑一卷、殷契说存一卷，均石印本。　殷商文字，清光绪二十五年始发见河南安阳殷故墟中，皆刻龟甲兽骨之上，亦号龟甲文，为汉以下人所未睹，可藉以正史书之违失，明小学之源流，学者治此，覃及异域，而罗、王所著为特精，今取其书涉小学者，补列于是，涉史事者，别入史部金石类。

缪篆分韵五卷。桂馥。　自刻本，〔思进斋刻本〕。

〔以上钟鼎篆文〕

隶释二十七卷，隶续二十一卷。宋洪适。　汪刻本，江宁洪刻附正误本。又单刻隶续二十一卷，曹寅扬州诗局本。【补】黄丕烈汪本隶释刊误一卷，黄氏士礼居丛书本。

隶韵十卷，考证二卷，碑目考证一卷。宋刘球。　翁方纲考证。秦恩复刻本。

汉隶字原六卷。宋娄机。　汲古阁本。【补】丁杰刻本，姚氏咫进斋翻汲古阁本。

隶辨八卷。顾蔼吉。　通行本。【补】康熙五十七年项氏玉渊堂原刊本，乾隆八年黄晟翻项本，上海扫叶山房影印原刻本。

隶篇十五卷，续十五卷，再续十五卷。翟云升。　自刻本。【补】许梿刻本，光绪间宜都杨守敬刻本。

〔以上隶，应有钩乙分，书本无。〕

字林考逸八卷。任大椿。　燕禧堂本。【补】苏州局本，成都存古书局本，光绪间会稽章寿康刻本。陶方琦字林考补本一卷、附录一卷，钱唐诸氏刻本。曾钊校字林七卷，刻本。

玉篇三十卷。梁顾野王元本。　唐孙强增字，宋陈彭年等重修。泽存堂本，小学汇函重刻张本，邓显鹤重刻张本附札记，〔曹寅〕楝亭五种本，又明经厂大字本。【补】四部丛刊影印元刊本玉篇三十卷，附宋刊本总目一卷。　又黎氏古逸丛书影日本旧钞原本玉篇残本三卷半，上虞罗氏亦影印此残本。

类篇四十五卷。宋司马光等。　楝亭五种本，姚氏咫进斋本。

〔以上真书〕

钦定满洲蒙古汉字三合切音清文鉴三十三卷。乾隆四十四年敕撰。　殿本。

钦定西域同文志二十四卷。乾隆二十八年敕撰。　殿本。　国书、汉字、蒙古字、西番字、托忒字、回字。【补】番汉合译掌中珠,残本,清宣统二年俄人拉特洛夫自新疆黑城塔下掘出,署名骨勒茂所著,即西夏字典,上虞罗氏有影印巾箱本。上虞罗福苌西夏国书略说,罗氏石印本。俄人伊凤阁西夏国书说,载北京大学国学季刊卷一第四号。清光绪间西人于蒙古、新疆诸地先后发见突厥、回鹘、佉卢、粟特、吐火罗、东伊兰各种文字之碑碣及写本,今西人有著专书,深究其文字者,国内尚无译本。

〔以上各体书〕

龙龛手鉴四卷。辽僧行均。　张丹鸣刻本,释藏本。　多佛书俗字。　宋夏竦古文四声韵五卷,汪启淑刻本,全本汗简不录。【补】行均书涵芬楼续古逸丛书影印宋刊本。　蒙按:夏书大同郭书,所收古文字多出郭书外,两书应并存。

六书故三十三卷。元戴侗。　明刻本,小学汇函本。

佩觿三卷。宋郭忠恕。　泽存堂本,又单行本,〔杨氏重刻本〕。【补】道光间渤海高承勋编刻续知不足斋丛书本,长洲蒋氏铁华馆本。

字鉴五卷。元李文仲。　泽存堂本,〔杨氏重刻本〕。【补】长洲蒋氏铁华馆影元本。

　　以上小学类古文、篆、隶、真书、各体书之属古今各体形属。康熙字典道光七年重修,人人皆知,不赘列。

广韵五卷。隋陆法言切韵元本，唐孙愐、宋陈彭年等重修。 泽存堂本，邓显鹤重刻张本，曹寅楝亭五种本，又明经厂大字本，小学汇函重刻张本、明本两本，张本较胜。【补】康熙元年山阳张弨刻顾炎武校本，黎氏古逸丛书覆宋刊、元刊两本，涵芬楼影印黎氏覆宋刊本，四部丛刊影印宋刊巾箱本。 又唐写本唐韵残卷一卷半，上海神州国光社影印本，此乃孙愐原书。切韵五卷，宋代已佚，清光绪间有唐写本残叶数纸出甘肃敦煌石室，今藏法国巴黎图书馆。陈澧切韵考六卷，外篇三卷，广州局本，东塾遗书本，陈氏此书成于道光二十二年。李衡山亦有切韵考四卷，刻本。

集韵十卷。宋丁度等。 楝亭五种本，姚氏咫进斋本。【补】顾广圻重修曹版本，嘉庆十九年江宁椎使署刻。日本校刻曹本。 瑞安方成珪集韵考正十卷，采录众本，校核极精，瑞安孙衣言刻永嘉丛书本。钱唐罗以智集韵校本、长洲马钊集韵校勘记，未见传本。二书出考正后，方氏未及采。

韵会举要三十卷。元黄公〔绍〕（韶）原本，熊忠删。 元刻明补本。 注所引有古书。

佩文诗韵五卷，礼部官本。官韵考异一卷。吴省钦。 珠尘本。

〔以上今韵〕

音论一卷。顾炎武。 顾氏音学五书本，学海堂止摘中卷。【补】音学五书本三卷。

古音表二卷。同上。 苗夔经韵钩沈，未刊。

唐韵正二十卷。同上。

唐韵考五卷。纪容舒。 守山阁本。【补】光绪间定州王灏刻畿辅丛书本。

古韵标准四卷,四声切韵表一卷。江永。　贷园丛书本,粤雅堂本,守山阁本。

音学辨微一卷。江永。　借月山房本,指海本,合前二种沔阳陆氏刻本。【补】宣统间上海神州国光社影印自写本,民国五年南昌熊罗宿刻本。

声韵考四卷。戴震。　戴氏遗书本,贷园丛书本,经韵楼本。【补】吴江沈懋德编刻昭代丛书壬集本。

声类表十卷。同上。　戴氏遗书本。

六书音韵表五卷。段玉裁。　附段注说文后。互见。

四声韵和表五卷。洪榜。　刻本。

古音谐八卷。姚文田。　姚氏咫进斋本。　简明易晓。

声类四卷。钱大昕。　集外单行本,粤雅堂本,〔道光乙酉、己酉汪氏、陈氏两刻本〕。【补】歙县江有诰音学十书十卷,止刻八种,子目列下,诗经韵读四卷,群经韵读一卷,楚辞韵读附宋赋一卷,先秦韵读二卷,唐韵四声正一卷,谐声表、入声表、等韵丛说合一卷。嘉庆间原刊本,咸丰间重刻本,版皆旋毁,印行不多。其谐声表、入声表、唐韵四声正及经韵读中之音学叙录、古音总论四种,民国五年上海广仓学窘有排印本。　王念孙古音二十一部说,载经义述闻中,其所著毛诗群经古韵谱一卷,民国十四年上虞罗氏排印入高邮王氏遗书。又所著周秦韵谱、西汉韵谱、说文谐声谱诸书,皆未刊,手稿今藏罗氏。胡秉虔古韵论一卷,潘氏滂喜斋本。余杭章炳麟国故论衡三卷,卷一论音韵,杭州局刻章氏丛书本。海宁王国维两周金石文韵读一卷、唐韵别考一卷、音韵余说一卷,并上海哈同花园排印广仓学窘丛书本,又民国十六年王氏排印观堂遗书本。

〔古韵论一卷。〕〔胡秉虔。〕〔滂喜斋本。〕

〔以上古韵〕

韵补五卷。宋吴棫。　〔灵石杨氏编刻〕连筠簃丛书校本。【补】杭州局邵武徐氏丛书本。

韵补正一卷。顾炎武。　亭林遗书本，借月山房本，指海本，连筠簃本。苗夔韵补正，未刊。【补】顾书长沙余肇钧刻刻明辨斋丛书本。

礼部韵略五卷。宋丁度等。　楝亭五种本，姚氏咫进斋重刻曹本。钱孙保影宋钞足本，未刊。　此书不合于古，不行于今，特藉以考见当时程试之制。

五音集韵十五卷。金韩道昭。　明刻本。

　以上小学类音韵之属音韵声属。

仓颉篇三卷。孙星衍辑。　岱南阁本。【补】又陈其荣辑补三卷，光绪二十年石埭徐氏编刻观自得斋丛书本。梁章钜仓颉篇校正二卷、补一卷，家刻本。

　仓颉篇秦李斯作，原书久佚，光绪末匈牙利人斯坦因于敦煌汉长城故址得汉人所书木简中，有仓颉篇、急就篇残简数件，今藏英国博物馆。罗振玉仓颉篇残简考释一卷，上海广仓学宭排印本。上海广仓学宭又排印重辑仓颉篇二卷。

急就篇四卷。汉史游。　唐颜师古注，宋王应麟补注。　陈氏独抱庐本，津逮本，学津本，玉海附刻本。【补】光绪间福山王懿荣刻天壤阁丛书本，姚氏咫进斋本，又黎氏古逸丛书刻日本旧写本急就篇一卷，又上虞罗氏吉石盦影印旧拓叶石林摹皇象章急就松江石本，又罗氏刻敦煌新出汉人隶书急就章残简百余

字，又光绪间元和江标重刻赵孟頫正书皇象本。　　蒙按：叶本即明杨政本，孙、

钮两校均据杨本及绍兴三年石本，绍兴本未见。

急就章考异一卷。孙星衍。　　岱南阁别刻行本，小学汇函本。【补】又庄世

骥急就章考异一卷，广州局本。　　钮树玉急就章考证一卷，吴县潘祖荫编刻功

顺堂丛书本。王国维校松江本急就篇一卷，民国十六年王氏排印观堂遗书本。

小学钩沈〔十九〕（二十）卷。任大椿。　　山阳汪氏刻本。【补】泾县洪氏

刻本，光绪十年龙氏刻本。此中辑已佚小学书四十四种。淮安顾震福小学钩沈

续编八卷，凡辑四十六种，光绪间自刻本。南清河汪黎庆小学丛残不分卷，辑颜

氏字样、开元文字、韵诠、韵英四种，上海广仓学宭排印本，亦载国粹学报中。马

国翰玉函山房辑佚书、黄奭汉学堂丛书，亦各辑小学书若干种。

〔以上总录，应有钩乙分，书本无，但原稿已有钩乙。〕

方言注十三卷。汉扬雄。　　晋郭璞注。　　丁杰校。　　抱经堂本，聚珍本，

福本，小学汇函本。　　方言、释名、小尔雅、广雅四种，明郎奎金刻五雅，汉魏丛

书，古今逸史，皆并有之，但无校注，不善。【补】又四部丛刊影印宋庆元庚申刊

本。江安傅氏双鉴楼影宋刊本，附校记一卷，此本所据原本同上。刘台拱方言

补校一卷，广州局刻刘端临遗书本。顾震福方言校补三卷、佚文一卷，光绪间自

刻本。又长沙郭庆藩校方言注十三卷，刻本，附杭氏续方言、程氏续方言补正。

方言疏证十三卷。戴震。　　戴氏遗书本。　　钱绎方言笺疏十三卷，钱侗方

言义证六卷，未刊。【补】戴书成都存古书局刻本，钱绎方言笺疏，南陵徐氏积学

斋刻本，杭州局本，广州局本。王念孙方言疏证一卷，民国十四年上虞罗氏排印

王氏遗书本。

续方言二卷。杭世骏。　杭氏七种本,珠尘本。【补】昭代丛书本,成都存古书局本。

续方言补正一卷。程际盛。　珠尘本。【补】程氏遗书本。　沈龄续方言疏证二卷,光绪间德化李氏木犀轩刻本。江宁程先甲广续方言四卷、拾遗一卷,自著千一斋丛书本。南〔陵〕(宁)徐乃昌续方言又补二卷,光绪间自刻鄦斋丛书本。余杭章炳麟新方言十一卷,附岭外三州语一卷,民国六年杭州局刻章氏丛书本。

　　〔以上方言〕

释名疏证八卷,补遗一卷。汉刘熙。　江声疏补。　经训堂篆书、正书两本,又璜川书屋本、小学汇函本,无疏证。【补】又四部丛刊影印明覆宋陈道人刊本,无疏证。　江声为毕沅撰书,署毕名,广州局有重刻本。长沙王先谦释名疏证补八卷、附一卷、续一卷、补遗一卷,光绪间长沙刻本。宝应成蓉镜释名疏证一卷,南菁书院丛书本。顾震福释名校补八卷、佚文一卷,光绪间自刻本。

续释名一卷。江声。　经训堂本。【补】常熟张金吾广释名三卷,爱日精庐自刻本,鲍氏知不足斋本,傅氏益雅堂本。

　　〔以上释名〕

小尔雅疏八卷。旧题汉孔鲋。　晋李轨解。王煦疏。　凿翠山房本,非汉书艺文志元书。【补】此乃孔丛子中之一篇,杭州局邵武徐氏丛书本。

小尔雅训纂六卷。宋翔凤。　浮溪精舍本。【补】广州局本,续经解本,潮州郑氏刻龙溪精舍丛书本。

小尔雅义证十三卷。胡承珙。　墨庄遗书本。　钱东垣小尔雅校证二卷,未刊。【补】胡书贵池刘世珩刻聚学轩丛书本。　嘉定葛其仁小尔雅疏证五卷,道光间原刻本,姚氏咫进斋重刻本。朱骏声小尔雅约注一卷,光绪间刻本。

〔以上小尔雅〕

博雅音十卷。魏张揖。　隋曹宪音。　高邮王氏刻本,明毕效钦原刻本,小学汇函校本。　即广雅。【补】光绪间定州王灏编畿辅丛书重刻高邮王氏本。

广雅疏证十卷。王念孙疏证。　家刻本,学海堂本。【补】江宁局本,畿辅丛书本。　王念孙广雅疏证补正一卷,民国五年上海广仓学宭排印本,民国十七年上虞罗振玉排印殷礼在斯堂丛书本。钱大昭亦著广雅疏证,凡二十卷,未刊,有传钞本,一名广雅疏义。王念孙雅诂表,未刊,手稿二十余册,今藏上虞罗氏,此书以古韵二十一部,分别尔雅、方言、广雅、小尔雅四书之字为二十一表。

〔以上广雅〕

骈雅训纂十六卷。明朱谋㙔。　魏茂林训纂。　通行大字、小字两本。借月山房本。　原书七卷。【补】光绪间上海坊间石印本。借月山房本七卷,无训纂。泽古斋丛书本,即借月山房版。

骈字分笺二卷。程际盛。　珠尘本。

〔以上骈雅类〕

附　一切经音义二十五卷。唐释玄应。　庄炘校刻本,海山仙馆本,杭州新校刻本。【补】段玉裁、顾广圻同校本,未刊。

华严音义四卷。唐释慧苑。　粤雅堂本,杭州新校刻本。　二书所引古书及字书,古本甚多,可资考证,故国朝经师,多取资焉,于彼教无与也。【补】慧苑华严音义,守山阁本,臧氏拜经堂本。 唐释慧琳一切经音义一百卷,辽释希麟续十卷,明天顺间高丽国海印寺刻本,清乾隆七年日本国忍澂律师重刻本,光绪间日本东京弘教书院排印释藏本,民国十五年上海医学书局排印附通检本。 慧琳音义包玄应音义在内,其书见唐书艺文志及宋释赞宁撰高僧传,中土久佚,光绪间始由日本传入,复显于世,此中征引宏富,多已佚之典籍,有资补辑校勘之用,视前二书尤胜。民国十二年北京大学研究所辑录慧琳一切经音义所引书,凡得七百五十余种,存校中未刊。

匡谬正俗八卷。唐颜师古。 雅雨堂本,小学汇函重刻卢本,珠尘本,〔湖北新刻丛书本〕。【补】四川刻本。

字诂一卷。黄生。 指海本,家刻本。 钱绎字诂类纂一百六卷,未刊。【补】黄书黄氏重刻本。

埤雅二十卷。宋陆佃。 顾槭校刻本,明郎氏五雅本。 多驳杂,不尽关经义。【补】格致丛书本,华阳傅世洵刻益雅堂丛书本。

尔雅翼三十二卷。宋罗愿。 学津本,格致丛书本。 不尽可据。【补】明郎氏五雅本,泾县洪氏刻本。

以上小学类训诂之属训诂义属。

右小学此类各书,为读一切经、史、子、集之钤键。

卷二 史部

此类若古史及宋以前杂史、杂地志,多在通行诸丛书内,此举善本,若诸本相等,举易得者。

正史第一

事实先以正史为据。

钦定二十四史。乾隆间钦定。 此二十四部皆为正史,共三千二百四十三卷,目列后。 正史撰人不录。

史记一百三十卷。晋裴骃集解,唐司马贞索隐,唐张守节正义。 汲古本、扫叶本无索隐、正义。 汉书一百二十卷。唐颜师古注。 即宋庆元附三刘刊误、宋祁校语本。明监本、汲古本、扫叶本无校语。 后汉书一百二十卷。唐章怀太子贤注。 内志三十卷,晋司马彪撰,梁刘昭注。 三国志六十五卷。 宋裴松之注。 晋书一百三十卷。附唐何超音义三卷。 宋书一百卷。南齐书五十九卷。 梁书五十六卷。 陈书三十六卷。 魏书一百一十四卷。 北齐书五十卷。 周书五十卷。 隋书八十五卷。　南史八十卷。　北史一百卷。　旧唐书二百卷。

新唐书二百二十五卷。　明南监本附宋董冲释音二十五卷。

旧五代史一百五十卷,目录二卷。　新五代史记七十四

卷,目录一卷。　宋徐无党注。　宋史四百九十六卷。　辽

史一百一十六卷。　金史一百三十五卷。　元史二百一

十卷。明史三百三十六卷。　武英殿附考证本,江宁、苏州、扬

州、杭州、武昌五书局合刻本,新会陈氏覆刻殿本。明南、北监本廿一史,断

自元止,无旧唐、旧五代。北监合刻,南监乃新旧版辏集而成,或别刻,或复

刻。　毛氏汲古阁本十七史,至新五代止,亦无旧唐、旧五代。席氏扫叶山

房本,与毛本同,增旧唐、旧五代。　北监本、扫叶本、陈本、坊翻毛本有脱

误。【补】五局合刻本,光绪间刻成,江宁局据汲古本刻史记、两汉书、三国

志、晋书、南北史、宋书、南齐书、梁书、陈书、魏书、北齐书、周书。扬州局据

汲古本刻隋书,今版归江宁局。杭州局据江都惧盈斋本刻旧唐书,据汲古

本刻新唐书,据殿本刻宋史。苏州局据道光补印殿本刻辽、金、元三史;附

钦定辽金元三史国语解四十六卷,厉鹗辽史拾遗二十四卷,杨循吉拾遗补

五卷,钱大昕元史氏族表三卷、元史艺文志四卷。武昌局据汲古本刻新五

代史,据殿本刻旧五代史、明史,皆可单行。殿本中,旧五代史乾隆四十九

年刻,余皆乾隆四年刻,其宋、辽、金、元四史,在乾隆十四年后印者,为译名

新改之本。道光四年修补殿版本,经浅学误改,不善。光绪间湖南宝庆三

味书坊翻殿本。光绪间上海同文书局影印殿本,惟旧五代史则由他本托名

殿本者。民国五年涵芬楼影印殿本。

以上正史合刻本

重刻明震泽王氏本史记一百三十卷。武昌局本，间有依明柯校汪刻本者，王延喆、柯维熊、汪谅，有索隐、正义。

古香斋袖珍史记一百三十卷。　　内府本。【补】光绪间重刻本。同治五年江宁局刻南汇张文虎校本　附校刊札记五卷，此本善。上海博古斋影印宋王善夫刻本，日本亦影印。涵芬楼影印刘燕庭旧藏宋百衲本。贵池刘世珩玉海堂覆宋百衲本。吴兴刘承幹嘉业堂覆宋蜀大字本。桐乡冯应榴刻本，单刻正文无注。

重刻殿本附考证史记、汉书、后汉书、三国志、新五代史。　成都局本。卷数与殿本同。

重刻闻人本旧唐书二百卷。　明闻人诠原刻。扬州岑建功重校刻本，附逸文十二卷、校勘记六十六卷。【补】岑版今藏南京龙蟠里图书馆。定远方氏翻岑本。

重刻殿本旧五代史一百五十卷，汲古阁本新五代史七十四卷。武昌局本。【补】即前所举五局合刻二十四史本，此复见。邵晋涵旧五代史笺注一百五十卷、目录二卷，吴兴刘承幹嘉业堂刻单行本。新五代史，乾隆十一年欧阳氏刻本，近年贵池刘世珩玉海堂覆宋小字本。

重刻明史三百三十六卷。江宁藩库本。（【补】刘氏玉海堂覆宋蜀大字本宋书一百卷，附札记。）

史记评林一百三十卷，汉书评林一百二十卷。明凌稚隆刻本，较胜他坊本，有索隐、正义。【补】此本之可取在正文及注校刻不苟。

以上正史分刻本此外若明刻之秦藩本史记，刘氏翻刻元中统本史记索隐，汪文盛本两汉书，冯梦祯刻三国志，皆善本。其余明刻、近人坊刻史汉甚多，不具录。

单行本史记索隐三十卷。汲古阁本，扫叶山房本。【补】江宁局重刻汲古阁本，广州局重刻汲古阁本。丁晏史记毛氏正误一卷，六艺堂本，广州局本。广州局所刻史部诸书，总称史学丛书，并皆单行。

史记志疑三十六卷。梁玉绳。原刻本。【补】光绪间会稽章寿康刻本，广州局本。方苞史记注补正一卷，广州局本。保靖瞿方梅史记三家注补正八卷，载学衡，无刻本。瑞安李笠史记订补八卷，自刻本。归安崔适史记探源八卷，辨证史记之窜乱，纯以今文家言为主，原刻本，北京大学排印本。富阳缪凤林史记探源正谬四卷，未刊，又读史微言一卷，载史学与地学，无刻本。

史记三书释疑三卷。钱塘。钱坫补史记注一百三十卷，未刊。

史记三书正讹三卷。王元启。祇平居士集本。律书一卷，历书一卷，天官书一卷。孙星衍史记天官书考证十卷，未见传本。【补】王元启史记三书正讹三卷，又史记月表正讹一卷，并广州局本。孙考证未刊，原稿旧藏吴襄勤处。孙星衍史记天官书补目一卷，昭代丛书壬集本，广州局本。崐山朱文鑫史记天官书恒星图考一卷，上海中华书局排印本。

读史记十表十卷。汪越。【补】民国十六年南陵徐乃昌影印康熙刻本。

仪征张锡瑜史〔表〕(记)功比说一卷,广州局本。刘文淇楚汉诸侯疆域志三卷,广州局本,吴县朱记荣刻本。

〔以上考证史记〕

〈古今〉人表考九卷。梁玉绳。 清白士集本。 人表考〔校〕补一卷,续考〔校〕补一卷。蔡云。自刻本。【补】梁、蔡书广州局皆有刻本。翟云升校正古今人表九卷,道光十二年刻本。

汉书律历志正讹上下卷。王元启。 祇平居士集。 杭世骏汉书疏证、北齐书疏证,未见传本。【补】杭书未刊。

汉书地理志校本二卷。汪迈孙。 杭州刻本。【补】汪远孙。 汪氏振绮堂版,今归杭州局。 宜都杨守敬汉书地理志补校二卷,观海堂自刻本。段玉裁校本,未刊。

汉书地理志稽疑六卷。全祖望。 朱文翰刻本,粤雅堂本。

新斠注地理志十六卷。钱坫。 原刻本,同治甲戌会稽章氏重刻本附徐松集释。 又汉书十表注十卷,未刊。

汉书地理志补注一百〔三〕卷。吴卓信。 安徽包氏刻本。

汉书地理志水道图说七卷,考正德清胡氏禹贡图一卷。今人。 广州刻本。【补】此书番禺陈澧撰,刻东塾遗书内,今版在广州局。 钱塘吴承志汉书地理志水道图说补正二卷,吴兴刘承幹刻求恕斋丛书本。

汉志水道疏证五卷。洪颐煊。 问经堂本。【补】光绪九年长洲蒋氏刻心矩斋丛书本,广州局本。

补汉兵志〔一〕（五）卷。宋钱文子。　知不足斋本。

汉艺文志考证十卷。王应麟。　玉海附刻本。【补】宋王应麟。山阴姚振宗汉书艺文志条理八卷、拾补六卷，原稿藏浙江图书馆，民国十八年珍本丛刊排印本。武进顾实汉书艺文志讲疏不分卷，民国十三年涵芬楼排印本。

汉书西域传补注二卷。徐松。　原刻本，张琦刻本，指海本。【补】光绪五年定州王灏刻畿辅丛书本，光绪十二年会稽章寿康刻式训堂丛书本。　仁和丁谦于正史各外夷传地理俱有考证，用力甚勤，但未尽足据，书凡十七种，三十五卷，民国四年杭州局刻为浙江图书馆丛书第一集。西人所著如喜尔慈西域地理考、斯坦因西域新图志诸书，尚无译本。

汉西域图考七卷。李光廷。　同治庚午刻本。　王峻汉书〔正〕（辨）误四卷，自刻本。【补】会稽李慈铭汉书札记七卷，北平北海图书馆排印本。

　　〔以上考证汉书〕

班马字类五卷，附补遗。宋娄机。　别下斋刻涉闻梓旧本，小玲珑馆仿宋大字本，又仿宋中字本。

　　【补】张氏泽存堂本，常熟鲍氏后知不足斋本，长沙思贤书局刻本。

班马异同评三十五卷。宋倪思。　刘辰翁评。　嘉庆丁酉福建刻本。

　　倪书为考史、汉文辞异同，刘评无谓，今倪书无单行本。【补】臧镛辑隋萧该汉书音义三卷、叙录一卷，原刻本，德化李氏木犀轩本。

　　〔以上史、汉互证〕

后汉书补逸二十一卷。姚之骃。　刻本。　孙志祖补辑谢承后汉书五卷，未见传本。【补】黟县汪文台辑七家后汉书二十一卷,光绪间南昌刻本。黄奭汉学堂亦辑后汉书数种。杨守敬汉书二十四家古注辑存十二卷,未刊。孙辑谢承后汉书,未刊,南京龙蟠里图书馆有钞本。章实斋文外集尝谓山阴王氏有谢承后汉书一部,守藏至秘,是乾隆间其书尚未佚绝,今又百余年,几经变乱,不知孤本犹存否。

补后汉书年表十卷。宋熊方。　　卢校鲍刻本。

后汉书补表八卷。钱大昭。　　汗筠斋本,粤雅堂本。【补】常熟鲍氏后知不足斋本,广州局本。　　金匮华湛恩后汉书三公年表一卷,广州局本。

补后汉艺文志四卷。侯康。　　伍氏岭南遗书本。　　钱大昭补续汉书艺文志二卷、后汉郡国令长考一卷,钱塘续汉书律历志补注二卷:未刊。【补】侯书广州局本。　　钱大昭补续汉书艺文志已刊,有家刻本,昭代丛书壬集本,南陵徐乃昌积学斋本,广州局本。钱大昭后汉郡国令长考已刊,有武昌局正觉楼丛书本,南城蔡学苏刻三余书屋丛书本,徐氏积学斋本,广州局本。　　江宁顾櫰三补后汉书艺文志三十一卷,光绪二十一年南清河王锡祺排印小方壶斋丛书本,民国间江宁蒋国榜排印金陵丛书本十卷。姚振宗补后汉艺文志四卷,吴兴张钧衡刻适园丛书本。常熟曾朴补后汉书艺文志一卷、志考十卷,活字本。杭世骏补历代艺文志,未刊。

后汉书补注二十四卷。惠栋。　　宝山李氏刻本,粤雅堂本,冯集梧刻本。【补】广州局本。　　惠栋汉书会最人物志三卷,元和江标刻入灵鹣阁丛书,即补注底本。

后汉书补注〔续〕一卷。侯康。　　岭南遗书本。【补】广州局本。　　嘉兴沈

铭彝后汉书注又补一卷，原刻本，广州局本。海盐李韦求后汉书儒林传补二卷，虎溪山房刻本。 仪征田普光后汉儒林传补遗一卷，南陵徐乃昌续一卷，徐氏邠斋丛书本。 朱右曾后汉郡国志校补，未见传本。

〔以上考证后汉书〕

两汉刊误补遗十卷。宋吴仁杰。 聚珍本，福本，知不足斋本。 陈景云两汉举正五卷、钱大昭两汉书释疑四十四卷、沈钦韩两汉书疏证七十四卷，未刊。【补】吴书光绪间仪征张丙炎刻榕园丛书本。上虞罗氏宸翰楼覆宋刻东汉书刊误四卷。 陈书未刊，仁和朱氏旧有钞本。钱、沈书今皆已刊。钱大昭汉书辨疑二十二卷、后汉书辨疑十一卷、续汉书辨疑九卷，并广州局本，即两汉书释疑。沈钦韩汉书疏证三十六卷、后汉书疏证〔三〕（二）十卷，并杭州局本。 番禺何若瑶前后汉书注考证二卷，广州局本。长沙周寿昌汉书注校补五十六卷、后汉书注补正八卷，家刻本，广州局本。长沙王先谦汉书补注一百卷，光绪二十六年虚受堂自刻本，坊间石印本，又后汉书集解一百二十卷、续汉书补注三十卷，民国十二年长沙新刻本，此二书晚出最备。

〔此刊证两汉书〕

三国职官表三卷。洪〔饴〕（颐）孙。道光元年李兆洛合梁疆域志刻本。【补】武昌局正觉楼丛书本，广州局本。

三国疆域志二卷。洪亮吉。 卷施阁集本。【补】武昌局洪北江全集本，广州局本。 武进谢钟英三国疆域志补注十五卷，附大事表一卷、疆域表二卷、疆域志疑一卷，光绪二十四年湖南刻本。三国郡县表八卷，盱眙吴增仅撰，宜都杨守敬补正，杨氏观海堂刻本，又光绪间原刻本。

补三国艺文志四卷。侯康。　岭南遗书本。【补】广州局本。　姚振宗三国艺文志四卷,张氏适园丛书本。

三国志补注六卷,附诸史然疑一卷。杭世骏。　刻本。【补】杭氏刻外集本,昭代丛书己集、知不足斋丛书及杭氏七种,皆止刻然疑。

三国志补注〔续〕一卷。侯康。　岭南遗书本,学海堂二集本。【补】广州局本。

三国志辨误一卷。宋人阙名。　聚珍本,福本,守山阁本,金壶本。　陈景云国志举正四卷、钱大昭三国志辨疑三卷,未刊。【补】辨误桐华馆本。　孙诒让见旧钞本,题何焯撰。　陈书仁和朱氏旧有钞本。钱书已刊,武昌局正觉楼丛书本,广州局本,家刻本。钱仪吉三国志证闻三卷,苏州局本。罗振玉三国志证闻校勘记一卷,罗氏雪堂补刻排印本。梁章钜三国志旁证三十卷,家刻本,广州局本。赵一清三国志注补六十五卷,广州局本。周寿昌三国志注证遗四卷,家刻本,广州局本。

三国志考证八卷。潘眉。　嘉庆间刻本。　沈钦韩三国志补训诂八卷、释地理八卷,未见传本。【补】潘书广州局本。　山阴周星诒三国志考证校记一卷,载国粹学报。卢文弨三国志续考证一卷,未刊,南京龙蟠里图书馆有钞本。长沙易培基校本三国志,未刊。

〔以上考证三国志〕

晋书地理志新补正五卷。毕沅。　经训堂本。【补】章氏式训堂丛书本,广州局本。　毕沅晋太康地志一卷、晋书地道记一卷,广州局本。阳湖方恺晋书地理志校补一卷,广州局本。

东晋疆域志四卷，十六国疆域志十六卷。洪亮吉。 卷施阁集本。
【补】武昌局洪北江全集本，广州局本。

补晋兵志一卷。钱仪吉。 衍石斋记事初稿本。【补】光绪间贵筑杨氏刻
训纂堂丛书本，广州局本。常熟丁国钧补晋书艺文志四卷，光绪二十年自印活
字本，广州局本。萍乡文廷式补晋书艺文志六卷，宣统元年湖南排印本。钱塘
吴士鉴补晋书经籍志四卷，光绪三十年自刻。海门周家禄晋书校勘记五卷，
广州局本。仁和劳格晋书校勘记三卷，月河精舍本，广州局本。吴士鉴晋书斠
注一百三十卷，吴兴刘承幹嘉业堂刻单行本。

〔以上补晋书〕

补宋书刑法志一卷，食货志一卷。 郝懿行。 郝氏遗书本。
【补】嘉兴钱仪吉刻郝氏史学三种本，广州局本、粤雅堂本。宝应成蓉镜宋州郡志
校勘记一卷，南菁书院丛书本，广州局本。上虞罗振玉补宋书宗室世系表一卷，
自刻永丰乡人杂著续编本。

晋宋书故一卷。同上。洪亮吉宋书音义四卷，未刊。【补】晋宋书故，同治
四年郝懿行、孙联〔薇〕(徽)重刻郝氏遗书本，广州局本，粤雅堂本。郝懿行晋宋
书故补，钱仪吉刻郝氏史学三种本。

补梁疆域志〔四〕(八)卷。洪齮孙。李兆洛刻本。【补】广州局本。 嘉
定徐文〔范〕(笵)东晋南北朝地舆表十二卷，兼详人事，广州局本。侯康补宋、齐、
梁、陈、魏、北齐、周各书艺文志各一卷，武进汤洽补梁书、陈书艺文志各一卷，合
州张森楷北齐书校勘记三卷，未见传本。王先谦魏书校勘记一卷，广州局本。
张穆延昌地形志，未见传本，此书为补正魏书地形志而作，全书未成，仅成十三

卷。乌程温曰睿魏书地形志集释三卷，张氏适园丛书本。罗振玉魏书宗室传注六卷、表一卷，东方学会排印本。

南北史表六卷。周嘉猷。　原刻本。　章宗源隋书经籍志考证，未刊。

【补】南北史表年表一卷，帝王世系表一卷，世系表五卷，共七卷，云六卷者误，广州局本。　江宁汪士铎南北史补志十四卷，补天文、地理、五行、礼仪四志，江宁局本，原书凡三十卷，其舆服、乐律、刑法、职官、食货、氏族、释老、艺文八志未刊，稿已佚。明李清南北史合注一百九十一卷，刊本罕见，北平故宫图书馆、德化李氏木犀轩并藏有四库传钞本。章宗源隋书经籍志考证，止成史部十三卷，武昌局本。姚振宗、柳逢良、杨守敬皆撰隋书经籍志考证，未刊。富平张鹏一隋书经籍志补二卷，光绪三十年刻本。杨守敬隋书地理志考证九卷、补遗一卷，光绪二十年观海堂自刻本。

　　〔以上考证六朝〕

旧唐书校勘记六十六卷。罗士琳、陈立、刘文淇、刘毓崧同校。

旧唐书逸文十二卷。岑建功辑。　扬州岑氏附旧唐书刻本。　互见。

【补】钱塘张道旧唐书疑义四卷，武昌局正觉楼丛书本。

新唐书纠缪二十卷。宋吴缜。　聚珍本，福本，知不足斋本。陈黄中新唐书　误三卷，未刊。【补】纠谬海虞赵开美校刻本。　陈黄中书名新唐书刊误。

新旧唐书合钞二百六十卷。沈炳震。海宁查氏刻本。丁小鹤新旧唐书合钞补正，有刻本，未见。【补】丁氏补正六卷，及沈炳震唐宰相世系表订讹十二卷，并海宁查世佟刻本，即附合钞后。　咸丰八年钱塘吴氏重刻沈书，亦附丁补正。王先谦新旧唐书合钞补注二百六十卷，未刊，稿藏王氏。

新旧唐书互证二十卷。赵绍祖。 原刻本。【补】广州局本。武亿新唐书注、临桂唐景崇两唐书校注,未刊。金匮华湛恩唐藩镇表,未见传本。鄞县董沛唐书方镇表考证二十卷、甘泉张宗泰新唐书天文志疏证,未刊。

〔以上考证新、旧唐书〕

五代史补五卷。宋陶岳。 汲古阁本,扫叶山房本。【补】新昌胡思敬编刻豫章丛书本,山阴宋泽元刻忏花盦丛书本。 宋王禹偁五代史阙文一卷,汲古阁本,忏花盦本。顾櫰三补五代艺文志一卷,光绪间江宁傅春官刻金陵丛刻本,会稽赵之谦刻本,广州局本,蒋国榜排印金陵丛书本。周嘉猷五代纪年表一卷,武昌局正觉楼丛书本,广州局本。

五代史记纂误三卷。宋吴缜。 聚珍本,福本,知不足斋本。【补】南昌局重刻聚珍本。

五代史记纂误补四卷。吴兰庭。 知不足斋本,珠尘本,单刻本。【补】刘承幹刻吴兴丛书本。 江夏吴光耀五代史记纂误续补六卷,光绪间吴氏刻本。周寿昌五代史记纂误续补一卷,附刻三国志证遗后。

〈新〉五代史〔记〕补注七十四卷。彭元瑞、刘凤诰同撰。原刻通行本,中分子卷。

〔以上考证五代〕

宋辽金元四史朔闰考二卷。钱大昕。 钱侗续成。 文选楼本、粤雅堂本。【补】广州局本。 归安陆心源宋史翼四十卷,十万卷楼自刻本。

辽金元三史国语解四十六卷。乾隆四十六年敕撰。 殿本。宋、辽、金、元史原书译语不合者,殿本四史奉敕改正。【补】苏州局重刻本。

补辽金元三史艺文志。倪璠。 抱经堂群书拾补之一。【补】单刻本一卷。广州局本,亦在镇海张寿荣刻八史经籍志内。 此上元倪灿所撰,非倪璠也,卢文弨复采海宁张锦云元史艺文志补入之,张书无刻本。 江都金门诏补辽金元三史艺文志一卷,金东山集本,昭代丛书庚集本,广州局本,亦在八史经籍志内。倪灿宋史艺文志补一卷,傅氏金陵丛刻本,广州局本,亦在群书拾补及八史经籍志内。郑文焯补金史艺文志,未见传本。

辽金元三史拾遗五卷。钱大昕。 潜研堂全书本。【补】广州局本。 三史乃史记、前后汉书,此作辽、金、元误。此书当次两汉刊误补遗后。

辽史拾遗二十四卷,补五卷。厉鹗。 汪刻本。杭世骏补金史一百卷,未刊。【补】辽史拾遗补五卷,震泽杨复吉撰。 苏州局本,广州局本,皆附刻杨补。杨补有单刻本。 杭书南京龙蟠里图书馆有钞本,残帙,不分卷,五册。

李慎儒辽史地理志考五卷,新刻本。乌程施国祁金史详校十卷,会稽章寿康刻本,苏州局本,广州局本。施国祁金源札记二卷,会稽赵之谦刻本。吴县洪钧元史译文证补三十卷,光绪二十三年元和陆润庠刻本,上海文瑞楼缩印本,广州局本。长沙王先谦元史拾补十卷,未刊,稿藏王氏。

元史氏族表三卷。钱大昕。 潜研堂本。 别有元史稿一百卷,未刊。【补】元史氏族表,苏州局本,广州局本。 清末日本人岛田翰访余录内有钱氏手写元史稿残本二十八巨册,云阙卷首至卷二十五,则此稿今当仍在。胶县柯绍忞新元史二百五十七卷,民国十一年天津徐世昌退耕堂刻本,坊间排印本,此书晚出,胜邵、魏、屠诸家。

补元史艺文志四卷。同上。 〔潜研堂本。〕【补】苏州局本,广州局本,亦在八史经籍志及邵阳魏源元史新编内。

元史备忘录一卷。明王光鲁。　借月山房本。【补】琅琊山馆丛书本。

元史本证五十卷。汪辉祖。　家刻本。【补】光绪间会稽徐友兰刻绍兴先正遗书本，广州局本。　长洲王颂蔚明史考证攟逸四十二卷，吴兴刘承幹明史例案九卷，并刘氏嘉业堂刻本。

　　〔以上考证宋、辽、金、元四史。按以上各书，皆分考各史，以下诸书，乃总括各史者。〕

诸史拾遗五卷。钱大昕。　潜研堂本。【补】广州局本。

历代史表五十九卷。万斯同。　原刻足本，初印本少末六卷。钱大昕唐学士年表一卷、五代学士年表一卷、宋中兴学士年表一卷，德清徐氏刻本。【补】广州局重刻足本。

史〔目〕表　卷洪饴孙。　李兆洛刻本。乃合编历代史目录。【补】二卷。光绪四年启秀山房重刻本，宏达堂丛书本，武昌局洪北江遗书附刻本，民国十年东南大学石印本，附元和江标、吴县王仁俊、盐城陈钟凡校补。　归安钱恂史目表一卷，原刻本。

历代帝王年表三卷。齐召南。　文选楼本，〔粤雅堂本〕，仁和叶氏重刻本。　此书最简括。【补】浦江戴氏校刻本。

历代帝王庙谥年讳谱一卷。陆费墀。　阮福刻本，仁和叶氏重刻本。【补】附刻右书末。

历代统纪表十三卷，疆域表三卷，沿革表三卷。段承基。自刻本。

【补】黄本骥历代统系录六卷,附纪元表一卷、年号分韵考十卷,三长物斋本。

廿一史四谱五十四卷。沈炳震。 海宁查氏刻本。【补】广州局本。 纪元谱四卷,封爵谱二十四卷,宰执谱十卷,谥法谱十六卷,所谱皆自汉讫元。 乌程汪曰桢二十四史日月考五十三卷,附推策小识三十六卷,未刊,稿本藏吴兴蒋氏密韵楼。新会陈垣二十史朔闰表不分卷、中西回史日历二十卷,民国十五年北京大学研究所印本,朔闰表石印,日历排印。

〔以上表谱〕

历代建元考十卷。钟渊映。 守山阁本,金壶本。

纪元要略二卷。陈景云。补注一卷。子黄中。 文道十书本,学津本,珠尘本。

元号略四卷,补遗一卷。梁玉绳。 清白士集本。【补】章学诚纪元经纬考七卷,嘉庆十三年江宁刻本,民国十八年吴兴刘氏嘉业堂重刻本。钱东垣建元类考二卷、罗以智建元汇考不分卷,未刊,南京龙蟠里图书馆并有写本。

纪元通考十二卷。叶维庚。 自刻本。 此书最详。 〔万斯大纪元会考四卷,未见传本。钱东垣建元类聚考二卷,嘉庆壬戌青浦刻本。〕

历代纪元编三卷。李兆洛。 江宁官本,粤雅堂本。 此书最便。【补】此书江阴六承如撰。 同治间合肥李氏刻本。 罗振玉重订纪元编三卷,排印本。

〔以上考纪元〕

历代地理志韵编今释二十卷。同上。 江宁官本。 此书最便。【补】咸丰间邓传密湖南刻本,同治间合肥李氏刻本。

历代沿革图一卷。六严。 江宁官本。 以上三书与皇朝舆地韵编、舆地图合刻,通称李申耆五种。

【补】同治间合肥李氏刻本。 宜都杨守敬历代舆地全图三十四册,自历代地理沿革总图一册外,自春秋至明为图四十五种,汉魏以前据水经注,隋唐以后据正史,考证详审,洵称钜制,杨氏观海堂木刻套印本。宝庆欧阳缨中国历代疆域战争合图附说一册,民国间武昌亚新地学社石版套印本。镇江柳翼谋编绘沿革图百余幅,精核,未刊。

历代地理沿革表四十七卷。陈芳绩。 道光间刻本。【补】广州局本。

〔以上考地理〕

十七史商榷一百卷。王鸣盛。 原刻本。【补】广州局本。

廿二史考异一百卷。钱大昕。 潜研堂本。 李贻德十七史考异,未刊。【补】钱书光绪十年长沙龙氏刻本,广州局本。 仁和张烺读史举正八卷,乾隆五十一年许烺刻本,光绪七年会稽赵之谦刻本,广州局本。洪亮吉四史发伏十卷,季氏刻本。洪颐煊诸史考异十八卷,附读书丛录,广州局本。潍县宋书升二十四史正讹,未见传本。

廿二史札记三十六卷。赵翼。 原刻本。【补】广州局本,通行本。

〔以上总考证〕

南史识小录八卷,北史识小录八卷。沈名荪、朱昆田同编。 刻本。钱大昕南北史隽一卷,未刊。

宋琐语一卷。郝懿行。 郝氏遗书本。 此二书为史钞类,附此。

以上正史注补、表谱、考证之属此类各书,为读正史之资粮。

右正史类

编年第二

资治通鉴二百九十四卷。宋司马光。　元胡三省音注。　胡克家仿元本，武昌局翻胡本。战国至五代。【补】苏州局补胡氏版本，坊间石印胡本。道光间湖南翻胡本，不善。成都存古书局本，番禺任氏刻本，光绪十三年朝邑阎敬铭仿明陈仁锡刻本，长沙胡元常刻本，涵芬楼影印百衲宋本，四部丛刊影印宋本。

　　常熟张瑛宋元本资治通鉴校勘记七卷，苏州局本。丰城熊译元资治通鉴校字记，刻本。

通鉴考异三十卷。同上。　通鉴全书附刻本，胡注本已将考异散附本书各条下。【补】四部丛刊影印宋刻本。

通鉴目录三十卷。同上。　苏州局翻宋本。　体若表谱，以便寻检通鉴。【补】道光间扬州刻本，四部丛刊影印北宋刻本。

通鉴稽古录二十卷。同上。　单行本，学津本，武昌局本。【补】苏州局本附校勘记，四部丛刊影印明刻本。

　　〔以上司马通鉴〕

通鉴地理通释十四卷。宋王应麟。　津逮本，学津本，玉海附刻本。【补】仪征吴熙载通鉴地理今释十六卷，广东经史阁刻本。

通鉴释文辨误十二卷。元胡三省。　胡刻通鉴、武昌局刻通鉴附刻本，通鉴全书附刻本。【补】辨正史炤释文之误。　宋史炤通鉴释文三十卷，归安陆心源十万卷楼刻本，四部丛刊影印宋刻本。

通鉴胡注举正一卷。陈景云。　文道十书本，原书十卷。

通鉴注辨正二卷。钱大昕。　潜研堂本。

通鉴注商十八卷。赵绍祖。　原刻本。

资治通鉴补二百九十四卷。严衍。附刊误二卷。童和豫。　咸丰元年江夏童氏活字本,印行不多。【补】光绪二年武进盛康校刻本,光绪二十八年上海益智书局石印本,书名资治通鉴补正,严衍与门人谈允厚同撰,详检十七史补通鉴遗阙并正其误,钱大昕谓其有功于通鉴,自胡三省后,仅见此书。

通鉴补识误　卷,通鉴补略　卷。张敦仁。　自刻本。【补】通鉴刊本识误三卷,张敦仁撰,光绪间新阳赵元益刻本。通鉴补正略三卷,严衍撰,张敦仁汇钞,民国六年新阳赵诒琛刻崕帆楼丛书本,排印本。

通鉴问疑一卷。宋刘羲仲。　津逮本,学津本。【补】新昌胡思敬刻豫章丛书本。

〔以上考证司马通鉴〕

以上编年类司马通鉴之属其书博大,故别为类,以便考证此书者以类相从。

御批通鉴辑览一百二十卷。乾隆三十二年敕撰。　殿本,杭州局本,武昌局本,南昌巾箱本。　伏羲迄明末。　是书兼用通鉴及纲目义例。

通鉴外纪十卷,目录五卷。宋刘恕。　苏州局本。　包羲至周。　宋金履祥通鉴前编十八卷,举要三卷,坊行通鉴全书附刻本,不如刘书。【补】刘书嘉庆十六年璜川吴氏刻本,四部丛刊影印明刊本。鄱阳胡克家注补,坊间有石印本。　金书光绪十三年镇海谢骏德刻金仁山遗书本。

汉纪三十卷。汉荀悦。

后汉纪三十卷，晋袁宏。附字句异同考一卷。蒋国祥。　两纪合刻

本，又明黄省曾合刻本。　【补】光绪间南城蔡学苏合刻本，潮州郑氏龙溪精舍合
刻本，四部丛刊影印明覆宋合刻本。　钮永建前后汉纪校释，光绪二十年江阴
学署刻本。

续资治通鉴长编五百二十卷。宋李焘。　昭文张氏爱日精庐活字版

本，四库传钞本。　北宋七代。原阙不全，此卷数乃四库馆重定。【补】杭州局
本。　定海黄以周续资治通鉴长编拾补六十卷，杭州局本。宋刘时举续宋中兴
编年资治通鉴十五卷，民国间东方学会排印本。

续资治通鉴三百二十卷。毕沅。　原刻苏州补印本。宋、元、明人续通

鉴甚多，有此皆可废。【补】苏州局补印，番禺任氏重刻本。　此书二百二十卷。

明纪六十卷。陈鹤。　陈克家续成。　苏州局本。【补】当涂夏燮明通鉴九

十卷，前编四卷、附记六卷、首一卷，同治十二年宜黄刻本。自撰考异，已散入正
文下。别有考证十二卷，未见传本。明谈迁国榷一百卷，未刊，南京龙蟠里图书
馆、吴兴南浔镇嘉业藏书楼并有钞本。

西汉年纪三十卷。宋王益之。　扫叶山房本，金华丛书本。　改窜前人史

书以为著述，乃宋、明人通病，此取其有可刊正汉书文字之处。【补】武昌局本。

　　　　以上编年类别本纪年之属隋王通元经，伪书，不录。建炎以来系年
要录二百卷，宋李心传撰，四库传钞本，无刻本。【补】系年要录，光绪八年仁寿萧
藩刻本，广雅书局本。

御批通鉴纲目五十九卷,首编十八卷,外纪一卷,举要三卷,续编二十七卷。康熙四十六年。 殿本。 纲目凡例,宋朱子作,余赵师渊作,前编金履祥,续编明商辂。【补】商丘宋荦校刻本,又嘉庆间聚文堂覆明陈仁锡本。 武进李述来读通鉴纲目条记二十卷,合校元、明以来诸纲目刻本之文字异同,嘉庆间刻本,日本刻本。

纲目订误四卷。陈景云。 文道十书本。

纲目释地纠缪六卷。张庚。 原刻本。

纲目释地补注六卷。同上。

　　以上编年类纲目之属

　　右编年类

纪事本末第三

绎史一百六十卷。马骕。 通行本。【补】康熙间原刻本,苏州亦西斋刻本,杭州局本,光绪丁酉武林尚友斋石印巾箱本。

左传纪事本末五十三卷。高士奇。 刻本。 坊行本乃宋章冲书,与此同名,不如高书。【补】高文恪四部稿本,南昌局本,广州局本,光绪戊子上海书业公所崇德堂排印九种纪事本末本。 高书不如马骕左传纬,事纬见经部。

通鉴纪事本末四十二卷。宋袁枢。 袁、陈、谷四种合刻通行本,汉阳朝宗书室活字版本,南昌局本未毕工。 王延年补通鉴纪事本末,已进呈,未见传本。【补】袁书六合徐氏刻本,四部丛刊影印南宋赵氏湖州刻本,并四十二卷。

南昌局翻明张溥评校本二百三十九卷,光绪间刻成,张以一篇为一卷也。广州局重刻张本,九种纪事本末排印张本。康熙间仁和张星曜通鉴纪事本末补后编五十卷,未刊,原稿旧藏丰顺丁氏持静斋。

宋史纪事本末二十六卷。明陈邦瞻。　同上,同上,同上。【补】明冯琦原编、陈邦瞻纂补。　南昌局翻明张溥评校本一百九卷,广州局重刻张本,九种纪事本末排印张本。　宋杨仲良皇宋通鉴长编纪事本末一百五十卷,光绪十九年广州局校刻本,中阙数卷。　萍乡李有棠辽史纪事本末四十卷、金史纪事本末五十二卷,广州局本,九种纪事本末排印本。乌程张鉴西夏纪事本末三十六卷,苏州局本,杭州局半厂丛书本,九种纪事本末排印本。

元史纪事本末四卷。同上。　同上,同上,同上。【补】南昌局翻明张溥评校本二十七卷,广州局重刻张本,九种纪事本末排印张本。

明史纪事本末八十卷。谷应泰。　同上,同上,同上。【补】朱彝尊谓谷氏此书,乃德清徐倬代作,姚际恒又谓海昌谈迁所作,而后论则出杭州陆圻手,疑莫能明也。　光绪间定州王灏刻畿辅丛书本,广州局本,九种纪事本末排印本。　海盐彭孙贻明朝纪事本末补编五卷,涵芬楼秘笈排印本。

三藩纪事本末四卷。杨陆荣。　借月山房本。【补】单行本,指海本,九种纪事本末排印本。　台湾郑氏始末六卷,沈云撰,沈垚注,民国间刘氏嘉业堂刻吴兴丛书本。

圣武记十四卷。魏源。　通行大字、小字两本。　平定粤匪纪略二十二卷,同治四年湖北省官撰,通行刻本,亦可备考。【补】圣武记,道光二十六年魏氏古微堂重刻定本。　新昌胡思敬圣武记纂误十二卷,自刻本。湘潭王闿运湘军

志十六卷,湘绮楼自刻本。湘阴郭嵩焘湘军志平议一卷,家刻本。

三朝北盟会编二百五十卷。宋徐梦莘。　传钞本,无刻本。【补】光绪间越东排印本。

右纪事本末类

古史第四　古无史例,故周、秦传记体例与经、子、史相出入,散归史部,派别过繁,今汇聚一所为古史。

逸周书孔晁注十卷。卢文弨校。　抱经堂本。【补】光绪间顺德龙氏知服斋重刻卢校本,又四部丛刊影印明嘉靖间章蘖刻本。

逸周书补注二十四卷。陈逢衡。　自著陈氏丛书本。　〔周中孚逸周书补注,未见传本。〕

周书集训校释　卷。朱右曾。　自刻本。【补】十卷,附逸文一卷。　武昌局本,续经解本。朱骏声周书集训校释增校一卷,载国粹学报。王念孙读逸周书杂志四卷,续经解本,亦载读书杂志中。瑞安孙诒让周书斠补四卷,玉海楼自刻本。仪征刘师培周书补正六卷、周书略说一卷,刻本。又周书五官、三监、五服、濮路、月令等考,未刊。

逸周书管笺十六卷。丁宗洛。　刻本。

国语韦昭注二十一卷,附札记一卷。顾广圻校。　黄氏士礼居仿宋刻本,武昌局翻黄本,〔成都尊经书院翻本附考异四卷〕。黄模国语补韦,未见传本。【补】武昌局翻黄木附汪远孙考异四卷,金坛段玉裁校刻本,又四部丛刊影印嘉靖间金李泽远堂翻宋本。　国语补韦四卷,嘉道间刻。

国语补音三卷。宋宋庠。　微波榭本，吴氏望三益斋刻本。【补】成都存古书局刻本，沔阳卢氏编湖北先正遗书影印微波榭本。　王煦国语释文八卷、补音二卷，咸丰间观海楼刻本。

国语校注本三种二十九卷。三君注辑存四卷，国语发正二十一卷，国语考异四卷。　汪远孙。　自刻本。【补】版归杭州局。　续经解刻汪远孙国语发正二十一卷，武昌局刻国语考异四卷，附翻黄本国语后。刘台拱国语校补一卷，广州局刘端临遗书本，续经解本。汪中国语校文一卷，元和江标刻灵鹣阁丛书本，上海中国书店编汪氏丛书影印本。黄奭辑国语古注，有郑众、贾逵、唐固、王肃、孔晁五家，在汉学堂丛书内。刘师培国语贾注补辑一卷，未刊。晋孔衍春秋后国语，黄奭辑，汉学堂本，又上虞罗氏鸣沙石室古佚书影印本。

国语韦昭注疏十六卷。洪亮吉。　旌德吕氏刻本。　龚丽正国语韦昭注疏、董斯垣国语正义，未见传本。【补】国语正义二十一卷，乌程董增龄撰，光绪间会稽章寿康刻本。　姚鼐国语补注一卷，南菁书院丛书本。嘉定陈瑑国语翼解六卷，广州局本。湘潭谭沄国语释地三卷，光绪间自刻本。

战国策高诱注三十三卷，札记三卷。宋姚宏校正续注。　顾广圻校。　士礼居仿宋刻本，武昌局翻刻本，〔成都尊经书院翻刻本〕。【补】坊间影印黄本。

战国策高诱注三十三卷。宋姚宏校正续注。　雅雨堂校本。鲍彪注本多窜改，不如此两本。

战国策校注十卷。宋鲍彪注。　元吴师道补正。　惜阴轩丛书本。【补】曲阜孔氏刻本，四部丛刊影印元至正十五年刻本。　南汇于鬯战国策注，未见传本。

国策地名考二十卷。程恩泽。 狄子奇笺。 粤雅堂本。

战国策释地〔二〕(三)卷。张琦。 家刻本。【补】广州局本,会稽章氏式
训堂刻本,新阳赵元益刻本。

战国纪年六卷。林春溥。 竹柏山房十一种本。【补】附战国年表一卷。

　　金山顾观光国策编年一卷,家刻本。黄式三周季编略九卷,杭州局本,此书为
别史类,附此。明汤桂桢战国纪年四十卷,未刊,稿本藏顺德邓实处。

　　〔逸周书、国语、战国策皆古史,叙述翔实可据者。〕

山海经笺疏十八卷,图赞一卷。郭璞注、赞,郝懿行疏。 阮刻单行
本,又郝氏遗书本,郝胜于毕。别行山海经图赞一卷,艺海珠尘及他丛书多有之。
【补】郝疏坊刻巾箱本。 严可均校辑晋郭璞山海经图赞一卷,光绪间湘潭叶德
辉刻观古堂丛书本。

山海经十八卷。毕沅校。 经训堂本。【补】此名山海经新校正,毕沅校并
补注。 四部丛刊影印明成化庚寅邢让刻郭注本,涵芬楼道藏举要影印道藏本
郭注。

校正竹书纪年二卷。洪颐煊。 平津馆本。【补】又四部丛刊影印明天一
阁刻本。 竹书纪年,隋书经籍志作十二卷,晋书云十三篇,其书宋代已佚,今本
二卷,乃宋以后人依托,虽伪书,亦资考证,不可废。海宁王国维今本竹书纪年疏
证二卷,专辨证今本之伪,民国五年上海哈同花园排印广仓学宭丛书本,民国十
六年王氏排印观堂遗书本。王国维古本竹书纪年辑校一卷,广仓学宭丛书本,
观堂遗书本,所辑凡四百二十八条,已括朱右曾辑汲冢纪年存真在内。

竹书纪年集证五十(八)卷。陈逢衡。 陈氏丛书本。

竹书纪年补证四卷。林春溥。 竹柏山房十一种本。【补】甘泉张宗泰竹书纪年校补二卷,贵池刘世珩刻聚学轩丛书本。

考订竹书纪年十四卷。雷学淇。 家刻本。【补】学淇别有竹书纪年义证四十卷,未见传本。

穆天子传郭璞注七卷。洪颐煊校。平津馆本,又古今逸史本。檀萃穆传注疏,博而多谬,不录。【补】嘉庆间鄂不馆刻洪校本,潮州郑氏龙溪精舍重刻平津馆本,又四部丛刊影印明天一阁刻本,又涵芬楼道藏举要影印道藏本。 仁和丁谦穆天子传地理考证六卷,民国四年杭州局刻浙江图书馆丛书第二集本,可备考,惟不尽可信。

〔山海经、竹书纪年、穆天子传三书,有伪托而多荒唐,然皆秦以前人所为。〕

世本一卷。孙冯翼辑。 问经堂本,又高邮茆氏辑刻十种古书本。【补】陈其荣补订孙辑世本二卷,附考证,吴县朱记荣刻槐庐丛书本。

校辑世本二卷。雷学淇。 自刻本。【补】潮州郑氏龙溪精舍重刻本,定州王灏刻畿辅丛书本。

世本辑补十卷。秦嘉谟。 原刻本。

家语王肃注十卷。汲古阁本。 今通行李氏重刻汲古本作四卷。非古家语,然不能废。【补】贵池刘世珩玉海堂覆宋蜀大字本,坊间石印影写北宋本,四部丛刊影印明嘉靖间黄周贤刻本。

家语何孟春注八卷。卢文弨校刻本。【补】孟春明人。

家语疏证六卷。孙志祖。　　自刻本。【补】辨正家语之伪。　　光绪间会稽章寿康刻式训堂<u>丛</u>书本,坊行校经山房<u>丛</u>书本即章版。　　蕲水陈士珂家语疏证十卷,光绪辛卯武昌局刻湖北<u>丛</u>书本。范家相家语证讹十一卷,光绪二十六年会稽徐氏刻铸学斋<u>丛</u>书本。

晏子春秋七卷,音义二卷。孙星衍音义。　　岱南阁本,经训堂本,　　又吴鼒仿宋本。【补】杭州局二十二子重刻岱南阁本,附定海黄以周校勘二卷,又四部<u>丛</u>刊影印明活字本,海昌陈琰编古书<u>丛</u>刊影印吴鼒仿宋本。　　平江苏舆晏子春秋集校七卷,光绪间长沙思贤讲舍刻本。仪征刘师培晏子春秋校补二卷、晏子佚文辑补一卷、晏子春秋黄之寀本校记一卷,未刊,校补载国粹学报者未完。

　　〔世本、家语、晏子春秋三书,皆古传记之属。〕

越绝书十五卷。汉袁康。　　明仿宋刻本,古今逸史本,汉魏<u>丛</u>书本。　　汉魏<u>丛</u>书有程荣、何允中、王谟三刻,何多于程,王多于何,今通行王本。【补】四部<u>丛</u>刊影印明万历刻本。钱培名校本附札记,金山钱氏小万卷楼活字本,潮州郑氏龙溪精舍重刻钱校本。卢文弨校本,未刊。

吴越春秋十卷。汉赵晔。　　古今逸史、汉魏<u>丛</u>书本并为六卷。【补】元徐天祐音注。　　南陵徐乃昌随庵丛书影明覆元大德本十卷,附札记、逸文。潮州郑氏重刻徐氏随庵刻本,四部<u>丛</u>刊影印明覆元大德本十卷。金山顾观光吴越春秋校勘记,武陵山人遗书本。

附图列女传七卷,续一卷。汉刘向。　　阮刻仿宋本。顾之逵小读书堆本,亦精,无图。【补】续一卷,不著撰人。　　四部<u>丛</u>刊影印明刻附图本,小读书堆本附有顾广圻考证。

列女传注八卷。郝懿行妻王照圆。　郝氏遗书本。【补】潮州郑氏龙溪精舍重刻本。

列女传校注八卷。汪远孙妻梁端。　家刻本。【补】版归杭州局。萧山王绍兰列女传补注正误一卷,上虞罗振玉排印雪堂丛刻本,附读书杂记后。顾观光列女传校勘记,刻本。

新序十卷。汉刘向。　明经厂新序、说苑合刻本,何良俊合刻本,汉魏丛书本。　陈寿祺有新序、说苑校本,未刊。【补】长洲蒋氏铸华馆仿宋本,潮州郑氏龙溪精舍重刻铸华馆本,四部丛刊影印明刻本。

说苑二十卷。同上。　以上五书,虽汉人作,然皆纪古事,多本旧文,故列古史。【补】潮州郑氏龙溪精舍刻卢文弨校本,四部丛刊影印明钞宋本,日本国刻关嘉纂注本。

〔此钩乙原注已详,但列女传应置新序、说苑后。〕

古史纪年十四卷,古史考年同异表二卷。林春溥。　竹柏山房十一种本。

　　右古史类

　　别史第五　别史、杂史,颇难分析,今以官撰及原本正史重为整齐,关系一朝大政者入别史,私家纪录中多碎事者入杂史。

东观汉记二十四卷。旧题汉刘珍。　聚珍本,福本,扫叶山房本,桐华馆本。【补】原书一百四十三卷,久佚,此自永乐大典辑出。　沔阳卢靖影印聚珍本,在湖北先正遗书中。　姚之骃后汉书补逸内辑东观汉记,凡八卷,互见正史类。　富平张鹏一辑魏鱼豢魏略二十五卷,自刻本。

晋记六十八卷。郭伦。　原刻本。

晋略六十卷。周济。　道光十九年刻本。【补】光绪间重刻本。　郭为纪传,周为编年。　黟县汤球辑九家旧晋书三十七卷、五家晋纪五卷、两家晋阳秋五卷、两家汉晋春秋四卷,并光绪间广州局刻本。黄奭辑晋书若干种,刻汉学堂丛书中。失名人晋记,唐以前人写录,上虞罗氏鸣沙石室古佚书影印本。

西魏书二十四卷。谢启昆。　乾隆〔乙〕(己)卯刻本。【补】广州局本。

淮安毛乃庸后梁书二十卷,自刻本。

大唐创业起居注三卷。唐温大雅。　津逮本,学津本,明钟人杰刻唐宋丛书本。【补】光绪三十年江阴缪荃孙刻藕香零拾本。

顺宗实录五卷。唐韩愈。　海山仙馆本,亦在全唐文内。【补】亦在昌黎先生外集内。　宋太宗实录,宋钱若水等撰,民国元年上海国学扶轮社排印残本八卷,在古学汇刊内。宋宁宗实录二卷,宋刘克庄撰,有传钞本,未见。　明、清实录今具在,有写本,无刻本,北平图书馆及吴兴南浔镇嘉业藏书楼均藏明、清实录。

东观奏记三卷。唐裴庭裕。　续百川学海本,唐宋丛书本,稗海本。【补】缪氏藕香零拾本。

隆平集二十卷。旧题宋曾巩。　康熙四十年彭期校刻本。

东都事略一百二十卷。宋王〔称〕(偁)。　五松室仿宋本,扫叶山房本。【补】苏州宝华堂仿宋本,即五松室版,振鹭堂本,江宁局本。元和钱绮、江阴缪荃

孙东都事略校勘记各一卷,吴兴张钧衡适园丛书本。汪琬东都事略跋三卷,刻钝翁外稿内。邵晋涵南都事略,未刊,稿旧藏黟县洪氏处,或云有活字本,未见。

契丹国志十七卷。宋叶隆礼。 扫叶山房本。【补】二十七卷,乾隆间承恩堂刻本。

大金国志四十卷。旧题金宇文懋昭。 扫叶山房本。 古今逸史、说海中辽志、金志,即此两书摘本。

明史稿二百八卷。王鸿绪。 通行本。【补】此书三百一十卷,横云山人集本,扫叶山房本。 灵寿傅维麟明书一百七十一卷,目录二卷,原刻本,光绪间定州王灏刻畿辅丛书本。

东华录三十二卷。蒋良骐。 通行本八卷。【补】道光间大、小字二本,群玉山房活字本。 蒋纂东华录,自天命至雍正凡六朝,光绪间长沙王先谦为之增补,复以乾隆至同治五朝续之,合称十一朝东华录,有通行刻本,排印本。 朱寿朋纂光绪朝东华续录二百二卷,事至宣统元年止,宣统元年上海排印单行本。刘某纂宣统政纪十余册,未刊。清史稿五百三十六卷,目录五卷,清史馆编,民国十七年排印本。

〔此以叙述之朝代为次,不以人之朝代为次。〕

宏简录二百五十四卷。明邵经邦。 通行本。是书意在续通志,成古今通史,特不能续其二十略,无力购宋、辽、金三史者,可以此书代之。【补】辽阳李锴尚史七十卷,轩辕迄秦代,乾隆间悦道楼刻本,沈阳新刻本未毕工。

〔此通史体,以下断代为书。〕

续后汉书四十七卷。宋萧常。 郁松年刻宜稼堂丛书本。 又有郝经续后汉书,谢陛季汉书,陈陈相因,不录。以下二书,为订正三国志、五代史体例而作。【补】萧常续后汉书,金壶本,同治间师古山房刻本。 同治间武进汤成烈撰季汉书九十卷,未见传本,独山莫友芝谓此书详核过萧、郝二氏,於表志用力尤勤。

续唐书七十卷。陈鳣。 道光十七年刻本。【补】广州局重刻本。

宋史新编二百卷。明柯维骐。 明刻本。 陈黄中宋史稿二百廿九卷,未刊。以下三书,皆为删繁就简。

南宋书六十卷。明钱士升。 扫叶山房本。

元史类编四十二卷。邵远平。 通行本。 此书意在续宏简录。【补】扫叶山房本。 魏源元史新编九十五卷,胜邵氏书,光绪三十一年邵阳魏氏刻本。武进屠寄蒙兀儿史记十册,但具入主以前史迹,全书未成,自撰自注,抉择甚审,宣统间结一宧刻本。

右别史类

杂史第六 录其有关政制、风俗、轶事者。

玉函山房辑佚书史编 种。马国翰。 济南刻本。【补】史编仅八种,光绪间济南重刻本,长沙刻大、小二本,大本多讹,小本善。
黄奭辑汉学堂丛书史编凡九十二种,光绪十九年甘泉黄氏修版本。

帝王世纪十卷。晋皇甫谧。 宋翔凤辑。 浮溪精舍本,指海本一卷,附补遗。【补】光绪间贵筑杨氏训纂堂丛书重刻宋辑本,又顾观光辑本。

古史考一卷。汉谯周。 平津馆辑本。【补】潮州郑氏龙溪精舍重刻平津馆本,杨氏训纂堂本。　章宗源辑。

路史四十七卷。宋罗泌。　通行本。【补】子苹注。　钱唐洪氏校刻本,乾隆元年罗氏刻本善。

春秋别典十五卷。明薛虞畿。　孙星衍补注出典。　岭南遗书本,守山阁本,金壶本。【补】孙星衍春秋集证,一名春秋长编,未刊,稿本藏武昌徐恕处,凡春秋事迹见于诸子百家者悉见采辑,远胜薛氏书。

〔以上上古至周〕

楚汉春秋一卷。汉陆贾。　茆氏辑十种古书本。【补】潮州郑氏龙溪精舍重刻茆辑本,吴县朱氏槐庐丛书重刻茆辑本附考证,又洪颐煊辑经典集林本。

伏侯古今注一卷。汉伏无忌。　茆辑十种本。【补】潮州郑氏龙溪精舍重刻本。

建康实录二十卷。唐许嵩。　张海鹏刻本。【补】江宁甘氏刻。

〔以上汉至六朝〕

贞观政要十卷。唐吴兢。　明经厂本,朱载震刻大字本。【补】扫叶山房本,上虞罗振玉影印古写本,卷五、卷六残卷,附佚篇一卷。

奉天录四卷。唐赵元一。　秦校本,粤雅堂本,指海本。【补】江阴缪荃孙刻云自在龛丛书本,附补遗。

南部新书十卷。宋钱易。　粤雅堂本,学津本,明高承埏稽古堂日钞本。

〔以上唐〕

鉴诫录十卷。宋何光远。　知不足斋本,学津本。【补】武昌局三十三种丛书本。

锦里耆旧传四卷。宋句延庆。　读画斋本。

〔以上后五代〕

涑水纪闻十六卷。宋司马光。　聚珍本，福本，学津本。【补】南昌局重刻聚珍本，武昌局本附补遗一卷，涵芬楼校排印本。

渑水燕谈录十卷。宋王辟之。　知不足斋本。【补】涵芬楼校排印本。

靖康传信录三卷。宋李纲。　海山仙馆本，李调元刻函海本。【补】宋阙名靖康要录十六卷，光绪间归安陆心源刻十万卷楼丛书本。

建炎以来朝野杂记四十卷。宋李心传。　聚珍本，福本，函海本。【补】广州局本，吴兴张钧衡刻适园丛书本。

大金吊伐录四卷。金阙名。　守山阁本，金壶本。

庆元党禁一卷。宋阙名。　知不足斋本。

宋季三朝政要五卷，宋阙名。　**附录一卷**。宋陈仲微。　守山阁本，粤雅堂本，学津本。【补】上虞罗振玉宸翰楼影元刻本。　宋熊克中兴小纪四十卷，广州局本。

庚申外史二卷。宋葛禄权衡。　海山仙馆本，又学津本。【补】新昌胡思敬编豫章丛书重刻海山仙馆本。

　　此书明权衡撰，衡号葛溪，吉安人，所记皆元顺帝二十八年间事。

汝南遗事四卷。元王鹗。　指海本，借月山房本。【补】泽古丛钞本即借月山房版，定州王灏刻畿辅丛书本。

〔此钩乙误,应移宋季三朝政要条下。〕

归潜志十四卷。元刘祁。　聚珍本,福本,知不足斋本。

　　〔此与汝南遗事皆述金事〕

元朝秘史十五卷。阙名。　连筠簃本。【补】又湘潭叶德辉观古堂影元钞本十卷,续二卷。　此书一称元秘史,元初人撰,叙元先世及太祖、太宗两朝,最得其真。　顺德李文田元朝秘史注十五卷,光绪二十三年桐庐袁昶刻渐西村舍丛书本,上海文瑞楼石印巾箱本。秀水高宝铨元秘史李注补正十五卷,原刻本。会稽施世杰元秘史山川地名考十二卷,光绪间许郑学庐刻本,上海文瑞楼石印巾箱本。仁和丁谦元秘史地理考证十五卷,民国四年杭州局刻浙江图书馆丛书第二集本。元阙名元圣武亲征录一卷即元秘史译本之异者,袁氏渐西村舍刻何秋涛校本。海宁王国维圣武亲征录校注一卷,民国十五年北京清华学校研究院排印蒙古史料四种本,民国十六年王氏排印观堂遗书本。丁谦元圣武亲征录地理考证一卷,浙江图书馆丛书第二集本。

　　〔此与庚申外史皆叙元事〕

野获编三十卷。明沈德符。　明刻本。【补】道光七年钱唐姚氏扶荔山房刻本,附补遗四卷。

双槐岁抄十卷。明黄瑜。　岭南遗书本。

革除逸史二卷。明朱睦㮮。指海本,借月山房本。

弇州别集一百卷。明王世贞。　明刻本。【补】广州局本。

列朝盛事一卷。明王世贞。　指海本,借月山房本。

胜朝彤史拾遗记六卷。毛奇龄。　西河集本,珠尘本。

明季北略二十四卷,南略十八卷。计六奇。 通行本。【补】纪南渡诸王及神宗朝迄思宗朝事。 万斯同南疆逸史十六卷,刻本未全。乌程温睿临南疆绎史四十卷,道光间吴郡李瑶刻残本二十卷,又排印足本。六合徐鼒小腆纪年二十卷、小腆纪传六十五卷、补遗一卷,光绪间家刻本。余姚邵廷采东南纪事十二卷、西南纪事十二卷,徐氏刻本。元和钱绮南明书三十六卷,未刊。

绥寇纪略十二卷,补遗三卷。吴伟业。 学津本。【补】康熙间原刻本,嘉庆十四年张氏〔照〕旷(照)阁重刻本即学津本。涵芬楼排印本,在痛史内。此书纪流寇始末,原名鹿樵纪闻。

明季稗史十六种,二十七卷。通行本。 烈皇小识,圣安本纪,行在阳秋,嘉定纪略,幸存录,续幸存录,求野录,也是录,江南闻见录,粤游纪闻,赐姓始末,两广纪略,东明闻见录,青燐屑,四王合传,扬州十日记。 【补】涵芬楼排印本。 明季稗史续编六种,不分卷,涵芬楼排印本。荆驼逸史五十一种,七十七卷,题陈湖逸士编,原刻本,古槐书屋活字本。痛史二十二种,涵芬楼排印本。武进孟森心史丛刊,涵芬楼排印本。坊编清稗类钞,亦可备考,有排印本。金梁满洲老档秘录二卷,民国十八年沈阳故宫博物院排印本,皆清太祖、太宗两朝史料。

〔以上明〕

以上杂史类事实之属

摭言十五卷。唐王定保。 雅雨堂本,学津本。【补】光绪间仁和葛元煦刻啸园丛书本,稗海本不全。

近事会元五卷。宋李上交。 守山阁本。

文昌杂录七卷。宋庞元英。　雅雨堂本，学津本。

麟台故事五卷。宋程俱。　聚珍本，杭本，福本。【补】南昌局重刻聚珍本，此自永乐大典辑出。又归安陆心源十万卷楼刻原本四卷。

翰苑群书二卷。宋洪遵。　知不足斋本。　十二种。

愧郯录十五卷。宋岳珂。　知不足斋本。

朝野类要五卷。宋赵昇。　知不足斋本，〔聚珍本，福本〕。

玉堂嘉话八卷。元王恽。　守山阁本，金壶本。【补】亦载王恽秋涧大全集内。大全集有涵芬楼四部丛刊影印明弘治翻元刻本。

科场条贯一卷。明陆深。　俨山外集本。

翰林记二十卷。明黄佐。岭南遗书本。

觚不觚录一卷。明王世贞。　借月山房本，指海本，广百川本。

明内廷规制考三卷。借月山房本。

内阁小识一卷，附内阁故事。叶凤毛。　指海本。

南台旧闻十六卷。黄叔璥。　刻本。

　　以上杂史类掌故之属

大业杂记一卷。唐杜宝。　指海本，唐宋丛书本。

大唐新语十三卷。唐刘肃。　唐人说荟本。

　　〔以上隋唐〕

宣和遗事二卷。士礼居校宋本。【补】不著撰人名氏。　涵芬楼排印本。

　是书百川书志亦列史部，然究以入子部小说为宜。

洛阳搢绅旧闻记五卷。宋张齐贤。　知不足斋本。

湘山野录三卷，续录一卷。宋释文莹。　津逮本，学津。【补】吴兴张
钧衡择是居影宋刻本，学海类编本无续录。

玉壶野史十卷。同上。　知不足斋本，守山阁本，金壶本。　即玉壶清话。

曲洧旧闻十卷。宋朱弁。　知不足斋本，学津本。【补】钱塘汪氏振绮堂
刻本。

松漠纪闻一卷，续一卷。宋洪皓。　学津本，又古今逸史本。【补】新昌
胡思敬刻豫章丛书本，涵芬楼影印顾氏文房小说本。

石林燕语考异十卷。宋叶梦得。　宇文绍奕考异。　琅琊秘室别行校足
本，又稗海本无考异。【补】石林燕语十卷，考异一卷。　又光绪间湘潭叶德辉校
刻石林燕语十卷，附宋汪圣锡石林燕语辨十卷。民国十三年武进陶湘天津刻儒
学警悟内，亦有燕语辨。

四朝闻见录五卷。宋叶绍翁。　知不足斋本。　叶乃宗朱子者，前人或谓
此书诋朱，误也。【补】浦城祝昌泰刻浦城遗书本。

东京梦华录十卷。宋孟元老。　津逮本，学津本，唐宋丛书本。【补】唐宋
丛书本不全，稗海本，存古书局本，秀水金氏影印毛钞本。

梦粱录二十卷。宋吴自牧。　知不足斋本，学津本。【补】学海类编本，光
绪间钱塘丁丙刻武林掌故丛编本。

武林旧事十卷。 宋周密。 知不足斋本，唐宋丛书本，〔明陈继儒宝颜堂〕秘笈本。【补】乾隆四十二年夙夜斋刻本，丁氏武林掌故丛编本。 明朱廷焕增补武林旧事八卷，康熙间刻本。

东南纪闻三卷。 元失名人。 守山阁本，金壶本。

〔以上宋〕

长春真人西游记二卷。 元李志常。 连筠簃本。【补】指海本，仪征张丙炎刻榕园丛书本，上海文瑞楼石印巾箱本，涵芬楼道藏举要影印道藏本。 仁和丁谦长春真人西游记地理考证一卷，杭州局刻浙江图书馆丛书第二集本。海宁王国维长春真人西游记校注二卷，民国十五年北京清华学校研究院排印蒙古史料四种本，民国十六年王氏排印观堂遗书本。元耶律楚材西游录注一卷，顺德李文田注，上虞罗氏刻玉简斋丛书初集本。又镇海范金寿注补一卷，贵池刘世珩刻聚学轩丛书本。丁谦西游录地理考证一卷，浙江图书馆丛书第二集本。元刘郁西使记一卷，学津本，学海类编本，畿辅丛书本，亦附王恽玉堂杂记中。丁谦西使记地理考证一卷，浙江图书馆丛书第二集本。元西洋威尼斯人马哥孛罗游记，杭县魏易译，民国〔十〕二年北京排印本。又泗阳张星烺译本导言，排印单行本，亦载地学杂志，全书未刊。魏译正文，张兼译英国亨利玉尔注。

〔以上元〕

悬笥琐探一卷。 明刘昌。 得月簃续刻本。

明宫史五卷。 明吕毖〔校〕。 学津本。【补】又涵芬楼排印八卷本。清宫史三十六卷，乾隆七年清廷敕于敏中等编，民国十四年东方学会排印本。续清宫史一百二十卷，清廷敕编，事止宣统三年，其书未刊。

酌中志二十四卷。明刘若愚。海山仙馆本。【补】与右明宫史是一书,此并列作二书,非。

春明梦余录七十卷。孙承泽。 古香斋本。【补】广东覆古香斋本。

社事始末一卷。杜登春。 珠尘本。【补】昭代丛书戊集本。

〔以上明〕

枢垣纪略十六卷。梁章钜。 道光十五年刻本。

〔此纪国朝〕

以上杂史类琐记之属主记事者入此类。多参议论、罕关政事者入小说。

右杂史类

载记第七

华阳国志十二卷,附录一卷。 晋常璩。 顾广圻校。廖寅刻足本。【补】潮州郑氏龙溪精舍重刻廖本,函海本。汉魏丛书本,古今逸史本,四部丛刊影印明钱叔宝钞本,皆阙两卷。 金山顾观光华阳国志校勘记,武陵山人遗书本,成都存古书局单行本。江阴缪荃孙华阳国志条校,在自刻艺风堂读书记内。

十六国春秋十六卷。旧题魏崔鸿。 汉魏丛书本,单行大字本。此非原书。【补】武昌局本。又乾隆四十六年仁和汪曰桂刻重订本一百卷。 黟县汤球十六国春秋辑补一百卷、十六国春秋纂录校本十卷,并广州局本。汤球辑十八家霸史十八卷,一名三十国春秋辑本,广州局本。

邺中记一卷。晋陆翙。 聚珍本,〔杭本〕,福本,续百川本。【补】南昌局重刻聚珍本。

五国故事二卷。宋阙名。 知不足斋本。【补】函海本。

九国志十二卷,附拾遗。宋路振。 守山阁辑本,又粤雅堂本,海山仙馆本,龙氏活字本。

江南野史十卷。宋龙衮。 续百川本,又函海本。【补】仁和胡珽琳琅秘室活字本,新昌胡思敬刻豫章丛书本。

吴越备史四卷,宋钱俨。补遗一卷。阙名。 学津本,扫叶山房本止四卷。 任大椿吴越备史注三十卷,未见传本。【补】吴越备史四卷、补遗一卷,光绪间钱塘丁丙刻武林掌故丛编本,附杂考一卷。

增订吴越备史五卷,补遗一卷。钱时钰。 乾隆六十年刻本。

十国春秋一百一十四卷,吴任臣。拾遗一卷,备考一卷。周昂。 周氏乾隆重刻本,原刻无末二卷。

马令南唐书三十卷。蒋氏马、陆二书合刻原本,唐宋丛书本,江西翻本恶。【补】蒋版今归南城蔡氏。金壶本,翠琅玕馆合刻马、陆二书本,古冈刘晚荣合刻马、陆二书本,在述古丛钞内,刻于广州。

陆游南唐书十八卷,音释一卷。汲古阁本。【补】音释元戚光撰。 与马书合刻本见右。 祥符周在浚南唐书注十八卷,附吴兴刘承幹补注十八卷,民国四年刘氏嘉业堂刻本。青浦汤运泰南唐书注十八卷、唐年世总释一卷、州军总音释一卷,道光二年绿签山房刻本,皆注陆书。明李清南唐书合订二十五卷,刊本罕见,北平故宫图书馆藏有四库传钞本。

南汉书十八卷,丛录二卷,南汉文字四卷。梁廷枏。　道光己丑刻本。【补】梁廷枏撰南汉书考异十八卷,与上书合刻。　嘉应吴兰修南汉纪五卷,岭南遗书本。

西夏书事　卷。国朝人。　原刻本。　洪亮吉西夏国志十六卷,未见刻本。【补】西夏书事四十二卷,青浦吴广成撰。　洪书未刊。　周春西夏书十五卷,未刊。开县戴锡章西夏记二十八卷,民国十三年东方学会排印本。　唐晏渤海国志四卷,吴兴刘承幹刻求恕斋丛书本。海宁王国维蒙鞑备录笺证一卷、黑鞑事略笺证一卷,附鞑靼考、辽金时蒙古考,民国十五年北京清华学校研究院排印本,民国十六年王氏排印观堂遗书本。

右载记类

传记第八

孔子编年五卷。宋胡仔。　绩溪胡氏家刻本。

孔子世家补订一卷。林春溥。　竹柏山房十一种本。

孔子集语十七卷。孙星衍、严可均辑。　平津馆本。　远胜宋薛据书。采集群书。所引真伪不一,经部、子部皆不可隶,故附于编年之后。【补】杭州局重刻平津馆本。　王仁俊、李滋然皆撰孔子集语补遗,有印本。

东家杂记二卷。宋孔传。　胡珽编琳琅秘室丛书活字版本。

阙里文献考一百卷。孔继〔汾〕(涵)。　乾隆壬午刻本。

孔孟编年　卷。狄子奇。　　自刻本。【补】八卷，杭州局本。

〔以上孔、孟传记〕

郑学录四卷。郑珍。　　遵义唐氏刻本。

诸葛忠武侯故事五卷。张澍。　　自刻本，沔〔县〕（阳）武侯文集附刻本。
互见。

高士传三卷。晋皇甫谧。　　汉魏丛书本。　　严可均辑嵇康高士传，未刊。
【补】严书一卷，光绪间大关唐氏刻本，亦刻严氏全晋文中。又上虞罗振玉辑皇甫
谧高士传一卷，排印本。

古孝子传一卷。茆辑十种本。

襄阳耆旧记三卷。晋习凿齿。　　任兆麟校刻心斋十种本，有脱误。【补】善
化陈运溶辑魏、晋人撰传记九种，光绪二十六年湘西陈氏刻麓山精舍丛书本。

唐才子传十卷。元辛文房。　　日本人刻佚存丛书足本，指海足本。【补】嘉
庆间王氏刻本，光绪间清隐山房刻巾箱本，武进董康刻五山本，珂罗版印明黑口
本。　　陈鳣唐才子传简端记一卷，载北平北海图书馆月刊第二卷第二号。

〔以上汉至唐〕

名臣言行录前集十卷，后集十四卷。宋朱子。　　顾广圻校。洪莹仿
宋刻本，同治戊辰桂氏补刻本。【补】四部丛刊影印宋刻本。洪本与宋李幼武撰
名臣言行录续集八卷、别集二十六卷、外集十七卷合刻。　　明尹直南宋名臣
行录十六卷，传本罕见。

道命录十卷。宋李心传。　　知不足斋本。

元名臣事略十五卷。元苏天爵。 聚珍本,福本。【补】光绪间定州王灏刻畿辅丛书本。

明名臣言行录九十五卷。徐开仕。 昆山徐氏刻本。

嘉靖以来首辅传八卷。明王世贞。 守山阁本。

东林列传二十四卷。陈鼎。 刻本。【补】康熙间刻本,山寿堂刻本。

〔以上宋、元、明〕

国朝满汉名臣传八十卷。依国史钞录。 通行本。 满四十八卷,汉三十二卷。【补】菊花书室刻巾箱本。 清史列传八十卷,民国十八年中华书局排印本。

国朝先正事略六十卷。今人。 长沙刻本。 初学便于检阅。【补】此书平江李元度撰。 长洲朱孔彰中兴将帅别传三十卷、续编六卷,光绪间原刻本,江宁局本,坊刻易名续先正事略。钱仪吉碑传集一百六十四卷,苏州局本,天命迄嘉庆。江阴缪荃孙续碑传集八十六卷,江宁局本,道光迄光绪。缪荃孙碑传集补编,补乾嘉诸名人凡十四卷,未刊。湘阴李垣耆献类征初编七百二十卷、闺媛类征十二卷,亦由收录清代名人碑传而成,与碑传集同,光绪十六年家刻本。李氏所纂耆献类征续编五百五十卷,内兼有玉牒、天象、舆地、河渠、食货、礼乐、兵刑、洋务、经籍、五行十志,其书未刊,稿藏李氏。近代名人小传二卷,当代名人小传二卷,题沃丘仲子撰,所述不多,颇存事实,民国间上海崇文书局排印本。

从政观法录三十卷。朱方增。 道光庚寅刻本。 梁章钜国朝臣工言行记十二卷,未刊。【补】从政观法录,由国史名臣传删节而成。

文献征存录十卷。钱林。 咸丰八年王藻刻本。【补】此书专述文人儒者事迹。 阮元国史儒林、文苑传稿,黄氏知足斋丛书本。

鹤征录八卷,李集、李富孙、李遇孙。**后录十二卷**。李富孙。嘉庆刻,同治补本。【补】鹤征录述康熙己未博学鸿词科被征诸人事略,后录述乾隆丙辰词科诸人。

词科掌录十七卷,余话〔七〕(八)卷。杭世骏。 原刻本。【补】记乾隆丙辰词科。

〔以上国朝〕

右传记类止系一隅又非古籍者不录。

诏令奏议第九

雍正朱批谕旨三百六十卷。雍正十年敕编。 内府本,江宁活字版本。

〔此诏令〕

陆宣公奏议二十二卷。唐陆贽。 通行本。 旧题翰苑集,实非翰苑集元书,从众题奏议。【补】雍正元年年羹尧刻本,道光间耆英重刻年氏本,嘉庆戊寅春晖堂刻本,道光甲申陆氏家刻本,善化杨岳斌刻本,泾县洪氏仿宋本,江宁局本,苏州局本,四部丛刊影印明不负堂本,又影印宋本。 宋郎晔陆宣公奏议注十五卷,光绪间归安陆心源十万卷楼刻本。平定张佩芳翰苑集注二十四卷、年谱一卷,乾隆戊子自刻本,光绪间柏氏重刻本。

政府奏议二卷。宋范仲淹。 单行刻本,范文正公集本。【补】吴兴张钧衡择是居影元刻本。

包孝肃奏议十卷。宋包拯。 包芳国天禄阁刻本,汉阳活字版本。【补】同治间合肥李瀚章刻本，光绪间合肥张氏毓秀堂刻庐阳三贤集本。

卢忠肃公奏议 卷。明卢象升。 刻本。【补】光绪乙亥重刻卢忠肃公集十二卷，内奏议十卷。

华野疏稿五卷。郭琇。 家刻本。

胡文忠公集八十〔六〕（八）卷。胡林翼。 武昌局本。 初刻止十卷，此同治五年重编。奏议之外，书牍皆言政事，故附此类。

曾文正公奏议十卷，补编二卷。薛氏编。 苏州刻本。 〔曾文正公奏议三十二卷，光绪二年传忠书局编刻全集本，他刻本多不全。附书札三十三卷、批牍六卷。〕【补】曾氏家刻曾文正公全集本奏稿三十六卷。 李文忠公全集一百六十五卷，合肥李鸿章撰，皆奏议函电，多系清季军政、邦交史实，光绪三十一年江宁刻本，坊间影印本。

〔以上奏议〕

历代名臣奏议三百五十卷。明黄淮等编。 明经厂足本，通行本不全。 共九千七百二十叶。

明名臣奏议二十卷。乾隆四十六年敕编。 聚珍本，福本。

皇朝经世文编一百二十卷。贺长龄、魏源编。 长沙原刻本，翻本多讹。 此书最切用。 是书不尽奏议，此两体为多，陆燿切问斋文钞实开其先，不如此详。【补】经世文编有续编若干集，时异势迁，此书诚无所用，惟本列史部，以史料视之，固无害也。

〔以上汇集奏议〕

右诏令、奏议类

地理第十　今人地理之学，详博可据，前代地理书，特以考经文史事及沿革耳，若为经世之用，断须读今人书，愈后出者愈要。

王隐晋书地道记一卷，太康三年地记一卷。毕沅辑。　经训堂本。【补】广州局本，又汉学堂辑本。

阚骃十三州志二卷。晋阚骃。　张澍辑。　二酉堂本【补】顺德龙氏知服斋丛书重刻本一卷。

括地志八卷。唐魏王泰。　孙星衍辑。　岱南阁本。【补】武昌局正觉楼丛书本，吴县朱记荣刻槐庐丛书本，又汉学堂辑本。　唐贾耽贞元十道录，唐韦澳诸道山河地名要略，并唐人所写残卷，上虞罗振玉影印鸣沙石室古佚书本。

元和郡县志四十卷，唐李吉甫。**附拾遗二卷**。严观。　岱南阁本，又聚珍本、福本，无拾遗。【补】此书原名元和郡县图志，其图宋代已佚，遂改题今名，志亦残阙，实存三十四卷。　岱南阁本补目录一卷、遗文一卷。江宁局本，广州局本。光绪间定州王灏编畿辅丛书刻周梦堂校本，附张驹贤考证三十四卷、补目一卷、遗文一卷。严观元和郡县补志九卷，原刻本。江阴缪荃孙辑元和郡县图志佚文三卷，光绪间自刻云自在龛丛书本。

太平寰宇记一百九十三卷。宋乐史。　江西乐氏刻本，万廷兰刻本附一统志表。【补】原本二百卷，内阙七卷，一百十三至一百十九，江宁局本。遵义黎庶昌古逸丛书影宋本，补阙五卷半，存卷自一百十三至十七及十八之半卷，其版今在苏州局。善化陈运溶太平寰宇记拾遗七卷、辨伪六卷，光绪二十六年家刻麓山精舍丛书本。

元丰九域志十卷。宋王存等。　聚珍本，福本，冯集梧刻本。【补】江宁局本，广州局本。

舆地〔广〕记三十八卷，札记二卷。宋欧阳忞。　士礼居校本，又聚珍本、福本，无札记。【补】江宁局本，广州局本。

〔以上总地志，以下志一隅。〕

吴郡志五十卷，附校勘记。宋范成大。　守山阁本，汲古阁本，金壶本。【补】吴兴张钧衡择是居覆宋本。

吴郡图经续记三卷。宋朱长文。　得月簃本，琳琅秘室本，学津本。【补】苏州局本，吴兴蒋汝藻密韵楼覆宋本。

景定建康志五十卷。宋周应合。　岱南阁别行本。

咸淳临安志九十三卷，札记三卷。宋潜说友。　黄士珣校。汪远孙刻本。【补】汪版今归杭州局。　宋周淙乾道临安志残本三卷，粤雅堂续刻本，式训堂本，钱塘丁丙刻武陵掌故丛编本。宋施谔淳祐临安志残本六卷，仁和胡敬淳祐临安志辑逸八卷，武陵掌故丛编本。　宋陈公亮绍兴重修严州图经残本三卷，宋郑瑶方景定严州续志十卷，袁氏渐西村舍刻本。宋张淏宝庆会稽续志八卷，刻本。宋谈钥嘉泰吴兴志二十卷，刘氏嘉业堂刻本。宋陈耆卿嘉定赤城志四十卷，台州丛书本。宋罗愿淳熙新安志十卷，嘉庆刻本，光绪刻本。宋卢宪嘉定镇江志二十二卷、附二卷、校勘记二卷，元俞希鲁至顺镇江志二十一卷、校勘记二卷，道光刻本，近年刻本。宋杨潜绍熙云间志三卷，元杨潜至元昆山志六卷，徐氏观自得斋刻本。宋元四明六志八十三卷，内宋志三、元志三，鄞县徐时栋校，咸丰刻本。汇刻太仓旧志五种，二十六卷，内宋志三、元一、明一，太仓缪朝荃校刻本。　今存宋、元志书,外此尚多有,兹但就有新刻本者略补如上。

齐乘六卷。元于钦。　明刻本,乾隆间周氏刻本。

滇略十卷。明谢肇淛。　云南备征志本。

武功县志三卷。明康海。　党金衡重刻本,得月簃续刻本,三长物斋摘本。【补】武昌局本,成都存古书局本。

朝邑县志二卷。明韩邦靖。　〔五泉诗集附刻本〕,叶梦龙重刻本,得月簃续刻本,三长物斋摘本。此两志及国朝陆陇其灵寿县志十卷,最有名,然已为洪稚存、章实斋所议。【补】合肥唐定奎彭城合刻两志本,附有阳湖方楷勘证。

　　以上地理类古地志之属古志举最著而考证常用者。【补】溆浦向达辑唐以前四裔地志钩沈,未刊。

大清一统志五百卷。乾隆二十九年敕续编。　殿本。乾隆八年本止三百四十二卷。【补】通行排印、石印两本。嘉道间国史馆重修本,未刊。　顾炎武肇域志一百卷,未刊,稿藏天津某氏。

乾隆府厅州县图志五十卷。洪亮吉。　卷施阁集本。　一统志浩繁,此即其摘本。【补】武昌局本。

皇朝一统舆图三十二卷。胡林翼等。　武昌官本。　内府本难得,此本极详。【补】书目答问原刻后印本本行下增印舆地经纬度里表一卷,今人长沙荷池精舍刻本十九字。此表长沙丁取忠撰,在白芙堂算学丛书内。清内府舆图西洋教士奉敕测绘,有数种,皆铜板雕印,一康熙三十二叶本,一康熙分省分府小叶本,一乾隆十三叶本,又方略馆刻地图,未详年代,诸图今并罕见,康熙小叶本凡二百二十七叶,亦载图书集成内。满汉合璧清内府一统舆地秘图四十叶,民国十八年沈阳故宫博物院影印原刻铜版本。新化邹代钧大清中外舆地全图六十八叶,光绪间舆地学会广东刻本。 地图愈近出者愈切用,今武昌亚新地学社及上海坊间皆有新绘本,参谋部邮政局各省测绘局新制之图,尤为精确,又东西各国所印,亦可备考,不能尽举。

合刻恒星赤道经纬度图、一统舆图各一具。六严、李兆洛。 扬州平山堂刻本。 地舆必合星度以为准望,故统于地理。

皇朝地舆韵编,附舆图一卷。李兆洛。 江宁局本。

长江图十二卷。今人。 长沙黄氏刻本。 以江为纬,以郡县为经,故入地志。【补】此书长沙黄翼升撰。 武昌局本。

航海图一卷。武昌局本。

海运图说 卷。施彦士。求己堂八种本。 附此取便寻览。 陶澍编海运全案十二卷,江苏官本。【补】施书十五卷。

天下郡国利病书一百二十卷。顾炎武。 活字版本不善,〔湖北新刻本〕。【补】广州局本。

〔以上总志,以下分志。〕

日下旧闻考一百二十卷。乾隆三十九年敕撰。 殿本。【补】此就朱彝尊日下旧闻增补而成。 朱书四十二卷,六峰阁刻本。

龙沙纪略一卷。方式济。 借月山房本,述本堂诗集附刻本。

广陵通典〔十〕(三十)卷。汪中。扬州局本。【补】道光三年家刻本,上海中国书店编江都汪氏遗书影印本。

蜀典十二卷。张澍。　自刻本。【补】成都存古书局本。

黔书二卷。田雯。　古欢堂集附刻本，贵阳重刻本。【补】粤雅堂续刻本。

续黔书八卷。张澍。　自刻本。【补】粤雅堂续刻本。

三省边防备览十四卷。严如熤。　道光二年刻本。　此书虽边防，实是内地，故列此类。【补】吉林外纪十卷，道光间长白萨英额撰。黑龙江外纪八卷，嘉庆间长白西清撰。二书并有桐庐袁昶渐西村舍丛书本，上海文瑞楼影印袁本，广州局本。

平台纪略十一卷，附东征集六卷。蓝鼎元。　雍正〔癸卯元刻本〕，壬子广州重刻本。　详于台湾形势，故附此类。【补】鹿洲全集大、小二本，龙威秘书本，平台纪略皆一卷。

台海使槎录八卷。黄叔璥。　刻本。　舆前书同例。【补】道光十年刻本，光绪间定州王灏刻畿辅丛书本。

附录：国朝省志、府州县志善本。目列后。

浙江通志。　广东通志。阮元。　广西通志。谢启昆。　湖北通志。章学诚原稿。【补】原稿已残，检存稿四卷，未成稿一卷，民国十一年吴兴刘承幹刻入章氏遗书。又宣统二年武昌局排印章氏遗书四卷，即湖北通志检存稿。汾州府志。戴震。　泾县志。淳化县志。洪亮吉。　三水县志。孙星衍。　朝邑县志。钱坫。　偃师志。安阳志。武亿。　广德州志。周广业。　富顺县志。段玉裁。

嘉兴府志。伊汤安。　　和州志。亳州志。永清县志。天门县志。章学诚。【补】刘刻章氏遗书内有和州志残本三卷、永清县志十卷。天门县志乃其父励堂主撰,实斋佐其役。亳州志今罕见。诸志序例并见文史通义。凤台县志。李兆洛。　　怀远志。董士锡。　　长安志。董祐诚。　　郯城志。陆继辂。道光鄢陵志。洪符孙。　　遵义府志。郑珍、莫友芝。　　桂阳州志。今人。　　以上诸志皆有法。【补】桂阳州志,湘潭王闿运撰。　　王闿运湘潭县志。鲁一同邳州志、清河县志。南海邹伯奇、谭莹同撰南海县志。番禺陈沣番禺县志。鄞县董沛、徐时栋同撰鄞县志、慈溪县志。湘阴郭嵩焘湘阴县图志。江阴缪荃孙江阴县志。　　上补诸志并晚出之善者。

以上地理类今地志之属今志除总志外,举切用及雅赡有法者。

戴校水经注四十卷。魏郦道元。　　戴震校。　　聚珍本,杭本,福本,戴氏遗书本,〔湖北新刻丛书本〕。戴校以前,黄刻诸本皆逊,全祖望校水经注,灵石杨氏刻本未成,今京师印行者止百余叶。【补】水经旧题汉〔桑〕(桀)钦撰,后魏郦道元注。　　南昌局、广州局皆重刻聚珍本,四部丛刊影印聚珍本。　　全校水经注四十卷,光绪十四年宁波崇实书院刻本,无锡蒋氏刻本。长沙王先谦合校水经注四十卷,光绪间长沙思贤书局刻本,宝善书局影印巾箱本。江西新城杨希闵水经注汇校四十卷,光绪间福州刻本。

水经注释四十卷,刊误十二卷。赵一清。　　原刻本。【补】乾隆十九年赵氏家刻,乾隆五十一年毕沅开封刻本,光绪间四明张寿荣花雨楼刻本,光绪间会稽章寿康刻本。　沈钦韩水经注疏证四十四卷,胜赵释,未刊。宜都杨守敬水经注删要四十卷、补遗并续补四十卷,杨氏邻苏园刻本。

水经注释地四十卷,水道直指一卷,补遗一卷。张匡学。　嘉庆二年新安张氏刻本。【补】曲阜孔继涵水经注释地八卷,南陵徐乃昌刻积学斋丛书本,会稽章寿康刻单行本。番禺陈沣水经注西南诸水考三卷,广州局东塾遗书本。仁和丁谦水经注正误举例五卷,吴兴刘承幹求恕斋刻本。

水经注图一卷。今人。　武昌刻本。【补】此江宁汪士铎所撰。　江宁刻本,又附录一卷。　杨守敬水经注图八卷,此图尤精,邻苏园自刻朱墨印本。

水经注图说残稿四卷。董祐诚。　董方立遗书本。【补】会稽章寿康刻单行本。

〔以上水经之属〕

水道提纲二十八卷。齐召南。　原刻本。【补】乾隆四十一年传经书屋刻,湖南新化三味书室刻本。灌云武同举淮系年表不分卷,四册,民国十八年重订本,表排印,图石印。

行水金鉴一百七十五卷。郑元庆代傅泽洪撰。　通行本。【补】咸丰三年淮扬道署傅氏原刻本。

续行水金鉴一百五十六卷。黎世𤩽。　潘锡恩刻本。

〔以上水道总论,以下分论。〕

畿辅河道水利丛书十五卷,附图。吴邦庆。　道光四年刻本。九种。

三吴水利录四卷。明归有光。借月山房本,涉闻梓旧本。

江苏水利图说二十一卷。陶澍。　江苏官本。　七种。

浙西水利备考八卷。王凤生。　道光四年刻本。【补】杭州局本。

河工器具图说四卷。麟庆。　道光丙午刻本。

昆仑河源考一卷。黄宗羲。　指海本，守山阁本。【补】万斯同撰，此题黄名误。　借月山房本。守山阁未刻此书。

西域水道记五卷。徐松。　原刻本。【补】上海文瑞楼石印巾箱本。　番禺沈宗畸宣统元年刻晨风阁丛书内有西域水道记校补一卷。

海塘通志二十卷。方观承。　乾隆辛未刻本。

新译海塘辑要十卷。西洋人。　上海制造局刻本。【补】英国傅兰雅撰。

　　以上地理类水道之属

皇舆西域图志五十二卷。乾隆二十七年敕撰。　殿本。

新疆识略十卷。徐松代松筠撰。　刻本。【补】新疆图志一百十六卷，宣统间新城王树枏等撰，民国间东方学会排印本。

　　〔以上新疆〕

卫藏图志五卷。盛绳祖。　刻本。

西招图略一卷。松筠。　自刻本。【补】上海文瑞楼石印巾箱本。

　　〔以上西藏地〕

金川琐记六卷。李心衡。　珠尘本。

蛮书十卷。唐樊绰。　聚珍本，福本，云南备征志本，琳琅秘室本。【补】桐庐袁昶刻渐西村舍丛书本。嘉兴沈曾植蛮书校注,未刊。

蛮司合志十五卷。毛奇龄。 西河集本。【补】光绪间会稽徐友兰刻绍兴先正遗书本。

苗防备览 卷。严如熤。 刻本,〔道光癸卯重刻本〕。【补】此书二十二卷,嘉庆二十五年刻。

峒溪纤志三卷,志余一卷。陆次云。 说铃本。

番社采风图考一卷。六十七。 珠尘本。

〔以上川滇各边防〕

皇朝藩部要略十六卷,表四卷。祁韵士。 道光丙午家刻本。【补】杭州局本。 张穆蒙古游牧记十四卷,咸丰九年寿阳祁寯藻刻本,上海文瑞楼石印巾箱本。藤县苏演存中国境界变迁大势考不分卷,附图二十一叶,民国四年涵芬楼排印本。 吾国与外国所结条约及近人所记边界诸书,与边防地理极有关系,宜参览。边界非详图不明。如洪钧中俄交界图,许景澄西北中俄界图,曾寅中俄交界图,邓承修中越定界图,薛福成中缅定界图,胡惟德西藏全图,及清季官本新疆、奉天、黑龙江全省舆图,皆可备考,有印本。黄岩王彦威道、咸、同、光四朝筹办夷务始末记不分卷,三百六十册,民国十八年故宫博物院影印原稿本,未毕工,此非地理类书,附此。

〔此总括各边防〕

以上地理类边防之属

宣和奉使高丽图经四十卷。宋徐兢。 知不足斋本。

高丽国史一百四十卷。明郑麟趾。 朝鲜刻本。【补】麟趾,朝鲜人。日本排印本。 元高丽纪事一卷,萍乡文廷式自永乐大典辑出,乃元经世大典旧文,民国五年上海广仓学窘排印本。韩人金富轼三国史记五十卷,民国五年韩人金泽荣通州排印本。金泽荣韩国小史二十八卷、新高丽史五十三卷,民国间通州排印本。

琉球国志略十六卷。周煌。 聚珍本,家刻本。【补】续五卷,费锡章撰,嘉庆十三年刻本。

越史略三卷。明越南人。 守山阁本。【补】上海文瑞楼石印巾箱本。 元安南人黎崱安南志略十九卷,日本排印本,通州排印本。安南人吴士连大越史记全书二十四卷,日本排印本。

从征缅甸日记一卷。周裕。 借月山房本。 此非地志,附此。师范缅事述略一卷,在经世文编中。【补】元失名人至元征缅录一卷,守山阁本,上海文瑞楼石印本。

日本考略一卷。明薛俊。 得月簃初刻本。【补】嘉应黄遵宪日本国志四十卷,光绪十六年广州富文斋刻本,杭州局本。德清傅云龙游历日本图经三十卷,光绪十五年傅氏日本排印本。长沙王先谦日本源流考二十二卷,光绪家刻本。富阳缪凤林日本史籍提要不分卷,未刊。

异域录二卷。图理琛。 借月山房本,指海本。 多纪俄罗斯地理。【补】雍正元年刻单行本。 仁和丁谦异域录地理考证一卷,杭州局刻浙江图书馆丛书第二集本。

北徼汇编〔六〕(四)卷。何秋涛。 京师刻巾箱本。 此书稿本浩繁,咸丰间进呈,旋毁。今琉璃厂市有刻本,止〔六〕(四)卷,仍题何名,纪述详实,非出伪托。〔保定书局刻有朔方备乘图说一卷〕。【补】此书咸丰八年进呈,赐名朔方备乘,其稿未刊即毁,光绪间李鸿章属贵筑黄彭年就残稿补缀复还旧观,凡八十一卷,光绪某年京师刻足本,坊间石印本。

〔以上分志各国〕

海国闻见录〔附〕(略)图二卷。陈伦炯。　珠尘本。【补】昭代丛书续编本,道光间张氏易理刻本,长沙余肇钧刻明辨斋丛书本。

海录一卷。杨炳南。　海山仙馆本。【补】宋赵汝适诸蕃志二卷,自永乐大典辑出,非全帙,函海本,学津本,民国十　年广东中山大学排印本。嘉兴沈曾植岛夷志略广证二卷,古学汇刊排印本。明张燮东西洋考十二卷,惜阴轩丛书本,坊刻本。明黄省曾西洋朝贡典录三卷,指海刻校本。明马观瀛涯胜览一卷,明刻纪录汇编内有原本,改本二本。明费信星槎胜览二卷,上虞罗氏影印天一阁明钞足本。无锡薛福成东南海岛图经八卷,石印本。东邦近世史不分卷,清末人编译,武昌排印本。

职方外纪五卷。明艾儒略。　守山阁本,金壶本,龙威本。【补】艾儒略,意大利国人。

坤舆图说二卷。明南怀仁。　指海本。【补】南怀仁,比利时国人。

地球图说一卷。西洋蒋友仁译。　何国宗,钱大昕奉敕润色。　文选楼本。

瀛寰志略十卷。徐继畬。　原刻大字、重刻小字两本。【补】日本刻本,光绪间排印本,石印本。　瀛寰志续集五卷,英国慕维廉撰,补遗一卷,无锡薛福成撰,光绪间刻本,排印本,石印本。

海国图志定本一百卷。林则徐译,魏源重定。　咸丰壬子〔高邮编刻〕(广州重)定本,〔同治七年广州重刻本〕,〔光绪二年魏氏刻本〕。　初刻〔本〕止六十卷。

新译地理备考十卷。西洋玛吉士。　海山仙馆本。【补】玛吉士,西洋〔葡〕萄(葡)牙国人。

〔以上总志各国〕

新译海道图说十五卷,附长江图说〔一〕(三)卷。西洋人。　上海制造局刻本。　极有用。【补】英国傅兰雅译,怀远王德筠述。

以上地理类外纪之属古略今详者,录今人书。【补】欲明现势,右举诸书已不切用,时人编述,坊行多有,极应浏览,惟尚无详明雅正足名家者,兹不胪列。其通异域文者,能自考东西诸国原著最善。

三辅黄图一卷。庄逵吉校。　平津馆本,自刻本。【补】宋张敦颐六朝事迹编类十四卷,光绪十三年上元李滨仿宋绍兴建康府学刊本。

长安志二十卷。宋宋敏求。　经训堂本。

长安志图三卷。元李好文。　经训堂本。

唐两京城坊考五卷。徐松。　连筠簃本。【补】光绪间定州王灏刻畿辅丛书本。　大兴程鸿诏两京城坊考补一卷,光绪三十年江阴缪荃孙刻藕香零拾本。义乌朱一新、江阴缪荃孙同撰京师坊巷志十卷,附考正一卷,吴兴刘承幹刻求恕斋丛书本，又刻清光绪顺天府志第十三、四卷内。

两京新记一卷。唐韦述。　佚存丛书本，粤雅堂本。【补】武昌局正觉楼丛书本。　此书原本五卷，已残，存第三卷一卷。

宋东京考二十卷。周城。　原刻本。

汴京遗迹志二十四卷。明李濂。　国朝人校刻本。【补】毕沅刻。

历代帝王宅京记二十卷。顾炎武。　嘉庆戊辰顾氏刻本。【补】巴陵方功惠广州刻碧琳琅馆丛书本，吴县朱记荣刻槐庐丛书本。

历代山陵考二卷。借月山房本。　钱坫圣贤冢墓考十二卷，未刊。【补】历代山陵考明王在晋撰。　民国十七年上虞罗振玉排印殷礼在斯堂本。　上海朱孔阳历代陵寝备考五十卷、历代宗庙附考八卷，上海申报馆排印本。

〔以上都会〕

赵岐三辅决录二卷。晋挚虞注。　张澍辑。　二酉堂本，又茆辑十种本。【补】潮州郑氏龙溪精舍重刻张辑本。

辛氏三秦记一卷。二酉堂辑本。　张辑挚虞决疑要注，三辅旧事，三辅故事，刘昞十三州志，段龟龙凉州记，凉州异物志，西河旧事，喻归西河记，段国沙州记，皆刻二酉堂丛书内，篇叶无多，不别列。【补】严可均辑晋周处风土记三卷，有刻本，又辑晋张玄之吴兴山墟名一卷，宋山谦之吴兴记一卷，江阴缪荃孙刻入云自在龛丛书。善化陈运溶辑宋盛弘之荆州记三卷，又辑晋、宋人撰荆、湘地记二十九种，荆湖图经三十六种，并光绪二十六年家刻麓山精舍丛书本。唐失名人沙州图经，失名人西州图经，并唐人所写残卷，民国二年上虞罗振玉玻璃版印鸣沙石室古佚书本。王谟汉唐地理书钞，凡辑三四百种，未见刻本。

雍录十卷。宋程大昌。　通行本。

关中胜迹图志三十二卷。毕沅。　自刻本。

河朔访古记二卷。旧题元迺贤。　守山阁本。

昌平山水记二卷。顾炎武。　亭林遗书本。

洛阳伽蓝记五卷，集证一卷。魏杨衒之。　吴若准集证校刻本，丛书多有，吴本最善。【补】武进董康玻璃版印明如隐堂刻本五卷，上虞罗振玉玉简斋丛书本五卷。

洛阳名园记一卷。宋李格非。　海山仙馆本，津逮本，学津本。【补】涵芬楼影印明刻顾氏文房小说本。

渚宫旧事五卷，补遗一卷。唐余知古。　平津馆本。【补】金壶本，罗振玉吉石盦玻璃版印本。

〔以上古迹〕

南方草木状三卷。晋嵇含。　汉魏丛书本。

荆楚岁时记一卷。梁宗懔。　汉魏丛书本。

北户录三卷。唐段公路。　说郛及他丛书本皆不全。【补】光绪间归安陆心源十万卷楼刻足本。

岭表录异三卷。唐刘恂。　聚珍本，杭本，福本。【补】南昌局重刻聚珍。

益部方物略记一卷。宋宋祁。　津逮本，学津本。

桂海虞衡志一卷。宋范成大。　古今逸史本，唐宋丛书本，说海本。

岭外代答十卷。宋周去非。　知不足斋本。

岁华纪丽谱一卷,附笺纸谱一卷,蜀锦谱一卷。元费著。续百川本。【补】金壶本,学海类编内成都游宴记即此书。

闽中海错疏三卷。明屠本畯。 珠尘本,学津本。

〔以上物产〕

舆地纪胜二百卷。宋王象之。 广州新刻本,阙〔三〕(二)十二卷。【补】南海伍氏粤雅堂刻单行。

〔此总录〕

以上地理类杂地志之属都会、山水、古迹、人物、物产、杂记,录古雅者。

右地理类山志游记如说嵩、岱览之属,今日通行有版本者凡数十种,以非切要,不录。 杂地志如桂胜、楚宝、晋乘搜略之属,止关一方,又非古籍,不录。【补】南清河王锡祺小方壶斋舆地丛钞一千二百种、续编五十八种、再补编一百八十种,所收皆清人地理杂著,光绪间王氏排印本。

政书第十一

通典二百卷。唐杜佑。 明刻本,殿本三通合刻,崇仁谢氏合刻本,广州重刻本。【补】同治间广州学海堂翻殿本通典,今版在广州局。杭州局本九通合刻。

通志二百卷。宋郑樵。 明刻本,殿本三通合刻,谢刻本,广州重刻本。提要入别史类,今附于此,以便寻检。【补】杭州局本。

通考三百四十八卷。元马端临。 明刻本,殿本三通合刻,谢刻本,广州重刻本。【补】杭州局本。　书名文献通考,简称通考。

续通典一百四十四卷。乾隆三十二年敕撰。　殿本。【补】广州局本,杭州局本。

续通志五百二十七卷。同上。同上。【补】杭州局本。

续通考二百五十二卷。乾隆十二年敕撰。　殿本。【补】杭州局本。　明王圻续文献通考二百五十四卷,明万历癸卯刻本。

皇朝通典一百卷。乾隆三十二年敕撰。　殿本。【补】广州局本,杭州局本。

皇朝通志二百卷。同上。同上。【补】杭州局本。

皇朝通考二百六十六卷。乾隆十二年敕撰。　殿本。【补】杭州局本。

　乌程刘锦藻皇朝续文献通考三百二十卷,排印初稿本。

通志略二十卷。明刻本,金坛于氏重刻本。　止刻其二十略,非删节也,读通志者,以此为便,与他删本不同。

文献通考正续合编　卷。通行本。

　　以上政书类历代通制之属三通为体,通贯古今,故别为类。

汉制考四卷。宋王应麟。　津逮本,学津本,玉海附刻本。

西汉会要七十卷。宋徐天麟。　江藩校胡森刻本,聚珍本,福本,苏州活字版本。【补】广州局重刻聚珍本,苏州局本。

东汉会要四十卷。同上。　钱仪吉三国会要未刊,序例一卷,在衎石斋记事初稿中。【补】东汉会要,广州局重刻聚珍本,苏州局本。　钱仪吉三国会要稿本,凡五册,旧藏萧山汤纪尚处。钱又撰晋会要、南北朝会要,皆未成。晋会要稿,旧亦在汤氏。黄岩杨晨三国会要二十二卷,家刻台州丛书后集本。

唐会要一百卷。宋王溥。　聚珍本,福本。【补】广州局重刻聚珍本,苏州局本。

五代会要三十卷。宋李攸。　聚珍本,福本。【补】宋王溥撰,此作李攸,误。　广州局重刻聚珍本,苏州局本,金壶本。

宋朝事实二十卷。宋李攸。　聚珍本,福本。　徐松辑宋会要　百卷,宋中兴礼书二百三十一卷,续礼书六十四卷,又半卷,未刊。【补】宋朝事实,南昌局重刻聚珍本,金壶本。　宋会要,宋章得象撰,徐松辑,凡三百六十卷,光绪间广州局刻,未见印本,民国间吴兴刘承幹刻本,未毕工。

〔以上制度〕

谥法四卷。宋苏洵。　金壶本,钱熙祚刻珠丛别录本。【补】附嘉祐集本。

崇川刘长华汉晋迄明谥考十卷,槐云阁刻本。孙星衍、严可均同辑谥法三卷,未刊。

汉官六种。汉官一卷,汉官解诂一卷,汉王隆撰,胡广注。　汉旧仪二卷,补遗二卷,卫宏。　汉官仪二卷,应劭。　汉官典职仪式选用一卷,蔡质。　汉仪一卷,吴丁孚。　平津馆本。【补】卫宏汉官旧仪二卷,四库馆臣自永乐大典辑出,孙星衍重校补遗二卷,余数种皆孙星衍辑。　成都存古书局重刻本,顺德龙凤镳刻知服斋丛书本。又汉官仪,江宁局仿宋本,涵芬楼续古逸丛书(宋)影印〔宋〕绍兴本。

唐六典三十卷。唐玄宗。　刻本。　提要入职官,今附此。【补】嘉庆五年扫叶山房刻本,苏州局本。秘书监志十一卷,元王士点、商企翁同撰,民国五年上海广仓学宭排印本,此书提要入职官,今亦附此。元典章六十卷,附新集二卷,不著撰人名氏,民国间武进董康影刻元本。大元马政记一卷,大兴徐松自永乐大典辑出。大元画塑记、仓库记、毡罽工物记、官制杂记各一卷,萍乡文廷式自永乐大典辑出。以上五种,皆元经世大典旧文,民国五年上海哈同花园排印广仓学宭丛书本。

明会典一百八十卷。明弘治十年官修。　原刻本。【补】广州局本。

　　〔以上职官〕

　　以上政书类古制之属唐开元礼一百五十卷,宋政和五礼新仪二百二十卷,金集礼四十卷,明集礼五十三卷。除明集礼外,有传钞本,未见刻本。开元礼多采入通典内。【补】金集礼,金张暐等撰,光绪间广州局刻,缪校本附校记、识语各一卷。太常因革礼一百卷,宋苏洵等撰,光绪间广州局刻,缪校本附校识一卷。

大清会典图说事例一千一百三十二卷。嘉庆二十三年四次敕撰。

　殿本礼部印行。康熙三十三年、雍正五年、乾隆二十九年本,皆止会典一百卷,乾隆本增则例一百八十卷,坊行巾箱本单刻会典一百卷。【补】又光绪十二年五次敕撰会典一百卷,会典事例一千二百二十卷,会典图七十四册,殿本,涵芬楼石印原版本。

大清通礼五十四卷。道光四年敕修。　殿本,贵阳重刻官本,乾隆二十一年本五十卷。【补】苏州局重刻道光四年本。

皇朝礼器图式二十八卷。乾隆二十四年敕撰,三十年校补。　殿本。

历代职官表六十三卷。乾隆四十五年敕撰。　殿本,三长物斋本。　提要入职官,今附此。因会要旧入政书,此亦其类。【补】光绪间广州局翻殿本。此书七十一卷,三长物斋刻黄本骥摘本止六卷。上海王氏重刻黄摘本。

吾学录初编二十四卷。吴荣光。　广州刻本,〔武昌局本〕。【补】苏州局本。

　　以上政书类今制之属今日官书,如品级、处分、赋役、漕运、盐法、税则、学政、科场、枢政、军需、刑案、工程、物料、台规、仪象志、各部则例之属,各有专书,所司掌之,四库皆不著录。各省官司,以吏牍编纂成书者尤多,其纲要已具会典诸书,并散见经世文编中。【补】此所云今制,已成古制,民国以来之政制,当于法令、议案、报章、年鉴等种求之。

　　右政书类

谱录第十二

崇文总目辑释五卷,补遗一卷。宋王尧臣等。　钱东垣等辑。　汗筠斋本,粤雅堂重刻本。【补】常熟鲍廷爵刻后知不足斋本。　南京龙蟠里图书馆藏钞本崇文总目六十六卷,止载书名,无解题,其书已尽括钱辑五卷本内,不如钱本。　宋秘书省续到四库阙书目考证二卷,宋绍兴间官撰,湘潭叶德辉考证,光绪二十八年叶氏观古堂刻本。

宋衢州本郡斋读书志二十卷。汪士钟校刻本。　此本善。【补】光绪间会稽章寿康刻本。光绪十年长沙思贤精舍刻王先谦校本,附赵氏附志二卷。王氏以袁本校衢本尤善。

宋袁州本郡斋读书志四卷,后志二卷,宋晁公武。**考异一卷,附志一卷**。宋赵希弁。　海宁陈氏刻本。【补】道光十年晁贻端刻本,故宫博物院影印宋本。

子略四卷,目录一卷。宋高似孙。　学津本,百川本。【补】照旷阁本即学津本。　高似孙史略六卷,遵义黎庶昌古逸丛书覆宋刻本,其版今在苏州局。章学诚史籍考三百二十五卷,未刊,残稿藏美国国会图书馆,叙录总目已刊在刘刻章氏遗书内。诸暨郑鹤声正史汇目不分卷,此编欲弥章书未行之憾,用意与实斋相似,有云南高等师范学校油印本。

直斋书录解题二十二卷。宋陈振孙。　聚珍本,杭本,福本。【补】南昌局重刻聚珍本,苏州局本,光绪间富顺考隽堂刻巾箱本。

四库全书总目提要二百卷。乾隆四十七年敕撰。　殿版大字本,〔杭〕(扬)州小字本,广州小字本。【补】广州小字本同治七年广州局刻,乾隆间湖州沈氏刻小字本,福建翻殿本。上海大东书局缩印殿本,附四库未收书目提要五卷,索引四卷。　周中孚郑堂读书记七十一卷,体例与提要相似,民国十年吴兴刘承幹刻吴兴丛书本。

四库简明目录二十卷。同上。　翻阅较便,惟四库归存目者,简明目录无之,亦间有与提要不合者。【补】乾隆六十年湖州沈氏刻本,乾隆间谢启昆刻本,同治七年广州局刻本,坊刻通行本,又乾隆四十九年赵怀玉杭州刻本。　仁和邵懿辰四库简明目录标注二十卷,专记版本,邵亭知见传本书目,多录自此书,宣统三年邵氏家刻本。

四库未收书目提要五卷。阮元。　即挈经室外集。　原刻本。一百七十五种。【补】广州局刻挈经室全集本，又光绪八年傅以礼校订本四卷，改题挈经室经进书录，刻入七林堂校录汇函。

千顷堂书目三十二卷。黄虞稷。　孙星衍孙祠书目，未刊。【补】黄目乃明史艺文志稿，视明史尤精博，所附宋、辽、金、元人书，则补四史之阙略者，此书旧但有传钞本，民国五年吴兴张钧衡刻入适园丛书。海宁王国维千顷堂书目校本，未刊。　孙星衍孙氏祠堂书目内编四卷、外编三卷，嘉庆十五年金陵孙氏祠堂刻本，此云未刊，误。孙目重刻有德化李氏木犀轩丛书本。

古今伪书考一卷。姚际恒。　知不足斋本。【补】长沙经济堂刻单行本，沔阳卢靖慎始基斋丛书本，又上海大东书局排印武进顾实重订本。　明胡应麟四部正讹三卷，广州局刻少室山房笔丛本。

目录之学，最要者汉书艺文志，隋书经籍志，经典释文叙录，旧唐书经籍志，新唐书、宋史、明史艺文志。【补】经典释文，江宁局刻，其叙录单行。正史艺文、经籍志六种，补志四种，日本人合刻为八史经籍志，光绪间镇海张寿荣重刻。补志亦要，已见正史类。吴县朱师辙清史艺文志稿四卷，民国十七年北京清史馆排印单行本。

文献通考中经籍考，虽非专书，尤为纲领。朱彝尊经义考极要，已入经部。阮孝绪七录序目、在广宏明集内，及续古文苑。【补】亦在严可均全梁文内。

文选注引书目、文选理学权舆卷二。太平御览引用书目、卷首。

三国志注引书目，在赵翼廿二史札记内。**亦要**。【补】此三种引书目，可补隋志所未备。　意林引书目在宋洪迈容斋续笔及明胡应麟少室山房笔丛内。太平广记引用书目在本书卷首。　北京大学研究所编艺文类聚引用书目一卷、太平御览引用书目补遗一卷、太平广记引用书增订目录一卷，并未刊。湘潭叶德辉世说新语引用书目一卷，长沙思贤书局王校世说新语附刻本。归安沈家本辑注三国志注书目二卷、世说注书目二卷、续汉书注书目三卷、文选注书目六卷，合称古书目四种，末一种未刊，余均刻入沈寄簃先生遗书乙编中。宜都杨守敬水经注、世说新语、齐民要术、初学记引用书目四种，未刊，稿藏南城李氏宜秋馆。

其余若遂初堂、明文渊阁、焦竑经籍志、菉竹堂、世善堂、绛云楼、述古堂、敏求记、天一阁、传是楼、汲古阁、季沧苇、浙江采进遗书、文瑞楼、爱日精庐各家书目，或略或误，或别有取义，**乃藏书家所贵，非读书家所亟，皆非切要**。坊行汇刻书目、续书目，亦可备览，但未详核，亦多芜杂，活字本尤劣。【补】汇刻书目不分卷，二十册，石门顾修编，仁和朱氏增补，通行本，又嘉庆间顾氏原刻本十卷，活字本附续书目二卷。上虞罗振玉续汇刻书目十卷，延平范氏双鱼堂刻本，续汇刻书目闰集，罗氏自刻本。增订丛书举要八十卷，杨守敬、李之鼎增订，民国七年李氏南昌排印本，杨氏原刻止六十卷。顾、杨目皆丛书汇目。书目举要一卷，汉阳周贞亮、南城李之鼎同编，乃书目之书目，民国间李氏宜秋馆本。

以上谱录类书目之属此类各书，为读一切经史子集之途径。

姓氏急就篇二卷。宋王应麟并自注。　玉海附刻本。

元和姓纂十八卷。唐林宝。　嘉庆七年洪〔莹〕〈氏〉〔校〕刻本。【补】江宁局本。　原本久佚,此从永乐大典辑出,书本十卷,提要著录作十八卷,歙县洪莹与孙星衍重校辑,仍分十卷。　罗振玉元和姓纂校勘记二卷、佚文一卷,罗氏排印雪堂丛刻本。

古今姓氏书辨证四十卷,校勘记三卷。宋邓名世。　守山阁本,又洪〔梧〕刻本。

姓氏五书。姓韵,辽金元三史姓录附西夏姓,姓名寻源,姓氏辨误,古今姓氏书目考证。　张澍。　止刻寻源、辨误两种。

史姓韵编六十四卷。汪辉祖。　家刻本,江宁活字版本。【补】慈溪冯氏校刻本,石印本。　持此书以检正史列传极便捷。

九史同姓名略七十二卷,补遗四卷。汪辉祖。　家刻本。古今同姓名录二卷,旧题梁元帝撰、唐陆善经续,元叶森补,函海本。【补】汪书广州局重刻本。　崇川刘长华历代同姓名录二十三卷,槐云阁刻本。

辽金元三史同名录四十卷。汪辉祖。　家刻本。【补】广州局重刻本。

名疑四卷。明陈士元。　借月山房本。【补】泽古丛钞本,指海续刻本,皆借月山房版。归云别集本,武昌局刻湖北丛书本。

避讳录五卷。黄本骥。　三长物斋本。　此书尚略。　周广业经史避名汇考四十六卷,未刊。【补】莆田周榘廿二史讳略一卷,光绪间仁和葛元煦刻啸园丛书本。南海陈垣史讳举例不分卷,民国十七年排印入燕京学报。

　　〔以上姓名之属〕

周公年表一卷。牟廷相。 福山王氏刻本。【补】会稽赵之谦刻单行本,贵池刘世珩刻聚学轩丛书本。

孔孟年表二卷。林春溥。 竹柏山房十一种本。

颐志斋四谱四卷。丁晏。 六艺堂自刻本。 郑君、陈思王、陶靖节、陆宣公。 孙星衍、阮元皆有郑康成年谱刻本。【补】为郑君表谱者,尚有沈可培、王鸣盛、孙星衍、袁钧、陈鳣、洪颐煊、侯登岸、郑珍诸家,沈谱昭代丛书壬集本,王表在蛾术编内,孙谱附高密遗书后,袁纪年附郑氏佚书后,洪、侯谱刻本,郑谱在郑学录内,陈谱未见。林春溥郑大司农、蔡中郎年谱合表一卷,以沈可培、王昶二家所编为蓝本,光绪九年侯官杨浚刻本。海宁王国维太史公系年考略一卷,民国五年上海广仓学窘排印本,亦在观堂集林内。安化陶澍、新会梁启超亦有陶靖节年谱,皆就宋人所编加以订正,澍谱附渊明集辑注后,梁谱有排印本。平定张佩芳、新城杨希闵皆有陆宣公年谱,张谱附翰苑集注后,杨谱杨氏十五家年谱本,光绪四年福州刻。

韩柳年谱八卷。宋吕大防文公集年谱一卷,宋程俱韩文公历官纪一卷,宋洪兴祖韩子年谱五卷,宋文安礼柳先生年谱一卷。 马曰璐合刻本,粤雅堂本。【补】顾栋高司马温公年谱八卷、谱后一卷、遗事一卷,吴兴刘承幹刻求恕斋丛书本。又陈宏谟温公谱,在司马文正公传家集内。金溪蔡上翔王荆公年谱二十五卷、杂录二卷,梁启超王荆公传多据是书,乾嘉间原刻本。又顾栋高荆公谱,求恕斋本。

朱子年谱四卷,考异四卷,附录二卷。王懋竑。 家刻本,粤雅堂本。【补】道光间江宁重刻本,武昌局本,杭州局本。 远胜宋、明人所撰,或云王谱事实太略,明李默五卷本,亦不可废。

重编陆象山年谱二卷。李绂编。　刻本。

洪文惠、洪文敏、陆放翁、王伯厚、王弇州年谱各一卷。钱大昕。

潜研堂本。【补】光绪十年湖南龙氏重刻本。稻香吟馆刻本，书名作屠守斋所编年谱五种。泾县洪汝奎亦编刻洪文惠、洪文敏年谱，与洪忠宣、洪文安年谱合称四洪年谱，洪氏晦木斋本。赵翼陆放翁年谱，未见传本。鄞县陈仅王深宁年谱一卷，陈余山丛书本，四明文献集本。仁和张大昌王伯厚年谱一卷，杭州局刻，附玉海后。

顾亭林年谱四卷，阎潜邱年谱四卷。张穆。　　合刻原本，粤雅堂本。【补】吴兴刘承幹嘉业堂丛书单刻张穆顾亭林年谱。张氏以前，顾衍、吴映奎、车守谦、胡虔、周中孚、徐松诸人，亦撰顾谱，胡、周、徐未刊，余有刻本，皆不如张。

段玉裁戴东原先生年谱一卷，段氏经韵楼本，四部丛刊影印段刻本，宣统间渭南严氏重刻本，皆附东原集后。桐城郑福照姚惜抱先生年谱一卷，同治七年刻本。钱大昕自订竹汀居士年谱一卷，曾孙庆曾注，杭州局刻，附十驾斋养新录后。绩溪胡适章实斋先生年谱　卷，民国十一年涵芬楼排印本，胡编此谱，未及见刘刻遗书，采摭尚有未备。淮阴范耕研章实斋年谱，未刊。

杜工部诗年谱，宋鲁訔原本，今为各注家以意更定。附集内。**苏文忠公年谱总案**，王文诰。附苏诗编注集成内。其余前代闻人，国朝人，多为编定年谱，或附集，或单行，不备录。【补】钱大昕疑年录四卷，海盐吴修续四卷，记汉以来学人生卒年寿，嘉庆十八年吴修刻本，粤雅堂本，光绪间福山王懿荣天壤阁重刻本，常熟顾湘小石山房丛书本。疑年录并续者五、六家，武进张惟骧合编为疑年录汇编十六卷，附分韵人表一卷，有民国十四年刻本。吴荣光历代名人年谱十卷,乃未成之书,亦可备考,原刻本,北京重刻本。 坊行人名大辞典,可备检查。

〔以上年谱之属〕

以上谱录类姓名、年谱之属

竹谱一卷。六朝宋戴凯之。 汉魏丛书本。【补】百川学海本,龙威秘书本,湖北先正遗书本。

茶经三卷。唐陆羽。 学津本,百川本。

北山酒经三卷。宋朱翼中。 知不足斋本。

广群芳谱一百卷。康熙四十七年敕撰。 殿本,重刻通行本。【补】群芳谱三十卷,明王象晋撰。 固始吴其濬植物名实图考前编三十八卷、长编二十二卷,道光间蒙自陆应毂校刻,山西濬文书局补印本,涵芬楼排印本。

奇器图说一卷。明邓玉函。**诸器图说一卷**。明王徵。 守山阁本,通行本。【补】邓玉函,西洋日耳曼人。

以上谱录类名物之属

右谱录类依隋书经籍志入史部。

金石第十三

金石之学,今为专家,依郑夹漈例,别出一门,无考证者不录,疏舛者不录。

集古录跋尾十卷。宋欧阳修。**目五卷**。欧阳棐。 三长物斋合刻本,跋尾附集本。【补】光绪间吴县朱记荣金石丛书重刻三长物斋本,何焯校本,未刊,写本旧藏丰顺丁氏持静斋。　江阴缪荃孙辑宋欧阳棐集古录目十卷,自刻云自在龛丛书本。

金石录三十卷。宋赵明诚。　雅雨堂本。又三长物斋本,凡欧录所有者,旁加墨圈,便于检核。　欧、赵二书,其要在目录,故列目录之属。【补】朱记荣重刻三长物斋本。光绪三十一年仁和朱氏结一庐重刻汲古阁本,附江阴缪荃孙札记一卷,今存碑目一卷,此版今归吴兴刘氏,编入嘉业堂丛书。

金石录补二十七卷,续跋七卷。叶奕包。　涉闻梓旧本。【补】朱记荣重刻本。

舆地碑记目四卷。宋王象之。　潘氏滂喜斋刻本。【补】道光十年上元车氏刻本,永康胡凤丹刻金华丛书本,粤雅堂续刻本。

蜀碑记一卷。宋王象之。　永康胡氏刻金华丛书本。　函海内蜀碑记补,不善。

宝刻丛编二十卷。宋陈思。　翁刻本。【补】道光间海丰吴式芬刻本,光绪间归安陆心源刻十万卷楼丛书本。

宝刻类编八卷。宋阙名。　刘喜海刻本。【补】粤雅堂续刻本。

寰宇访碑录十二卷。孙星衍、邢澍。　平津馆本。【补】苏州局本,朱记荣刻本。　上虞罗振玉寰宇访碑录刊谬一卷,自刻本。

寰宇访碑录补十二卷。今人。　自刻本。【补】此书五卷,附佚编一卷,会稽赵之谦撰。　朱记荣重刻本。　缪荃孙寰宇访碑续录不分卷,宜都杨守敬续寰宇访碑录十二卷,未刊。海丰吴式芬攈古录二十卷,自刻本。

金石萃编一百二十七卷。王昶。 原刻本。 严可均编平津馆金石萃编正续三十一卷，未刊。【补】王书一百六十卷，民国十年上海扫叶山房石印小字本。 严书吴兴刘氏希古楼刻未毕工。 王昶金石萃编未刻稿三卷，民国七年罗振玉石印钞本。罗振玉金石萃编校字记一卷，光绪十一年自刻。黄本骥金石萃编补目三卷，贵池刘世珩刻聚学轩丛书本。大兴方履篯金石萃编补正四卷，附渑池、新郑、鹿邑碑目，光绪甲午石印本，民国十年上海扫叶山房石印本。仁和王言金石萃编补略二卷，光绪八年刻本。武进陆耀遹金石续编二十一卷，太仓陆增祥刻本，上虞罗振玉重刻本，民国十年上海扫叶山房石印小字本。归安陆心源金石续编二百卷，家刻本。太仓陆增祥八瓒室金石补正一百三十卷，目录三卷，附金石札记四卷、金石祛伪一卷、元金石偶存一卷，民国十四年吴兴刘氏刻希古楼丛书本。

两汉金石记二十二卷。翁方纲。 苏斋丛书本。 以上二书，兼目录、文字。【补】汉石存目二卷，魏晋石存目一卷，福山王懿荣编，诸城尹彭寿、上虞罗振玉补，罗氏排印雪堂丛刻本。黄本骥元碑存目一卷，聚学轩丛书本。海宁王国维宋代金文著录表一卷、国朝金文著录表六卷，雪堂丛刻本，王氏排印观堂遗书本。

潜研堂金石目八卷。钱大昕。 潜研堂本。【补】光绪间长沙龙氏重刻本。 江阴缪荃孙艺风堂金石目十八卷，光绪三十二年刻本。

金石学 卷。国朝人。 原刻本。 记近人为金石之学者。【补】国朝人，书目答问原刻后印本改作李遇孙三字。 李书四卷，名金石学录，乃记古今人为金石之学者，丹徒刘氏刊行，上海神州国光社有古学汇刊排印本。 陆心源金石学录补四卷,光绪间家刻本。余杭褚德彝金石学录续编二卷、拾遗一卷,民国间活字本。

以上金石目录之属

考古图十卷,续图五卷,释音五卷。宋吕大防。 通行本。【补】考古图一作宋吕大临撰,续图宋人撰,阙名,释文一卷,宋赵九成,此作释音五卷误。

乾隆十八年天都黄晟亦政堂刻本无续五卷,附元朱德润集古玉图二卷。归安陆心源十万卷楼刻续考古图五卷、释文一卷。

宣和博古图三十卷。宋王黼等。 通行本。【补】黄氏亦政堂刻本。

王复斋钟鼎款识一卷。阮刻本,〔叶氏重刻本〕。【补】影印阮刻本。

啸堂集古录二卷。宋王俅。 明刻本。 摹篆形,故列此。【补】嘉庆十七年张蓉镜醉经堂刻本,附考异一卷,涵芬楼续古逸丛书影印宋淳熙刻本。

西清古鉴四十卷。乾隆〔十〕四年敕撰。 殿本。【补】乾隆十四年敕撰。

日本翻殿本,坊间石印本,铜版仿殿本。 宁寿鉴古十六卷,西清续鉴甲编二十卷,附录一卷,并乾隆间敕撰。涵芬楼影印清内府写本,又乙编,未刊。

金石经眼录一卷。褚峻图,牛运震说。 原刻本。 即金石图上卷。【补】金石图四卷,贵池刘世珩刻本。

金石苑。无卷数。 刘喜海。 自刻本。【补】贵池刘世珩刻本,石印本。

瞿中溶汉武梁祠画像考八卷,吴兴刘氏希古楼金石丛书本。

钱录十六卷。乾隆十六年敕撰。 殿本。 严可均古今钱图三十卷,钱东垣钱志二卷,钱侗历代钱币图考二十卷、古钱待访录二卷：未刊。【补】钱录金壶本,亦附西清古鉴后。　利津李佐贤古泉汇六十卷、续十四卷、补遗二卷,同治三年家刻本。华亭马昂货布文字考四卷,道光二十二年金山钱氏兰隐园刻本,民国十三年上虞罗振玉重印本。元和蔡云癖谈六卷,道光七年苏州刻本,式训堂丛书本。杨守敬古钱薮,原拓本。罗振玉四朝宝钞图录一卷,玻璃版影印本。

薛、阮、吴诸家款识,已入经部小学类。

小蓬莱阁金石文字。无卷数。黄易。　自刻本。【补】宜都杨守敬重刻本。

随轩金石文字〔九〕（八）种。无卷数。　徐渭仁。　自刻本。【补】钱坫

十六长乐堂古器款识考四卷,嘉庆元年自刻本。海盐张廷济清仪阁集,古款识一卷,东武刘氏款识一卷,并涵芬楼影印写本。嘉兴徐同柏从古堂款识学十六卷,同文书局影印写本。海丰吴式芳攗古录金文三卷,自刻本。潍县陈介祺簠斋吉金录不分卷,上海神州国光社影印本。吴县潘祖荫攀古楼彝器款识不分卷,原刻本。吴县吴大澂恒轩吉金录不分卷,光绪十一年刻本,愙斋集古录附释文剩稿,涵芬楼影印原拓本。浭阳端方匋斋吉金录八卷、续录二卷,上海有正书局影印本。嘉鱼刘心源奇觚室吉金文述二十卷,影印本。杭县邹安周金文存六卷,上海广仓学窘玻璃版印艺术丛编本。罗振玉殷文存二卷,殷墟古器物图录一卷,古器物范图录三卷,古明器图录四卷,并艺术丛编本,梦郼草堂吉金图三卷、续编一卷,隋唐以来官印集存三卷,齐鲁封泥集存一卷,历代符牌录三卷,后录一卷,古镜图录三卷,并罗氏自印玻璃版本。东莞容庚宝蕴楼彝器图录不分卷,燕京大学玻璃版影印拓本。开封关百益新郑古器图录不分卷,二册,民国十

八年玻璃版影印拓本。

以上金石图象之属缩摹百汉碑砚石刻拓本，较褚图为详，可考汉刻原式，非玩物也。

古刻丛钞一卷。明陶宗仪。 平津馆本，读画斋本。【补】知不足斋本，光绪间葛氏学古斋刻金石丛书本。

金薤琳琅二十卷。明都穆。【补】乾隆四十三年卢文弨校刻本，葛氏学古斋刻本。

石墨镌华六卷，附录二卷。明赵崡。 知不足斋本。【补】葛氏学古斋刻本。

古志石华三十卷。黄本骥。 三长物斋本。

金石存十六卷。吴玉搢。 道光刻本。【补】李调元刻在函海内，嘉庆二十四年山阳李宗昉闻妙香室刻本善，影印嘉庆刻本。

金石文字记六卷。顾炎武。 亭林遗书本，借月山房本，指海本。【补】葛氏学古斋刻本。

潜研堂金石跋尾二十五卷。钱大昕。 潜研堂本。 钱师征金石文字管见录二卷，未刊。

金石三跋十卷。武亿。 授经堂本。【补】武亿授经堂金石续跋十四卷，嘉庆元年授经堂本。

铁桥金石跋四卷。严可均。 铁桥漫稿内。【补】贵池刘世珩刻聚学轩丛书本。

平津读碑记八卷，续记一卷，再续一卷，三续二卷。洪颐煊。

传经堂本。【补】光绪间德化李氏木犀轩、吴县朱氏槐庐，皆刻正续九卷。

古墨斋金石文跋六卷。赵绍祖。　续泾川丛书本。　瞿中溶官印考证

卷，家刻本，未毕工。【补】赵书贵池刘世珩刻聚学轩丛书本。瞿中溶集古官印
考证七卷，附符考一卷，光绪十五年刻成，近年东方学会有重印铅字本。封泥考
略十卷，海丰吴式芬、潍县陈介祺同撰，光绪三十年上海石印本。

秦汉瓦当文字一卷。程敦。　乾隆丁未刻本。【补】此书二卷，又续一卷。

罗振玉秦汉瓦当文字五卷，自刻本。临海宋经畲砖文考略四卷，上海广仓学
窘排印本。

吉金所见录十六卷。祁书龄。　嘉庆己卯刻本。　钱坫镜铭集录四卷、

钱东垣丰宫瓦当文考一卷、钱师征汉玉刚卯考〔一〕卷，未刊。【补】吉金所见录，
乃钱谱、初尚龄撰，嘉庆己卯初氏家刻本，此作祁书龄，误。　钱坫浣花拜石轩镜
铭集录二卷，钱东垣丰宫瓦当文考一卷，并嘉庆间刻本，此云未刊，误。镜铭集
录，近年有海宁陈氏编百一庐金石丛书影印原刻本。　罗振玉殷商贞卜文字考
一卷，宣统二年石印本。王国维殷卜辞中所见先公先王考一卷、续考一卷，上海
广仓学窘排印本，亦在观堂集林内。流沙坠简三卷、考释三卷、补遗一卷，罗振
玉、王国维同编释，宣统间罗氏玻璃版影印本。王国维简牍检署考一卷，罗氏云
窗丛刻本，王氏观堂遗书本。龟甲、竹简，非金石，附此。

附录国朝各省金石书精审者。皆举有刻本者，其止考一碑者不录，目

列后。

京畿金石考上下卷。孙星衍。【补】岱南阁刻单行本，道光间惜阴轩刻本，光绪间滂喜斋刻本，朱记荣刻本。江左石刻文编卷。韩履卿。【补】十卷。　韩氏名崇，字履卿，元和人。　此书未刊，稿藏闽侯林氏石庐。　缪荃孙江苏金石志二十四卷、待访目二卷，民国十六年石印，江苏通志稿单行本。

两浙金石志十八卷，补遗一卷。阮元。【补】道光间广州刊本，光绪间杭州局重刻本。　罗振玉两浙佚金佚石集存一卷，影印拓本。会稽顾燮光两浙金石别录三卷，石印本。钱塘丁敬武林金石记十卷，活字本。陆心源吴兴金石记十六卷，家刻本。乌程张鉴墨妙亭碑目考五卷，江苏局本。李遇孙括苍金石志十二卷、续四卷，同治间刻本，又道光间原刻本无续。海宁邹伯森括苍金石志补遗四卷，刘氏聚学轩丛书本。嘉善戴咸弼东瓯金石志十二卷，光绪八年瑞安孙衣言刻永嘉丛书本。临海黄瑞台州金石录十三卷、砖录五卷、阙访四卷，吴兴刘氏嘉业堂丛书本。海宁邹伯森严州金石志二卷，吴兴刘氏嘉业堂丛书本。湖北金石诗一卷。严观。　连筠簃丛书。　意在考据。【补】蕲州陈诗湖北金石存佚考二十二卷，嘉庆二十四年江汉书院刻本。缪荃孙湖北金石志十四卷，附省志。中州金石记五卷。毕沅。　经训堂丛书。【补】归安姚晏中州金石目四卷、补遗一卷，咫进斋本。商城杨铎中州金石目录八卷，原刻本，南陵徐乃昌刻学斋丛书本。祥符常茂徕洛阳石刻录一卷，罗氏排印雪堂丛刻本。罗振玉洛阳存古阁藏石目一卷，雪堂丛刻本。山左金石志二十四卷。毕沅、阮元同撰。文选楼丛书。【补】益都段松苓山左碑目四卷,光绪间武进李氏刻圣译楼丛书本。诸城尹彭寿山左南北朝石刻存目一卷,元和江标刻灵鹣阁丛书本。曲阜孔昭薰至圣林庙碑目六卷,南陵徐氏刻本。曲阜孔祥霖曲阜碑碣考四卷,排印本。关中金石记八卷。毕沅。　经训堂丛书。【补】渭南焦氏刻本。　关中金石附记一卷。蔡汝霖。【补】此书渭南蔡汝霖撰,焦氏刻,附毕沅关中金石记后。　黄本骥隋唐石刻拾遗二卷,补毕书之遗,刘氏聚学轩本。雍州金石记十卷。朱枫。【补】原刻本,惜阴轩本。甘泉毛凤枝关中金石文字存逸考十二卷、会稽顾氏刻本。侯官林侗唐昭陵石迹考略五卷,粤雅堂续刻本,石埭徐氏观自得斋丛书本。罗振玉唐昭陵碑录三卷、校录杂记一卷、补一卷,自刻本,又番禺沈氏刻晨风阁丛书本。长洲叶昌炽邠州石室录三卷,刘氏希古楼金石丛书本。粤东金石略十二卷。翁方纲。　苏斋丛书。粤东金石略十六卷。阮元。省志内抽印别行。粤西金石略十六卷。谢启昆。　省志内抽印别行。滇南古金石录一卷。阮福。【补】单行本。常山贞石志二十四卷。沈涛。【补】聚学轩丛书本,灵溪精舍本。江宁金石考十二卷。严观。【补】严观江宁金石记八卷、待访目二卷,嘉庆间赐书堂刻本,江宁局刻本。　此作金石考,误。孙彤江宁金石待访录四卷,问经堂丛书本。泾川金石记一卷。赵良霭。　续泾川丛书。【补】此书赵绍祖撰,聚学轩丛书本。金石文钞八卷。赵绍祖。【补】嘉庆间古墨斋自刻本,续钞二卷,续刻本。　是书意在续都氏金薤琳琅,所录不限一地,不应列此。会稽金石志六卷。杜。【补】山阴杜春生越中金石记十二卷，家刻本。此但著杜氏，未详其名。书名卷数又异，不知即春生书否。安阳金石录十六卷。武亿。附县志。【补】止十二卷，抽印本。偃〔师〕(城)金石录　卷。武亿。　附县志。【补】二卷。　武别有定本十六卷，号偃师金石遗文补录，秀水王复续补，单行刻本。浚县金石录上下卷。熊象阶。【补】原刻本。　益都金石记　卷。段赤亭。【补】四卷，光绪九年丁氏刻本。　段氏名松苓，字赤亭。　南汉金石志二卷。吴兰修。岭南遗书。赵绍祖安徽金石文编八卷、瞿中溶吴郡金石志、钱大昭嘉定金石文字记四卷，未见传本。【补】吴兰修南汉金石志，翠琅玕丛书本。　赵绍祖安徽金石略十卷，聚学轩丛书本。瞿中溶湖南金石志二十卷，省志内抽印别行，又光绪重修湖南通志内金石志，视瞿氏有增补，乃太仓陆增祥重纂。天门胡聘之山右石刻丛编四十卷，原刻本。高邮夏保晋山右金石录二卷，归安石氏刻本。山右金石记十卷，省志内抽印别行，不著撰人。会稽顾燮光河朔新碑目三卷，附河南古物调查表正误一卷，石印本。罗振玉芒洛冢墓遗文三卷，玻璃版印，云窗丛刻本。刘喜海三巴金石苑不分卷，来凤阁原刻本，上海石印本，是书一名三巴耆古志，乃刘撰金石苑全书中之一种，全书未尽刊行，稿藏上海涵芬楼。临桂况周颐万县西南山石刻记三卷，自刻本。冯登府闽中金石志十四卷，吴兴刘承幹希古楼刻本。晋江陈棨闽中金石略十五卷，未刊，稿藏闽侯林氏石庐。新城王树楠新疆访古录二卷，排印本。元和江标和林金石录一卷，自刻灵鹣阁丛书本。程祖庆吴郡金石目一卷，滂喜斋本。罗振玉楚州金石录一卷，石印本。西陲石刻录二卷、后录一卷,罗氏自刻本。三韩冢墓遗文目录一卷,雪堂丛刻本。海外贞珉录一卷,记中国石刻之流传海外者,雪堂丛刻本。以上三种并罗振玉撰。刘喜海海东金石苑八卷,补遗六卷,附录二卷,记录朝鲜金石,吴兴刘承幹希古楼刻本。又歙县鲍康观古阁刻本,一卷,止刊跋语,未录金石全文,非完帙。德清傅云龙日本金石志五卷,载傅氏游历日本图经内。

考石经者,已入经部,石经类隶释、隶续、汉隶字原,已入经部小学类。

以上金石文字之属

金石例十卷。元潘昂霄。【补】南陵徐乃昌影元至正郫阳刻本,附札记一卷。

墓铭举例四卷。明王行。　乾隆丙子王颖锐刻本。

金石要例一卷。黄宗羲。　王颖锐刻本,借月山房本。　以上通名金石三例,雅雨堂合刻本,小玲珑山馆本,嘉庆辛未郝懿行重刻本。【补】金石三例,光绪间读有用书斋刻本,式训堂丛书本。　以上三种与郭麐金石例补合刻,通名金石四例,道光间李瑶刻本,光绪间冯氏刻本。朱记荣刻金石全例十一种,以上三种亦在其内。

志铭广例二卷。梁玉绳。　清白士集本。【补】式训堂丛书本,坊间易名校经山房丛书。朱氏金石全例本,即式训堂版。

碑版广例十卷。王芑孙。　自刻本。【补】金石全例本。

金石例补二卷。郭麔。　灵芬馆集本。【补】道光间李瑶刻金石四例本，光绪间冯氏刻金石四例本，式训堂丛书本，朱氏金石全例本。

汉石例六卷。刘宝楠。　连筠簃本，山东单刻本。【补】金石全例本。

汉魏六朝墓铭纂例四卷。李富孙。　别下斋本。【补】金石全例本。

金石综例四卷。冯登府。　自刻本。**汉魏六朝志墓金石例三卷，附唐人志墓诸例一卷**。吴镐。　道光己酉顾氏〔玲珑山馆〕本。【补】冯书金石全例本。吴书太仓张氏刻本，常熟鲍氏后知不足斋本。常熟鲍振方金石订例四卷，后知不足斋本。梁廷楠金石称例四卷、续一卷，自著有藤花亭十种本，金石全例本。长洲叶昌炽语石十卷，论列古今石刻，极有条理，宣统元年自刻本。

以上金石义例之属

右金石类

史评第十四

史通通释二十卷。唐刘知几。　浦起龙释。　原刻本。黄叔琳史通训故补二十卷，原刻本，亦可。【补】通释上海文瑞楼影印原刻本。又四部丛刊影印明万历间张鼎思刻史通二十卷无注，附录何焯、顾广圻校语，为札记一卷。象山陈汉章史通补释二卷，未刊。

唐书直笔四卷。宋吕夏卿。　聚珍本，福本。【补】嘉庆间桐乡金德舆桐华馆刻本，吴兴张钧衡择是居影刻宋钞本附札记。

旧闻证误四卷。宋李心传。　函海本。【补】原本十五卷，久佚，此自永乐大典辑出。　金氏桐华馆刻本,仪征张丙炎刻榕园丛书本,江阴缪荃孙刻藕香零拾本附佚文一卷。

史纠六卷。明朱明镐。　〔指〕(函)海本。【补】金氏侗华馆刻本。

文史通义八卷,校雠通义三卷。章学诚。　原刻本,粤雅堂本。　以史法为主,间及他文字。【补】原刻本,道光十二年章华绂刻于开封,其版今归杭州局,道光间山阴杜氏翻原刻本。光绪三年华阳王秉恩贵阳校刻本,今版在山阴徐氏。光绪二十四年长沙坊刻本,民国十四年成都志古堂刻本。　又光绪间元和江标灵鹣阁刻文史通义补编一卷。光绪二十四年丰城余氏宝墨斋合刻文史通义正补编九卷、校雠通义三卷。民国十一年吴兴刘承幹嘉业堂刻章氏遗书五十二卷,内文史通义九卷、校雠通义四卷、方志略例二卷,此本最足。　章氏遗书民国间杭州局排印本,二十四卷,收罗章氏著述,不如刘刻之备,通义外文字亦以论史法者为多,故补于此。

以上论史法

涉史随笔一卷。宋葛洪。　知不足斋本,金华丛书本。【补】满洲荣誉刻得月簃丛书本。

东莱博议二十五卷。宋吕祖谦。　〔道光己亥钱塘瞿氏重刻足本〕,金华丛书〔重刻瞿本〕〈足本〉,坊本未足。【补】贵池刘世珩宜春堂覆宋巾箱本。

两汉解疑二卷。明唐顺之。　借月山房本。【补】学海类编本。

三国杂事一卷。宋唐庚。　函海本。【补】学海类编本,石门顾修刻读画斋丛书本,江夏刘氏刻本。

两晋解疑一卷。明唐顺之。　借月山房本。【补】学海类编本。

唐鉴二十四卷。宋范祖禹。　吕祖谦注。　明刻本，成都局本，〔武昌局本〕。【补】杭州局本，金华丛书本附考异一卷。

唐史论断三卷。宋孙甫。　聚珍本，福本，粤雅堂本，珠尘本，〔学津本〕。【补】学海类编本，金氏桐华馆本，江夏刘氏刻本，吴兴张氏择是居影刻宋钞本。

新旧唐书杂论一卷。明李东阳。　借月山房本。

明事断略一卷。借月山房本。【补】琅琊山馆丛书本。　此书不著撰人名氏，殆明之遗民所作。

〔以上断代为论〕

御批通鉴辑览一百二十卷。乾隆三十二年。　互见编年类。以下论全史以御批为主，故史评亦恭录。

读通鉴论三十卷，宋论十五卷。王夫之。　船山遗书本。

空山堂十七史论　卷。牛运震。　自刻本。【补】十五卷。　此书一名读史纠谬。

史林测义三十八卷。计大受。自刻本。

〔以上统论〕

以上论史事史论最忌空谈苛论，略举博通者数种。　宋人历代名贤确论一百卷，明刻本，今罕见。

　　右史评类

卷三　子部
周秦诸子,皆自成一家学术,后世群书,其不能归入经史者,强附子部,名似而实非也。若分类各冠其首,愈变愈歧,势难统摄,今画周秦诸子聚列于首,以便初学寻览,汉后诸家,仍依类条列之。此类若周秦诸子,及唐以前儒家议论经济之属,宋以前儒家考订之属,唐以前之杂家、释、道家、宋以前之小说家,多在通行诸丛书内,此举善本。

周秦诸子第一
依四库次第,名、墨、纵横、杂合为一类,秦以前诸子姓名不录。

荀子杨倞注二十卷。谢墉校本。通行苏州王氏刻十子全书本即谢校本。
儒。【补】杨倞唐人。　谢校出卢文弨手。　杭州局二十二子本、定州王氏畿辅丛书本,皆据谢本重刊。杭州局二十二子,宝庆三昧书坊皆有翻本。遵义黎氏古逸丛书覆宋台州刻本,其版今在苏州局。四部丛刊影印古逸丛书本。　宋钱佃荀子考异一卷,江阴缪荃孙覆宋刻本,今版归吴兴张氏,汇入择是居丛书中。国学会辑印周秦诸子斠注十种,影印缪覆覆刻对雨楼丛书本。

荀子补注一卷。郝懿行。　郝氏遗书本。【补】此书二卷。　齐鲁先哲遗书本。中国学会辑印周秦诸子斠注十种,影印齐鲁先哲遗书本。刘台拱荀子补注一卷,端临遗书本,中国学会影印本。长沙王先谦荀子集解二十一卷,已括上举二书在内,并录王念孙父子、刘台拱、陈奂、俞樾、郭嵩焘诸家校注汇为一编,其便学者,有光绪十七年长沙刻本,民国间涵芬楼影印本,光绪间坊间影印巾箱本。瑞安孙诒让校荀子二十九则在札迻内。仪征刘师培荀子校释　卷,自刻本,亦载国粹学报。又辑荀子逸文一卷,未刊。

孔丛子七卷。浙江新刻影印宋巾箱本,汉魏丛书本三卷。　儒。　有依托,不尽伪。【补】七卷本有宋宋咸注。　指海续刻本七卷,四部丛刊影印明翻宋本七卷,潮州郑氏龙溪精舍重刻汉魏丛书本三卷。

孙子魏武帝注三卷。平津馆校本。　兵。

孙子十家注十三卷。岱南阁校本。【补】此本孙星衍据道藏本重刊,附叙录一卷、遗说一卷。　杭州局二十二子重刻孙本,涵芬楼道藏举要影印道藏本,四部丛刊影印明嘉靖谈恺刻本。

吴子一卷。平津馆校本。　兵。【补】此本二卷,孙星衍据宋本影刻。　新昌庄肇麟长恩书室刻本一卷。

司马法三卷,附逸文。指海本,又邢澍辑注浙江刻本,又平津馆本一卷。兵。【补】平津馆本孙星衍据宋本影刻三卷,非一卷。　长恩书室重刻平津馆本,张澍二西堂校刻本一卷,江宁局仿宋本。　吴县曹元忠辑司马法古注三卷,附音义一卷,光绪十八年自刻本。定海黄以周司马法考征二卷,杭州局本。

六韬六卷。平津馆校本。　兵。【补】长恩书室重刻平津馆本。　以上三种,四部丛刊皆有影印影宋钞本。

管子尹知章注廿四卷。旧题唐房玄龄注。　明赵用贤校本,即管韩合刻

本,附刘绩补注。 十子本同上,但多评语,不善。【补】法。汉志管子列道家。

尹知章唐人。 杭州局二十二子重刻明赵用贤本,光绪间张瑛覆宋绍兴间杨忱刻本,沔阳卢靖湖北先正遗书影印明刻刘绩补注本,四部丛刊影印宋杨忱刻本。

管子义证八卷。洪颐煊。 传经堂本。【补】光绪间南陵徐乃昌积学斋重刻本。 德清戴望管子校正二十六卷,家刻本,上海中国书店清代学术丛书影印本。宋翔凤管子识误一卷,原刻本,中国学会周秦诸子〔斠〕(斠)注十种影印本。张佩纶管子学不分卷,十二册,影印原稿本。淮阴范耕研管子集证二十六卷,采王念孙父子、孙星衍、洪颐煊、戴望、张文虎、俞樾、孙诒让、刘师培、章炳麟诸家说,并附己见,其书未刊。

弟子职集解一卷。庄述祖。 珍艺宦遗书本,遵义唐氏重刻本。即管子之一篇。【补】此篇汉志列六艺孝经家,此列子部宜为儒。 苏州局本,端溪书院本,章氏式训堂本,朱氏槐庐本,以上皆重刻珍艺宦本。又贵筑黄彭年校刻本,附考释、释音各一卷。

弟子职正音一卷。王筠。 鄂宰四种本。【补】式训堂重刻本,福山王懿荣刻天壤阁丛本。 洪亮吉弟子职笺释一卷,武昌局洪北江遗书本。钟广弟子职音谊一卷,光绪十六年校补本,中国学会影印周秦诸子斠注十种本。

慎子一卷,附逸文。严可均〔校〕(较)辑。 守山阁本,又金壶本。法。【补】又江阴缪氏藕香簃钞本,据明慎懋赏刻本逐写,附补遗、校记,涵芬楼影印入四部丛刊。 严可均辑申子,在全上古三代文内。又马国翰辑玉函山房本,近长沙王时润亦有辑逸文排印本。

商子五卷。严可均辑。　平津馆别刻本，指海本，又明吴勉学刻二十子本。

法。【补】严可均辑，当作严可均校。　严本未刊，瑞安孙氏玉海楼有传录本，此注平津馆别刻本，误。四部丛刊影印明天一阁刻本。孙冯翼校本在问经堂丛书内。严万里校本在杭州局二十二子内。朱师辙商君书解诂四卷，王时润商君书集解五卷，近年排印本。

邓析子一卷。指海本。　法。【补】严可均校刻本，江山刘氏覆宋巾箱本，四部丛刊影印明刻本，海宁陈氏影印明黑口本。　杭县马叙伦邓析子校录一卷，自著天马山房丛书本。

韩非子二十卷，附识误三卷。吴鼐校刻本，〔汪氏重刻本〕，又明赵用贤校管韩合刻本即十子本，又明周孔教刻大字本。　法。【补】有旧注，不著撰人，提要据元何犿本，谓注者当为李瓒。　吴鼐本据宋乾道本影刻。　识误三卷，顾广圻撰。　杭州局二十二子重刻吴本，日本仿吴本，陈氏影印吴本，又涵芬楼道藏举要影印道藏本，又四部丛刊影印钱氏述古堂影宋钞校本。　长沙王先慎韩非子集解二十卷，附考证、佚文一卷，王念孙父子、卢文弨、顾广圻、俞樾、孙诒让诸家校释，皆已采入，光绪二十二年长沙刻本。

素问王冰注廿四卷。互见下医家类。　医。

周髀算经二卷。互见下天文算法类。　天文算法。

尹文子一卷，附校勘记、遗文。守山阁本，又湖海楼本，又金壶本。

名。【补】又江安傅氏双鉴楼影印道藏本，涵芬楼道藏举要影印道藏本，又四部丛刊影印明刻本。　孙诒让尹文子札记十八则，附宋本尹文子校文，在札迻内。王时润尹文子校录一卷，排印本。

公孙龙子三卷。守山阁本,金壶本,明梁杰订本。　名。【补】宋谢希深注。

双鉴楼影印道藏本,涵芬楼道藏举要影印道藏本。　俞樾、孙诒让、洪颐煊各校公孙龙子数则,在诸子平议、札迻、读书丛录内。番禺陈澧、万载辛从益皆撰公孙龙子注,有刻本,未见。近人日照王琯公孙龙子悬解不分卷,二册,中华书局聚珍本。

墨子十五卷,目〔考〕(录)一卷。毕沅校。经训堂本。　墨。【补】杭州局二十二子重刻毕校本,又涵芬楼道藏举要影印道藏本,又四部丛刊影印明嘉靖唐尧臣刻本。　瑞安孙诒让墨子闲诂十五卷、目录一卷、附录一卷、后语二卷,采集群说,断裁精覈,附录、后语,尤有统贯,光绪间自印活字本,又家刻本,民国间涵芬楼影印刻本。藤县苏时学墨子刊误二卷,原刻本,中华书局聚珍本,中国学会周秦诸子斠注十种影印原刻本。瑞安李笠、北流陈柱于孙氏闲诂皆有校补,李书涵芬楼排印,陈书未刊。长沙曹耀湘墨子笺十五卷,虽不逮孙,而平实胜王闿运注,光绪间长沙排印本。新城王树柟墨子斠注补正二卷,自刻本。仪征刘师培墨子拾补上卷,排印入国学丛刊中,全书未刊。张惠言墨子经说解二卷,上海神州国光社影印手稿本。新会梁启超墨经校释一卷,涵芬楼排印本。长沙章行严章氏墨学,排印甲寅周刊内。绩溪胡适墨辩新诂,未见传本。淮阴范耕研辩经疏证八卷,未刊。时人治墨者众,书不尽举。

鬼谷子陶弘景注一卷。秦恩复校刻两本。　纵横。【补】陶弘景南朝梁人。　秦刻两本皆三卷,此题一卷,误。四库本作一卷。　秦氏乾隆五十四年刻本,据道藏本刊,又嘉庆十年刻本,据述古堂钞本刊。四部丛刊影印秦氏乾隆刻本,涵芬楼道藏举要影印道藏本。

尸子二卷。章宗源辑。　湖海楼注本，问经堂本，平津馆本。　杂。【补】湖海楼本乃萧山汪继培所辑，二卷，附存疑。杭州局二十二子重刻汪辑本。

尸子三卷，附录一卷。任兆麟辑。　心斋十种本。

鹖冠子陆佃注三卷。聚珍本，福本，学津本。　杂。【补】陆佃宋人。　仪征张丙炎刻榕园丛书重刻学津本，沔阳卢靖湖北先正遗书影印聚珍本，四部丛刊影印明刻本，涵芬楼道藏举要影印道藏本。　洪颐煊、俞樾、孙诒让各有条校，在读书丛录、诸子平议、札迻内。　湘潭王闿运鹖冠子注一卷，自刻湘绮楼全书本。

燕丹子三卷。章宗源辑。　岱南阁本，又平津馆本，问经堂本一卷。　杂。【补】湖北书局百子全书重刻平津馆本。

吕氏春秋高诱注二十六卷。经训堂校本。　杂。【补】高诱汉人。　杭州局二十二子重刻经训堂本，又四部丛刊影印明云间宋邦乂刻本。

吕子校补二卷。梁玉绳。　清白士集本。**吕子校补献疑一卷**。蔡云。　自刻本。【补】梁书章氏式训堂本，朱氏槐庐本。　陈其荣吕子续补一卷，槐庐丛书本。陈昌齐吕氏春秋正误一卷，岭南遗书本。中国学会周秦诸子斠注，影印梁、蔡、二陈四家书。淮阴范耕研吕氏春秋疏证二十六卷、附录二卷，近代诸家校释亦并征及，其书未刊。

老子王弼注二卷。聚珍本，杭本，福本。　河上公注伪。　道。【补】南昌局重刻聚珍本，又杭州局二十二子校刻华亭张氏本，又遵义黎氏古逸丛书覆日本集唐字本，又涵芬楼道藏举要影印道藏本。　王弼晋人，河上公注二卷，盖魏晋间人伪造，亦可备考。四部丛刊影印宋刻本，(涵芬楼道藏举要影印道藏本)。

老子道德经考异上下卷。毕沅。　经训堂本。【补】上虞罗振玉道德经考异二卷,自刻永丰乡人稿续集本。杭州马叙伦老子覈诂四卷,民国十四年排印本。罗、马所校,足补毕书未备。严可均老子唐本考异,刘师培老子校补,未刊。王重民老子考七卷,民国十六年北京排印本。长沙杨树达老子古义二卷,征引秦汉以前诸子旧解,逐条关合,不参己意,中华书局排印本。

关尹子一卷。明吴勉学刻二十子本,珠丛别录本。　道。【补】金壶本。

列子张湛注八卷,附殷敬顺释文。汪继培校。　湖海楼本,任大椿燕禧堂本附考异。　道。　【补】张湛晋人。释文,唐殷敬顺撰,宋陈景元补遗。又杭州局二十二子重刻明世德堂本,民国三年上海右文社影印明世德堂六子本,又四部丛刊影印宋刻本,长洲蒋氏铁华馆覆宋刻本,此四本皆八卷,无附。　中国学会周秦诸子斠注十种,影印释文二卷、考异一卷。卢文弨、洪颐煊、俞樾、孙诒让各有条校,在群书拾补、读书丛录、诸子平议、札迻内。

列子卢重玄注八卷。秦恩复校刻本。【补】卢重玄唐人。　又涵芬楼道藏举要影印道藏白文本三卷,又道藏举要影印金高守元冲虚至德真经四解二十卷,附殷、陈释文二卷,此书集录张湛、卢重玄及宋徽宗、范致虚四家注,上举二书皆括其中。

庄子郭象注附释文十卷。明邹之峄刻本,明胡氏世德堂大字本,十子本即世德堂本。　道。【补】郭象晋人。　释文唐陆德明撰。杭州局校刻世德堂本,上海右文社影印世德堂六子本。四部丛刊影印世德堂本,附札记一卷,记宋本异同。涵芬楼续古逸丛书影印宋大字本。　唐成玄英南华真经注疏三十五卷,涵芬楼道藏举要影印道藏本,又遵义黎氏古逸丛书覆宋本十卷。湘阴郭庆藩庄子集释十卷,此书具录郭注、成疏、陆氏释文,复辑晋唐人逸注,及清代卢文弨、王念孙、洪颐煊、郭嵩焘、俞樾、李桢诸家校释,在庄子诸注本中,搜采最为繁博,光绪二十年长沙思贤讲舍刻本。长沙王先谦庄子集解八卷,简明便初学,宣统间长沙刻本,涵芬楼影印本。瑞安孙诒让校庄子五十三则,在札迻内。馀杭章炳麟庄子解故一卷,杭州局刻章氏丛书本。当涂奚侗庄子补注四卷,南京排印本。仪征刘师培庄子校补一卷,(未刊)。

司马彪庄子注一卷,(补遗)〈考逸〉一卷。孙冯翼辑。　问经堂本,又茆辑十种本。

文子二卷,附校勘记。守山阁本,又金壶本,吴刻二十子本。　道。【补】校勘记,金山顾观光撰。

文子缵义十二卷。宋杜道坚。　聚珍本,福本。【补】杭州局重刻聚珍本在二十二子中。　聚珍本自永乐大典辑出,内阙五篇,非足本。涵芬楼道藏举要影印道藏本十二卷,附释音一卷,此本足。

计然万物录一卷。茆辑十种本。【补】又黄奭汉学堂辑本,潮州郑氏龙溪精舍重刻汉学堂本。

孟子外书熙时子注四卷。函海本,珠尘本,经苑本。据赵岐题辞,定为依托,然在汉前,故附此。　拜经楼丛书辑刻晋綦毋邃孟子外书注一卷。【补】宋刘攽号熙时子。　林伯桐孟子外书补证一卷,竹柏山房本。贵阳陈矩孟子外书补注四卷,刻本。

〔以上各家子书〕

意林五卷。唐马总。　聚珍本,福本,学津本,别下斋补刻宋本第六卷。　此

书所存古子佚文,不尽周秦,然古子为多。【补】仪征张丙炎榕园丛书重刻学津本,指海续刻本五卷,武昌局本五卷,涵芬楼道藏举要影印道藏本五卷。 贵筑杨氏训纂堂丛书刻意林逸文一卷。贵池刘世珩聚学轩丛书刻周广业意林注五卷,补遗一卷。仁和许增刻意林补注六卷。四部丛刊影印聚珍本,附别下斋补刻一卷、周广业辑逸文五条。严可均手校本五卷、补录一卷,今在江宁龙蟠里图书馆,此本未刊。

玉函山房辑佚书子编　　种。马国翰。　济南刻本。　武昌局刻子书百家,颇便翻检。【补】马辑子编一百五十三种,补编一种,其属周汉者四十二种。

　　光绪间济南重刻本,长沙重刻大、小字二本。　黄奭辑汉学堂丛书子史钩沈内子部十六种,其属周秦者六种,光绪间甘泉黄氏修版本。严可均辑周秦诸子书,刻全上古三代文内。武昌局子书百种,刻校不精,故书目答问重刻本削去此条。

　　〔以上采录各古子佚文〕

诸子平议三十五卷。今人。　俞氏丛书本。【补】此书德清俞樾撰,摘条校释诸子字句,体例与王念孙读书杂志相似。　俞樾诸子平议补录二十卷,双流李氏刻本。

右周秦诸子鬻子、子华子皆伪书,尉缭子尤谬,不录。六韬、关尹、邓析、燕丹,伪而近古。

　　儒家第二　曾子、子思子,乃宋汪晫割裂辏合,非原书,不录。

法言李轨注十三卷,音义一卷。汉扬雄。　〔秦〕(秦)恩复仿宋大字本,又徐养原校李赓芸刻本。【补】李轨东晋人。 音义不著撰人。 杭州局二十二子重刻秦本,四部丛刊影印秦本。

法言五臣注十卷。 世德堂本,十子本同。 李轨、柳宗元、宋咸、吴秘、司马光。【补】柳唐人,宋、吴、司马皆宋人。 王念孙、洪颐煊、俞樾、孙诒让各校法言若干条,在读书杂志、读书丛录、诸子平议、札迻内。 吴县汪荣宝法言疏证四卷,未见传本。汪东疏证别录,载华国月刊。仪征刘师培法言校补一卷、逸文一卷,未刊。

新语一卷。汉陆贾。 汉魏丛书本。【补】汉魏丛书本一卷,他本多作二卷。

四部丛刊影印明弘治间李仲阳刻本,沔阳卢氏湖北先正遗书影印明天一阁刻本。 俞樾、孙诒让皆有条校。卢文弨手校本,今在江宁龙蟠里图书馆。宋翔凤校本,瑞安孙氏玉海楼传录,并未刊。

新书十卷。汉贾谊。 卢文弨校。 抱经堂校本。【补】杭州局二十二子本,潮州郑氏龙溪精舍丛书本,皆据抱经堂本重刻。又四部丛刊影印明正德间吉藩刻本。 洪颐煊、俞樾、孙诒让皆有条校。 德清戴望新书校本,仪征刘师培新书校补二卷、〔佚〕(遗)文辑补一卷:未刊。正定王耕心贾子次诂十六卷,光绪二十九年龙树精舍刻本。

盐铁论十卷,考证三卷。汉桓宽。 张敦仁考证。岱南阁刻本,明张之象注本。【补】考证顾广圻代张撰。 浦江周心如刻纷欣阁丛书本,附张考证,即张氏原版。潮州郑氏龙溪精舍重刻张氏考证本,海宁陈氏影印张氏考证本,又长沙王先谦校刻本,附校勘小识一卷。又四部丛刊影印明刻本。 卢文弨、洪颐煊、俞樾、孙诒让皆有条校。 萧山王绍南盐铁论注,未刊。

论衡三十卷。汉王充。　明刻单行本,汉魏丛书本。【补】四部丛刊影印明通津草堂仿宋本,潮州郑氏龙溪精舍重刻明通津草堂本附诸家校识。　蒋光煦、俞樾、孙诒让皆有条校。卢文弨手校本,今在江宁龙蟠里图书馆,未刊。

潜夫论笺十卷。汉王符。　汪继培笺。　湖海楼本,汉魏丛书本无笺。【补】四部丛刊影印钱氏述古堂写本无笺。　俞樾、孙诒让皆有条校。卢文弨手校明刻本,今在江宁龙蟠里图书馆,未刊。　严可均辑汉仲长统昌言二卷,刻全后汉文内,又马国翰玉函山房辑本。

新论一卷。汉桓谭。　问经堂辑本。【补】孙冯翼辑。　指海续刻本,潮州郑氏龙溪精舍本,皆据问经堂本重刻。又说郛本。又严可均辑本三卷,刻全后汉文内。

申鉴五卷。汉荀悦。　汉魏丛书本。【补】金山钱氏小万卷楼校刻本,附补遗、札记。潮州郑氏龙溪精舍重刻明黄省曾刻本,四部丛刊影印明黄省曾刻本。　卢文弨、孙诒让皆有条校。

〔以上汉〕

典论一卷。魏文帝。　问经堂辑本。【补】又黄奭汉学堂辑本,潮州郑氏龙溪精舍重刻汉学堂本。又严可均辑本,刻全三国文内。

中论二卷。魏徐幹。　汉魏丛书本。【补】金山钱氏小万卷楼校刻本,附札记、逸文。潮州郑氏龙溪精舍重刻元本,附陈鳣校记。四部丛刊影印明嘉靖间杜思刻本。　俞樾、孙诒让皆有条校。

人物志三卷。魏刘邵。　守山阁本,金壶本。　旧入名家。【补】北魏刘昞注。　四部丛刊影印隆庆间郑星刻本,汉魏丛书本,华阳傅世洵刻益雅堂丛书本,定州王灏刻畿辅丛书本,潮州郑氏龙溪精舍重刻乾隆间彭氏校本。

傅子一卷。晋傅玄。 聚珍本,杭本,福本。【补】指海续刻本。 又严可均辑本四卷,刻全晋文内。又湘潭叶德辉辑刻本三卷,订误一卷。

物理论一卷。晋杨泉。 平津馆辑本。【补】孙星衍辑。 潮州郑氏龙溪精舍重刻平津馆本。

中说十卷。旧题隋王通。 宋阮逸注。 世德堂本。 即文中子。【补】光绪十六年贵阳陈氏重刻世德堂本,杭州局二十二子重刻世德堂本,民国三年上海右文社影印世德堂本,四部丛刊影印宋王氏取瑟堂刻本,涵芬楼续古逸丛书影印宋刻本。

〔以上魏至六朝〕

因论一卷。唐刘禹锡。 百川本。

续孟子二卷。唐林慎思。 知不足斋本。【补】函海本。

伸蒙子三卷。唐林慎思。 知不足斋本,珠尘本。【补】函海本。

公是先生弟子记一卷。宋刘敞。 聚珍本,福本,知不足斋本。【补】南昌局重刻聚珍本。

郁离子二卷。明刘基。 学津本。【补】杭州局诚意伯文集本,单行本。

〔以上唐至明〕

明夷待访录二卷。黄宗羲。〔海山仙馆本〕(粤雅堂本),指海本。【补】梨洲遗书本,单行本。

潜书〔四〕卷。唐甄。 王闻远刻本。【补】二卷。 光绪间李氏重刻本。

天门胡承诺绎志十七卷,道光十七年顾锡麟刻本,杭州局重刻本,武昌局湖北丛书本。又读书说四卷,附年谱一卷,湖北丛书本。

法书十卷。檀萃。 刻本。

　　〔以上国朝〕

群书治要五十卷。旧题唐魏徵。 连筠簃本。 阙三卷。 以下二种为子钞之属,附此。此书兼有经史。【补】阙卷四、卷十三、卷二十。 连筠簃本据日本宽政本重刻,粤雅堂本据日本天明本重刻,四部丛刊本据日本尾张刻本影印。

古格言十二卷。梁章钜。 自刻本。

　　以上儒家类议论经济之属此类兼综事理,亦尚修辞,后世古文家,〔即〕出于此类。此类多唐以前书,故列前。

周子通书注一卷。李光地注。 榕村全集本。【补】康熙庚午吴兴费丹枢刻周子全书本,方宗诚周子通书讲义刊本。

二程全书。遗书二十五卷,附录一卷,外书十二卷,文集十二卷,遗文一卷,附录一卷,周易传四卷,经说八卷,粹言二卷。 同治十年求我斋江宁刻本,又宝诰堂吕氏刻本。【补】六安涂氏刻本。

张子全书十五卷。高安朱氏藏书本。【补】嘉庆十一年上元叶世倬补刻本。

朱子语类一百四十卷。宋黎靖德编。 明刻本,日本刻本。【补】石门吕留良宝诰堂刻本,广州局本。

朱子全书六十六卷。康熙五十二年敕编。　殿本，古香斋本，贵阳官本。【补】六安涂氏刻本，南昌局本，成都存古书局本。

象山语录四卷。宋陆九渊。　附象山全集本，止二卷。【补】单行本。象山先生集三十六卷，四部丛刊影印明刻本。

〔以上周、程、张、朱、陆学术，国朝表章朱子，故四库退陆、王之书于别集，然程、朱、陆、王皆圣人之支派，各有所得，不必偏废，以启门户之争，后录学蔀通辨、东莞学案，亦此意。〕

黄氏日钞九十五卷。宋黄震。通行本。【补】乾隆三十二年新安汪佩锷芸晖阁重刻宋本，附古今纪要。

大学衍义四十三卷。宋真德秀。　通行本。【补】康熙间刻本，乾隆四年尹会一刻本，汲古阁本，江宁局本，杭州局本。

大学衍义补一百六十卷。明邱濬。　通行本，云阳重刻本。【补】汲古阁本。　溧阳强汝询大学衍义续七十卷，刊本。

读书录十卷，续录十二卷。明薛瑄。　薛文清公集本。【补】石门吕氏宝诰堂刻本。

传习录三卷。明王守仁。明刻单行本，王文成公集本。

呻吟语选二卷。明吕坤。　阮福改辑。　文选楼本。　别有呻吟语节录，通行本。【补】呻吟语节录四卷、补遗二卷，陈宏谋辑，一名吕子节录，乾隆间陈氏刻培远堂全集本，南昌局本。吕坤呻吟语摘二卷，明万历四十四年刻本，此乃晚年自定之本，原书六卷。

子刘子学言三卷。明刘宗周。　黄宗羲、姜希辙校刻本。【补】道光间山阴刻刘子全书本。

三鱼堂剩言十二卷。陆陇其。　全集本，正谊堂本，〔同治浙江刻本〕。

陆清献公日记十卷。陆陇其。　道光辛丑柳氏刻本，指海本二卷，〔浙江刻本〕。

五种遗规十五卷。陈宏谋。　通行本。　养正遗规，教女遗规，训俗遗规，从政遗规，学仕遗规。【补】乾隆间家刻培远堂全集本，南昌、武昌、杭州三局，皆有刻本。

女教经传通纂一卷。任启运。

妇学一卷。章学诚。　文史通义之一篇，旧别行，亦收经世文编中。　珠尘本。【补】吴兴刘氏嘉业堂刻，章氏遗书亦收入。

小学集注六卷。旧题宋朱子。　通行本。

以上儒家类理学之属专书举其关系学派及其书简明切于人事者。

胡居仁居业录，罗钦顺困知记，章懋枫山语录，皆有行本，余散见。【补】明胡直胡子衡齐八卷，明万历癸未刻本，光绪间新昌胡思敬刻豫章丛书本。王夫之思问录二卷，船山遗书本。戴望颜氏学记十卷，原刻本，光绪二十年李雒才重刻本，宣统间上海国学保存会排印本，近年影印原刻本。戴震原善三卷，戴氏遗书本，近年排印本。

性理精义十二卷。康熙五十六年敕编。通行本〈殿本〉。

近思录集注十四卷。宋朱子、吕祖谦同撰。　江永注。　原刻本,武昌局本,吴氏望三益斋本。【补】嘉庆间有京师、江西两刻本,苏州、杭州、广州诸局,皆有重刻本。

〔以上哀集宋儒精粹性理精义,兼采元儒。〕

重修宋元学案　　卷。黄宗羲原本,全祖望修。　诸星杓校。慈溪冯氏刻本。　黄为陆、王之学,全为程、朱之学。

增补宋元学案一百卷。全祖望修。　王梓材增补。　道光丙戌〔何〕(伍)氏刻本。【补】道光丙午道州何绍基京师刻本,光绪五年长沙寄庐重刻本。

明儒学案六十二卷。黄宗羲。　乾隆己未慈溪郑氏补刻本,又故城贾氏刻本。万氏原刻本,未足。此书为陆、王之学。【补】会稽莫晋刻本,善。长沙刻本,江西刻本,又涵芬楼排印新会梁启超节录本。

学蔀通辨十二卷。明陈建。　原刻本,正谊堂全书本。　此书辨陆、王之学。

东莞学案。无卷数。　吴鼎。　此书攻陈建书,申陆、王之学。

国朝学案小识　卷。唐鉴。　自刻本。　此书为程、朱之学。　孙奇逢理学宗传二十六卷,通行本,为陆、王兼程、朱之学。【补】唐书十五卷。　孙书杭州局本。

〔以上以朝代为断限〕

正谊堂全书四百七十八卷。张伯行编。　福州局本。　六十三种。此书为程、朱之学。【补】又续编十四卷,续刻本。

以上儒家类理学之属汇集书举其博通，不腐陋者。此外若北学编、洛学编、关学编、浙学宗传、闽中理学渊源考，皆有刊本，亦可备考。

独断二卷。汉蔡邕。　抱经堂校本，又百川本，汉魏丛书本，聊城杨氏刻附蔡中郎集本，扬州局刻附疏证。【补】潮州郑氏龙溪精舍重刻卢校本。书目答问重刻本无扬州局刻附疏证七字。

风俗通义十卷。汉应劭。　汉魏丛书本，又仿宋单行本。四库本有附录一卷，即辑姓氏篇佚文，详见后。【补】南陵徐乃昌覆元大德本，四部丛刊影印元大德本。　卢文弨、孙诒让皆有条校，在群书拾补、札迻内。

补风俗通姓氏篇一卷。张澍。　二酉堂。钱大昕辑本，在群书拾补中。【补】张书二卷。　顺德龙氏知服斋重刻二酉堂本。又江宁顾櫰三辑本，蒋氏刻金陵丛书本。

古今注三卷，晋崔豹。**附中华古今注三卷**。五代马缟。

古今逸史本，汉魏丛书本。【补】涵芬楼影印明顾氏文房小说本，定州王灏畿辅丛书本，覆宋大字本。　上补三本及汉魏丛书本，皆无附。　淮安顾震福崔豹古今注校正三卷，光绪间自刻本。

〔以上汉至六朝〕

封氏闻见记十卷。唐封演。　雅雨堂本，学津本。【补】学海类编本，乾隆五十七年江都秦黉刻本，道光十年江都秦恩复刻本，指海续刻本，畿辅丛书本。

刊误二卷。唐李涪。　照旷阁本，青照堂本。【补】学津本即照旷阁版。光绪间仪征张丙炎刻榕园丛书本。

苏氏演义二卷。唐苏鹗。　珠尘本，函海本。【补】榕园丛书本。

资暇集三卷。唐李匡〔乂〕（乂）。　续百川本。【补】学海类编本，金壶本，道光间渤海高承勋刻续知不足斋丛书本，涵芬楼影印明顾氏文房小说本。

兼明书五卷。五代邱光庭。　明陈继儒刻宝颜堂秘笈本。

　　〔以上唐至五代〕

宋景文笔记三卷。宋宋祁。　百川本，学津本。【补】榕园丛书本。

梦溪笔谈二十六卷，补二卷，续一卷。宋沈括。　津逮本，学津本。【补】津逮本无补、续。光绪间大关唐氏刻本。贵池刘世珩玉海堂覆宋乾道本，附札记，无补、续。

靖康缃素杂记十卷。宋黄朝英。　守山阁本，金壶本，唐宋丛书本。【补】唐宋丛书本、说郛本，皆止节录为一卷。

能改斋漫录十八卷。宋吴曾。　聚珍本，福本，守山阁本，金壶本。【补】琅琊山馆丛书本。

西溪丛语三卷。宋姚宽。　津逮本，学津本。【补】光绪间仁和葛元煦啸园丛书本。此本及学津本皆作二卷，即三卷。涵芬楼秘笈第八集影印明临溪杨氏鸲鸣馆刊本。

学林十卷。宋王观国。　聚珍本，福本，湖海楼本。【补】长沙余肇钧刻明辨斋丛书本。

容斋随笔十六卷，续笔十六卷，三笔十六卷，四笔十六卷，五笔十卷。宋洪迈。　通行本。【补】康熙间洪璟刻本，乾隆间扫叶山房刻本。光绪壬辰洪氏刻本，今版在成都存古书局。

云谷杂记四卷。宋张淏。 聚珍本，杭本，福本，海山仙馆本附一卷。【补】南昌局重刻聚珍本。

示儿编二十三卷。宋孙奕。 明潘氏刻本，知不足斋本。

考古编十卷。宋程大昌。 学津本，函海本，单行明刻本。

演繁露十六卷，续六卷。宋程大昌。学津本，唐宋丛书本。【补】唐宋丛书本、说郛本，皆止节录为一卷。

纬略十二卷。宋高似孙。 守山阁本，金壶本。

野客丛书三十卷，附野老纪闻一卷。宋王楙。 唐宋丛书本，稗海本。

考古质疑六卷。宋叶大庆。 聚珍本，杭本，福本，海山仙馆本。【补】南昌局重刻聚珍本，啸园丛书本。

习学记言五十卷。宋叶适。 四库传钞本，温州新刻本。

老学庵笔记十卷，续二卷。宋陆游。 津逮本，学津本，〔湖北新刻丛书本〕。【补】涵芬楼宋人小说本。

宾退录十卷。宋赵与旹。 单刻仿宋本。【补】此单刻本即乾隆十七年存恕堂本。学海类编本，吴兴张钧衡择是居仿宋本，贵池刘世珩玉海堂仿宋本。泾川丛书内宾退录四卷，乃明赵善政撰，与此非一书。

坦斋通编一卷。宋邢凯。 守山阁本。

翁注困学纪闻二十卷。宋王应麟。 翁元圻注。 家刻本，长沙重刻巾箱本。 此注更胜七笺本。【补】家刻本，即道光乙酉余姚守福堂刊本。

困学纪闻七笺，附集证二十卷。阎若璩、全祖望、程瑶田、何焯、钱大昕、屠继序笺。 万希槐集证。通行本。【补】又涵芬楼影印元庆元路刻本，无注。

敬斋古今黈八卷。元李冶。 聚珍本，杭本，福本，海山仙馆本。【补】南昌局重刻聚珍本，畿辅丛书本。

〔以上宋、元〕

谭苑醍醐九卷。明杨慎。 升庵集本。【补】指海本八卷，亦足。

丹铅总录二十七卷。明杨慎。 杨氏教忠堂刻本。又升庵集本分余录、续录、摘录、总录，共六十三卷。函海编刻丹铅杂录十卷。

笔乘六卷。明焦竑。 粤雅堂本。 续八卷，皆谈释理，无谓。【补】江宁蒋国榜刻金陵丛书本。

井观琐言三卷。明郑瑗。 唐宋丛书本，秘笈本。【补】学海类编本，秘笈本，皆三卷。唐宋丛书本及说郛本，止节录一卷。

少室山房笔丛正集二十二卷，续集十六卷。明胡应麟。明刊本。【补】正集三十二卷，续集十六卷，此云正集二十二卷，非。广州局重刻本。

通雅五十二卷。明方以智。 此藏轩刻本。【补】此藏轩本，康熙五年姚燮刻。 日本刻本。光绪四年桐城方氏家刻本，附刊误一卷。

卮林十卷。明周婴。补遗一卷。湖海楼本。

〔以上明〕

日知录集释三十二卷。顾炎武。 黄汝成笺。 原刊本，广州重刻本，武昌局本，〔朝宗书室活字本〕。【补】扫叶山房刻本，坊刻巾箱本，诸本并附黄汝成日知录刊误四卷。又康熙三十四年潘耒福建刻本，无注释。又坊刻小字本，附补遗四卷。苏州局单刻补遗四卷，书名日知录之余。　顾炎武菰中随笔三卷，光绪间吴县朱记荣重刻亭林遗书本。丁晏日知录校正　卷，光绪间南清河王锡祺排印小方壶斋丛书本。李遇孙日知录补正三卷，民国间上海广仓学窘排印本。

群书疑辨十二卷。万斯同。　刻本。

蒿庵闲话二卷。张尔岐。　贷园丛书本，粤雅堂本。

潜邱札记六卷。阎若璩。　吴玉搢编刻本，家刻本，学海堂摘本二卷。【补】家刻本与吴刻编次不同，吴本善。

义府二卷。黄生。　指海本，家刻本。【补】乾隆五十二年与字诂同刻，道光二十二年黄承吉重刊。

白田杂著八卷。王懋竑。　刻本。【补】广州局刻白田草堂存稿八卷，杭州局刻白田草堂存稿二十四卷。同治刻读书记疑十六卷。　学海堂摘本一卷。

松崖笔记二卷。惠栋。　道光壬午徐氏刻本。【补】此书三卷。　刘氏聚学轩丛书本。　惠栋九曜斋笔记三卷，刘亦刻。

樵香小记二卷。何琇。　守山阁本。【补】定州王灏刻畿辅丛书本。

掌录二卷。陈祖范。　家刻本。【补】光绪十七年广州局与经训合刊本。

管城硕记三十卷。徐文靖。　乾隆九年刻本，半亩园本。

订讹杂录十卷。胡鸣玉。　湖海楼本。【补】畋箴书屋刻本。

韩门缀学五卷，续编一卷。汪师韩。　上湖文编附刻本，丛睦汪氏遗书本。 又谈书录一卷、诗学纂闻一卷。

经史问答十卷。全祖望。 鲒埼亭集附刻本,学海堂摘本七卷。【补】单行本,四部丛刊影印附刻本。

南江札记四卷。邵晋涵。 刻本。【补】会稽章寿康式训堂重刻本,会稽徐友兰编刻绍兴先正遗书本。

锺山札记四卷,龙城札记四卷。卢文弨。 抱经堂本。【补】校经山房本即式训堂版。学海堂摘本各一卷。

蛾术编一百卷。王鸣盛。 陆氏刻本,未足。

十驾斋养新录二十卷,馀录三卷。钱大昕。 潜研堂本抽印单行,阮刻本无余录。【补】杭州局本附年谱一卷,学海堂摘本养新录、余录各二卷。

晓读书斋〔四〕(杂)录〔八〕(四)卷。洪亮吉。 集外奕氏刻本。【补】道光二十二年洪氏苏州刻本,武昌局洪北江全集本。

考古录四卷。锺褱。 阮刻本。

读书脞录七卷。孙志祖。 嘉庆己未家刻本,学海堂本。【补】学海堂本止摘刻二卷。 又续编四卷,家刻本。

惜抱轩笔记八卷。姚鼐。 全集本。

札朴十卷。桂馥。 原刻本。【补】光绪九年长洲蒋氏刻心矩斋丛书本。

炳烛编四卷。李赓芸。 滂喜斋校录刻本。【补】上海古今图书馆影印原刻本。

溉亭述古录二卷。钱塘。 文选楼本。【补】学海堂本,式训堂本。

癸巳类稿十五卷。俞正燮。 何氏刻本。【补】道光十三年王藻求日益斋刻本，式训堂单刻本，续经解摘刻六卷。

癸巳存稿十五卷。俞正燮。 连筠簃本。【补】光绪十年重刻本，续经解摘刻四卷。

合肥学舍札记八卷。陆继辂。 自刻本。

瞥记七卷。梁玉绳。庭立记闻四卷。玉绳子学昌〔等〕辑。 清白士集本。【补】学海堂摘刻瞥记一卷。

过庭录十六卷。 宋翔凤。 浮溪精舍本。【补】式训堂单刻本，续经解摘本四卷。

筠轩读书丛录二十四卷，台州札记十二卷。 洪颐煊。传经堂本。

落帆楼初稿四卷。 沈垚。 连筠簃本。

经传考证八卷。 朱彬。 学海堂本。

拜经日记十二卷。 臧庸。 自刻本，学海堂本止八卷。

秋槎〔杂〕(札)记 卷。刘履恂。 学海堂摘本。

研六室杂著 卷。胡培翚。 学海堂摘本。【补】摘本一卷。 研六室文钞十卷，光绪戊寅刻本。

吾亦庐稿 卷。崔应榴。 学海堂摘本。【补】摘本一卷。

宝甓斋札记 卷。赵坦。 学海堂摘本。【补】摘本十卷。

书林扬觯二卷。方东树。 盱眙吴氏刻本。【补】中国书店据仪卫轩刻本，校印木活字本。

古书疑义举例七卷。今人。俞氏丛书本。 此书甚有益于学者。【补】德清俞樾撰。 续经解本,单行活字本。 民国十三年长沙鼎文书社刻古书疑义举例丛书,俞撰七卷与刘师培补一卷、杨树达续补二卷、马叙伦校录一卷合刊。

〔以上国朝〕

四库全书考证一百卷。乾隆四十一年敕撰。 聚珍本,福本。以下十种,皆校勘之学。

义门读书记五十八卷。何焯。 通行本。

援鹑堂随笔四十卷。姚范。 家刻本。【补】书名援鹑堂笔记。道光间刻五十卷,附刊误、补遗。

读书杂志八十卷。王念孙。 家刻本。【补】此书八十二卷,又余志二卷,共十八种。 北京坊间补印家刻本,江宁局重刻本,坊间石印本,学海堂摘本止二卷。 续经解抽刻此中读逸周书杂志四卷。德清俞樾诸子平议即仿王书而作,已见前。瑞安孙诒让札迻十二卷,光绪二十年自刻本。

群书拾补三十八种。卢文弨。 抱经堂本。【补】蓳英馆石印本,光绪间会稽徐友兰刻绍兴先正遗书本三十七卷、补遗三卷、识语一卷。 归安陆心源群书校补一百卷,四十种,光绪间家刻本。

斠补隅录(二)十四种。蒋光煦。 别下斋刻涉闻梓旧本。 目列后:尚书全解二十一叶,尔雅十八叶,续通鉴七叶,东汉会要二十九叶,吴越春秋十二叶,钱塘遗事十二叶,宣和奉使高丽图经六叶,管子三十四叶,荀子九叶,西阳杂俎十二叶,唐摭言十四叶,芦浦笔记四叶,陈后山集十三叶,意林十叶。

竹汀日记钞三卷。钱大昕。　何元锡刻本,滂喜斋编录本二卷。【补】式训堂重刻何编本三卷,藕香零拾刻张标编录本一卷。　日记六十卷,未刊。　会稽李慈铭越缦堂日记钞二卷,不著钞者名氏,宣统间上海神州国光社排印古学汇刊本,所录多有关经籍,与何钞竹汀日记用意略似。越缦堂日记五十一册,不分卷,有北京浙江会馆影印手写本。曾国藩求阙斋日记四十册,光绪间上海影印手写本。王定安求阙斋日记类钞二卷,长沙刻本。翁同龢翁文恭公日记四十册,民国十二年涵芬楼影印手写本。王闿运湘绮楼日记三十二册,民国十六年涵芬楼排印本。诸书同为日记,连类附此。

拜经楼藏书题跋记六卷。吴寿旸。　别下斋本。【补】式训堂本。

经籍跋文一卷。陈鳣。　涉闻梓旧本。【补】式训堂本。

曝书杂记三卷。钱泰吉。　甘泉乡人稿本,滂喜斋本,别下斋本二卷。【补】式训堂本三卷。

　　〔以上校勘,原注已言之。〕

甕牖闲评八卷。宋袁文。　聚珍本,杭本,福本。【补】南昌局重刻聚珍本。

陔余丛考四十三卷。赵翼。　原刻本。

恒言录六卷。钱大昕。　文选楼本。

通俗编三十八卷。翟灏。　无不宜斋刻本,指海本。【补】指海内无此书,函海本二十五卷。　上虞朱亦栋群书札记十六卷,云鹤堂刻本。周中孚郑堂札记五卷,赵之谦刻鹤斋丛书本。凌曙群书答问二卷、补遗一卷,德化李氏刻木犀轩丛书本。朱骏声经史答问二十六卷,家刻本。仁和劳格读书杂识十二卷,归安丁氏刻月河精舍丛钞本。番禺陈澧东塾读书记十五卷,广州局本,通行本。

南汇张文虎舒艺室随笔六卷、续笔一卷、余笔三卷,同治间刻本。义乌朱一新无邪堂答问五卷,家刻拙盦丛稿本,广州局本,石印巾箱本。

以上儒家类考订之属录其有关经史者。　此类各书,为读一切经、史、子、集之羽翼。

右儒家

兵家第三　兵者人事,太白阴经、虎钤经之属,诡诞不经,不录。登坛必究、武备志多言占候,所言营陈器械,古今异宜,不录。握奇经、三略、心书、李卫公问对,伪书,不录。武编、兵法百言之属,多空谈,不录。

历代兵制八卷。宋陈傅良。　守山阁本,金壶本。

读史兵略四十六卷。胡林翼。　武昌官本。【补】续二十八卷,光绪末上海坊间排印本。　此书江宁汪士铎代胡撰。　浏阳卢彤中国历史战争形势图四十四叶,附说论二卷,宣统二年武昌同伦学社印本。中国历史四裔战争形势图四十八叶,附说论二卷,民国间北京同伦学社印本,图石印,说论排印。

读史方舆纪要一百三十卷,形势纪要九卷。顾祖禹。　通行刻本,〔湖北新刻本〕。活字版本不善。　此书专为兵事而作,意不在地理考证。【补】宝庆三味书坊刻本。道光间成都龙万育敷文阁刻本一百三十卷,附图四卷,与顾炎武天下郡国利病书一百二十卷合刊。广州局重刻四川本,安康张鹏扮校刻本。

草庐经略十二卷。明失名人。　粤雅堂本。

〔以上论兵制、兵事〕

练兵实纪九卷,杂集六卷。明戚继光。 守山阁本,金壶本。【补】学津本即照旷阁版。道光间钱塘许乃钊刻敏果斋七种本,无棣吴之勷刻本。

纪效新书十八卷。明戚继光。 学津本。 以上二书,通行本粗恶。【补】敏果斋七种本,道光间仁和朱昌寿刻本,武昌局本。

救命书二卷。明吕坤。 指海本,附呻吟语刻本,借月山房本。

洴澼百金方十四卷。吴宫桂。 据王芑孙序后自记,或云袁氏撰。 通行本。 近人金汤十二筹,详于城守,亦切实有用。【补】洴澼百金方题惠麓酒民撰。 乾隆间嘉鱼堂刻本,苏州局本。

〔以上论练兵、临阵〕

火攻挈要三卷。明焦勖。 海山仙馆本,单行本。 李善兰火器真诀一卷,见下则古昔斋算学内。

新译西洋兵书五种。上海制造局刻本。 克虏伯炮说四卷、炮操法四卷、炮表六卷,水师操练十八卷,附一卷,行军测绘十卷,防海新论十八卷,御风要术三卷,皆极有用。

右兵家凡兵家多与史学家相出入,地理尤要。

法家第四

唐律疏议三十卷,唐长孙无忌。**附洗冤集录五卷。**宋宋慈。岱南阁本。 唐律旧入政书,附此,取便寻览。【补】苏州局本。 刑统三十卷,后周窦仪等撰,宋建隆四年颁行,与唐律无甚出入,吴兴刘承幹刻嘉业堂丛书本。永徽法经三十卷,元郑汝翼撰,未见刻本,四库存目系永乐大典本。大明律三十卷,明洪武间官撰,万历间舒化等校刻本。大清律例四十七卷,乾隆五年官撰,官本,又随时增修本。现行刑律,沿清宣统间所订新刑律,在中华六法中,有通行本。归安沈家本历代刑法考七十八卷,附寄簃文存八卷,民国间刻沈寄簃先生遗书本。闽县程树德九朝律考二十卷,民国十六年涵芬楼排印本。

折狱龟鉴八卷。宋郑克。 守山阁本,金壶本。

佐治药言一卷,续一卷。汪辉祖。 知不足斋本。【补】汪龙庄遗书本。

学治臆说二卷。汪辉祖。 托氏刻本,读画斋本。二书合刻有阮氏本,武昌局本,贵阳官本。【补】汪龙庄遗书本,南昌局亦合刻二书。

龙筋凤髓判四卷。唐张鷟。 湖海楼本,海山仙馆本,学津本。名似法家,实则词章,无类可归,附此,其目藉可考唐时律令公式。【补】明刘允鹏注。

牧令书二十三卷,保甲书四卷。徐栋辑。 通行本。 浅而切用。【补】苏州局本,武昌局本。

右法家

农家第五

齐民要术十卷。魏贾思勰。 津逮本,学津本,秘册汇函本。【补】武昌局汇刻四子本,桐庐袁昶渐西村舍丛书本,潮州郑氏刻龙溪精舍丛书本,四部丛刊影印明钞本,上虞罗振玉吉石盦影印宋刻本第五、六两残卷。

耒耜经一卷。唐陆龟蒙。 津逮本,学津本。 在甫里集内。

农书三卷，宋陈旉。附蚕书一卷。宋秦湛。 知不足斋本。 蚕书亦在道光重刻淮海集内，作秦观撰。【补】函海本，龙威秘书本。

农书三十六卷。元王桢。 明刻本。【补】又明初刻本二十二卷，又聚珍本二十二卷，福州局重刻聚珍本三十六卷。

潞水客谈一卷。明徐贞明。 单行本，粤雅堂本。

〔以上论农〕

橡茧图说二卷。刘祖震。 道光七年刻本。

樗茧谱一卷。郑珍。 道光十七年刻本。

木绵谱一卷。褚华。 珠尘本。

〔以上论茧、绵〕

农桑辑要七卷。元至元十年官撰。 聚珍本，杭本，福本。【补】南昌局重刻聚珍本，袁氏渐西村舍丛书本。

农政全书六十卷。明徐光启。 通行本。【补】贵州重刻平露堂本。

授时通考七十八卷。乾隆二年敕撰。 殿本，四川布政司刻本。【补】南昌局本。

农桑易知录三卷。郑之任。 乾隆六年刻本。

〔以上通论农桑〕

康济录六卷。倪国连。 通行本，武昌局本。

荒政丛书十卷。俞森。 守山阁本，金壶本。

荒政辑要九卷。汪志伊。 嘉庆十一年刻本。【补】武昌局本。

〔以上荒政〕

附泰西水法六卷。明熊三拔。　互见算法内。【补】熊三拔,西洋意大利国人。

右农家

医家第六　录初唐以前者。唐后方书,须专门经验定其是非,不录。

素问王冰注二十四卷。明仿刻宋高保衡等校本,近人重刻本。互见前古子。　〔钱熙祚校,咸丰三年守山阁单行本。〕【补】王冰晋人。镇江文成堂书坊重仿宋刻,杭州局二十二子重刻明顾从德仿宋嘉祐本,四部丛刊影印明顾氏仿宋本,涵芬楼道藏举要影印道藏高保衡等校本五十卷,守山阁单行本,附金山顾观光校勘记一卷。　绩溪胡澍素问校义一卷,吴县潘氏滂喜斋丛书本。　俞樾、孙诒让条校在读书余录、札迻内。

素问释义十卷。张琦。　道光十年宛邻书屋自刻本。【补】张琦素灵微蕴,未刊。

难经集注五卷。旧题周秦越人。　明王九思注。　借月山房本,〔佚存丛书本〕。【补】四部丛刊影印日本活字本。

神农本草经三卷。问经堂校本。【补】魏吴普等述,清孙星衍、孙冯翼同校。

又顾观光校本四卷。　德清傅云龙覆唐卷子本新修本草十卷,附辑一卷,在籑喜庐丛书中。宋唐慎微证类本草三十卷,四部丛刊影印金泰和甲子晦明轩刻本。明李时珍本草纲目五十二卷,采录最博,附此,有通行本。

〔以上古医书〕

伤寒论十卷。汉张机。 明吴勉学刻古今医统本。【补】金成无己注。 日本影元本,南昌熊氏影印元刻本,四部丛刊影印明嘉靖乙巳汪氏校刻本。

金匮要略三卷。汉张机。 医统本。【补】四部丛刊影印明刻本。

华氏中藏经〔三〕(一)卷。平津馆本。【补】医统本。

甲乙经十二卷。晋皇甫谧。 医统本。【补】吴县朱记荣刻槐庐丛书本。

灵枢经十二卷。晋人。 医统本,通行本,〔钱熙祚校,咸丰三年守山阁合素问单行本〕。【补】或云唐王冰依托。 此书与素问通号内经。杭州局二十二子本,四部丛刊影印明赵府翻宋本,涵芬楼道藏举要影印道藏本二十三卷。

肘后备急方八卷。晋葛洪。 程永培刻六醴斋医书本。【补】涵芬楼道藏举要影印道藏本。

脉经十卷。晋王叔和。 借月山房本,守山阁本。【补】宜都杨守敬覆宋刻本,四部丛刊影印元刻本。

褚氏遗书一卷。南齐褚澄。 医统本,广百川本。

千金宝要六卷。唐孙思邈。 平津馆本。【补】此乃千金要方摘本,宋郭思编。 孙思邈千金要方九十三卷,康熙二十八年张、喻二氏刻本,涵芬楼道藏举要影印道藏本。

　　右医家【补】医籍考八十卷,日本多纪元胤撰,体例与朱氏经义考相似,其书未刊,有传钞本。

天文算法第七 算书与推步,事多相涉,今合录。 推步须凭实测,地理须凭目验,此两家之书,皆今胜于古。今日算学家,习中法者,以算学启蒙、九章细草图说、九数通考、四元玉鉴为要,兼习西法者,以数理精蕴、梅氏丛书、新译数学启蒙、代数术、新译十三卷几何原本为要。

戴校算经十书三十七卷。戴震校。 微波榭本。 目列后。

周髀算经二卷。汉赵君卿注,北周甄鸾述,唐李淳风释。 互见前古子。音义一卷。宋李籍。 又聚珍本,福本,又津逮本,学津本。【补】吴县朱记荣刻槐庐丛书本,据学津本重刻,附金山顾观光校勘记一卷。顾观光校勘记,亦刻武陵山人遗书中。四部丛刊影印明刻本周髀算经二卷。

 瑞安孙诒让条校,在札迻内。

九章算术九卷。汉人。〔晋〕(魏)刘徽注,唐李淳风释,戴震补图。音义一卷宋李籍。附策算一卷。戴震。 又聚珍本,福本,常熟屈氏重刻本。【补】四部丛刊影印微波榭本,又汪莱校正本,附戴氏订讹一卷,咸丰四年刻衡斋遗书中。

海岛算经一卷。晋刘徽。 并注。 又聚珍本,杭本,福本。【补】南昌局重刻聚珍本。

孙子算经三卷。汉人。 北周甄鸾注,唐李淳风释。 又聚珍本,杭本,福本,又知不足斋本。【补】南昌局重刻聚珍本。

五曹算经五卷。六朝人。 北周甄鸾注。 又聚珍本,福本,又知不足斋本。【补】南昌局重刻聚珍本。

夏侯阳算经三卷。　六朝人。　又聚珍本,杭本,福本。【补】南昌局重刻聚珍本。

张邱建算经三卷。北周甄鸾注,唐李淳风释,刘孝孙细草。又知不足斋本。

五经算术〔二〕(五)卷。北周甄鸾。　唐李淳风注。　又聚珍本,杭本,福本。【补】南昌局重刻聚珍本。

缉古算经一卷。唐王孝通。　并注。　又知不足斋本。【补】函海本。

数术记遗一卷。旧题汉徐岳。　北周甄鸾注。　伪书。　又津逮本,学津本。附勾股割圜记一卷。戴震。　【补】槐庐丛书本一卷,无附。

九章算术细草图说九卷。李潢。　沈钦裴校。　嘉庆庚辰家刻本。

海岛算经细草图说一卷。李潢。　附前刻后。

缉古算经考注二卷。李潢。程矞采广州刻本,又南昌刻补草附图本,非原书。

测圆海镜细草十二卷。元李冶。　李锐校。【补】书目答问原刻后印本增印"又长沙荷池精舍刻本"九字。李善兰刻本。

益古演段三卷。同上。同上。【补】同上。

弧矢算术细草一卷。明顾应祥。　李锐细草。

透帘细草一卷。阙名。

续古摘奇算法一卷。宋杨辉。

丁巨算法一卷。元丁巨。 以上六种皆知不足斋本。

数书九章十八卷，宋秦九韶。附札记。宋景昌。 宜稼堂丛书本。

杨辉算法六种七卷。宋杨辉。 宋景昌校。 宜稼堂丛书本。目列后。

> 详解九章算法，附纂类，无卷数。附札记。【补】涵芬楼影印宜稼
> 堂本，单行。 田亩〔比类〕乘除捷法二卷。算法通变本末一
> 卷。 乘除通变算宝一卷。 算法取用本末一卷。 续
> 古摘奇算法一卷，附总札记。

算学启蒙三卷。元朱世杰。 罗士琳校。 观我生室汇稿本，抽印单行
本。【补】江宁局本。 罗据朝鲜重刻本校正。 互见。

四元玉鉴细草二十四卷。元朱世杰。 罗士琳草。 观我生室汇稿本，
抽印单行本。 互见。【补】书目答问原刻后印本增印"光绪乙亥长沙荷池精舍
刻本"十二字。 四元玉鉴原书三卷，仁和何元锡覆元大德刻本。

缉古算经细草三卷。张敦仁。岱南阁本。求一算术三卷。同上。
【补】书目答问原刻后印本于细草三卷下，增印长沙荷池精舍刻本八字。知不足
斋丛书内，亦刻张敦仁缉古算经细草。

校缉古算经一卷，图解一卷，细草一卷，音义一卷。陈杰。 成
都龙氏刻本。【补】图解三卷。

开方补记六卷。张敦仁。 道光十四年自刻本。 原书九卷，未刻毕。
【补】书目答问原刻后印本本行下，增印"求一术通解二卷，今人，长沙荷池精舍刻

本"十七字。 通解新化黄宗宪撰。

割圆密率捷法四卷。明安图。 罗士琳校。 天长岑氏刻本,观我生室本。互见。

三统术衍三卷。钱大昕。 潜研堂集本。 董祐诚三统术衍补一卷,在董方立遗书内。

少广正负术内外篇六卷。孔广森。 㪡轩所著书本。

开方释例四卷。骆腾凤。 刻本。 王元启句股衍甲集三卷、乙集二卷、丙集四卷,未刊。【补】开方释例何锦刻。

弧矢算术细草图解一卷。咸丰元年中星表一卷。冯桂芬。 原刻本。

句股六术一卷。项名达。 上海局本。【补】书目答问原刻后印本于本行下,增印"百鸡术衍二卷,今人,长沙荷池精舍刻本"十六字。 此书嘉定时日醇撰。

笔算便览一卷。纪大奎。 纪慎斋全集内。【补】书目答问原刻初印本于本行下,增印"算法圆理括囊一卷,今人,长沙荷池精舍刻本"十八字。 此书日本国人加悦传一郎俊兴撰。

增删算法统宗十一卷。梅毂成。

九数通考十三卷。屈曾发。 乾隆癸巳刻本,同治十年广州学海堂重刻本。 原名数学精详。

　　以上中法

新法算书一百零三卷。明徐光启等。 明刻本。 三十种。 原名崇
祯历书。目列后。

治历缘起八卷。 奏疏四卷。 八线表一卷。日躔表一
卷。 月离表四卷。 五纬表十卷。交食表九卷。 恒
星纬表二卷。 新历晓或一卷。青照堂亦刻。历小辨一卷。
测量全义十卷。远镜说一卷。珠尘亦刻。 日躔历指一
卷。月离历指四卷。 五纬历指九卷。 恒星历指四
卷。交食历指七卷。 恒星出没二卷。 古今交食考一
卷。 黄赤正球二卷。 浑天仪说五卷。测天约说二
卷。 天测二卷。 几何法要四卷。新法历引一卷。
历法西传一卷。 新法表异二本。 筹算指一卷。 筹
算一卷。 测食略二卷。

天学初函器编三十卷。明徐光启等。 明刻本。 十种,目列后。

泰西水法六卷。明熊三拔。【补】互见前农家。 浑盖通宪图说
二卷。明李之藻。 又守山阁本。 几何原本六卷。明徐光启译。
又海山仙馆本。 全书十五卷,余九卷未译,今始译行。【补】原书希腊
欧几里得撰。 表度说一卷。明熊三拔。 天问略一卷。明阳
玛诺。又珠尘本。【补】阳玛诺葡萄牙国人。 简平仪一卷。明熊三
拔。 又守山阁本。同文算指前编二卷,通编八卷。明李之藻

译。 又海山仙馆本。 明本有别编一卷。【补】原书意大利国利玛窦撰。

圆容较义一卷。明李之藻。又海山仙馆本，守山阁本。 **测量法义一卷。**明徐光启。 又海山仙馆本，指海本。 **句股义一卷。**明徐光启。 又海山仙馆本，指海本。

测量异同一卷。明徐光启。 海山仙馆本，指海本。

测算刀圭三卷。面体比例便览一卷，对数表一卷，对数广运一卷。年希尧。 自刻本。

视学二卷。年希尧。 自刻本。

比例会通四卷。罗士琳。 刻本。

新译几何原本十三卷，续补二卷。李善兰译。 上海刻本。【补】江宁局本。

代数术二十五卷，卷首释号一卷。今人译。 上海刻本。【补】英国华里司撰，金匮华蘅芳译。

代微积拾级 卷。李善兰译。 上海刻本。【补】此书十八卷，美国罗密士撰。 书目答问原刻后印本本行下，增印"对数详解五卷，今人，长沙荷池精舍刻本"十六字。 此书长沙丁取忠撰。

曲线说一卷。李善兰译。 则古昔斋刻本。【补】原书英国胡威立撰。 书目答问原刻后印本本行下，增印"割圜缀术四卷，徐有壬撰，今人述草，长沙荷池精舍刻本"二十二字。 此书南丰吴嘉善述草。

数学启蒙一卷。西洋人伟烈亚力。 上海活字版本。【补】伟烈亚力，英国人。　书目答问原刻后印本本行下,增印"圆率考真图解一卷,今人,长沙荷池精舍刻本"十八字。　此书湘乡曾纪鸿撰。

经天该一卷。明利玛窦。　珠尘本,亦在高厚蒙求内。【补】书目答问原刻后印本本行下,增印"数学拾遗一卷,今人,长沙荷池精舍刻本"十六字。　此书长沙丁取忠撰。

中星表一卷。〔清〕(明)徐朝俊。　珠尘本,亦在高厚蒙求内。

以上西法

御制数理精蕴上编五卷,下编四十卷,表八卷。康熙十三年殿本。

御制历象考成上编十六卷,下编十卷,后编十卷,表十六卷。康熙十三年殿本,乾隆二年殿本。【补】上编、下编及表四十二卷,康熙间撰,后编十卷,乾隆间撰。武昌官本。

御定仪象考成三十二卷。乾隆九年殿本。【补】续编三十二卷,道光二十五年殿本。

晓庵新法六卷。王锡阐。　守山阁本。【补】翠琅玕丛书本。　王锡阐晓庵遗书十五卷,光绪间德化李氏刻木犀轩丛书本。

五星行度解一卷。同上。　同上。

天步真原一卷。薛凤祚。　守山阁本,指海本。

勿庵历算全书七十四卷。梅文鼎。　魏念彤刻本。　二十九种。　梅毂成重编为六十二卷,名梅氏丛书,序次尤善,附毂成赤水遗珍一卷、操缦卮言一卷。　目列后。【补】梅毂成重编，本名梅氏丛书辑要，此编最足，分二十种，附毂成二种，家刻本，泾县洪氏刻本。又李光地刻本六种，十八卷，蔡璧刻本十七种，四十三卷，皆不全。

平三角举要五卷。　句股阐微四卷。　弧三角举要五卷。　环中黍尺六卷。　壍堵测量二卷。方圆幂积一卷。　几何补编五卷。　解割圆之根一卷。杨作枚。　历学疑问三卷。　历学疑问补二卷。珠尘亦刻。　交会管见一卷。　交食蒙求三卷。　揆日候星纪要一卷。　岁周地度合考一卷。　冬至考一卷。　诸方日轨高度表一卷。五星纪要一卷。　火星本法一卷。　七政细草补注一卷。　二铭补注一卷。珠尘亦刻。　历学骈枝四卷。

平立定三差解一卷。　历学〔答〕问（答）一卷。珠尘亦刻。古算演略一卷。珠尘亦刻。笔算五卷。　筹算七卷。　度算释例二卷。　方程论六卷。　少广拾遗一卷。

忽庵历算书目一卷。梅文鼎。　知不足斋本。【补】亦附魏刻勿庵历算全书后。

中西经星〔同〕异（同）考一卷。梅文鼎。　指海本。

江慎修数学八卷，续一卷。江永。　守山阁本。海山仙馆本用原名，题曰翼梅。　目列后。

历学补论。　岁实消长辨。　恒气注历辨。　冬至权

度。　七政衍。　金水发微。　中西合法拟草。　算

剩。　正弧三角疏义。

推步法解五卷。江永。　守山阁本。

李氏遗书十七〔卷〕（种）。李锐。　道光癸未阮氏广州刻本。算书十一

种。【补】光绪十六年重刻本。　目列后。召诰日名考一卷，汉三统术注三卷，汉

四分术注三卷，汉乾象术注二卷，补修宋奉元术注一卷，补修宋占元术注一卷，日

法朔余强弱考一卷，方程新术草一卷，句股算术细草一卷，弧矢算术细草一卷，开

方说三卷，下卷顺德黎应南补。

董方立遗书算术七卷。董祐诚。　家刻本，成都重刻本。　遗书共十四

卷，余七卷为他著述。【补】光绪间上海制造局重刻本。　遗书九种，十六卷，内

算术凡七卷，余八卷分见史部地理类、集部骈体文家集，又兰石词一卷，此中

未收。

　割圆连比例术图解三卷。　椭圆求周术一卷。堆垛求积

术一卷。　斜弧三边求角补术一卷。三统术衍补一卷。

里堂学算记十六卷。焦循。　焦氏丛书本。　五种，目列后。

　加减乘除释八卷。　天元一释二卷。　释弧三卷。释轮

二卷。　释椭一卷。【补】焦循别有开方通释一卷，光绪间德化李氏

刻入木犀轩丛书。

宣西通三卷。许桂林。　〔善化唐氏〕刻本。

算牖四卷。同上。　〔孙云槎刻本〕。

翠微山房数学三十八卷。张作楠。　原刻本。　十五种，目列后。【补】光绪二十五年重刻本。　一名张丹村杂著。

量仓通法五卷。　方田通法补例六卷。　仓田通法续编三卷。　八线类编三卷。　八线对数类编二卷。〔丁取忠校正。〕〔白芙堂本。〕弧角设如三卷。　弧三角举隅一卷。【补】全椒江临泰。　揣籥小录一卷。　揣籥续录三卷。　高弧细草一卷。新测恒星图表一卷。　新测中星图表一卷。　新测更漏中星表三卷。　金华晷漏中星表二卷。交食细草三卷。

数学五书　卷。安清翘。　刻本。　目列后。【补】十九卷。

推步惟是。【补】四卷。　一线表用。【补】六卷。　学算存略。【补】三卷。　笔算衍略。【补】数学五书内无此一种。矩线原本四卷。乐律新得。【补】二卷。　新当作心。

衡斋算学七卷。汪莱。　嘉庆间刻本。【补】咸丰四年刻衡斋遗书本。遗书凡八种，十六卷，余七种，九卷，亦多系算书。　书目答问原刻后印本本行下，增印"粟布演草二卷，补一卷，今人，长沙荷池精舍刻本"十九字。　此书长沙丁取忠撰。

六九轩算书　卷。刘衡。　家刻本。　六种，目列后。【补】八卷。

尺算日晷新义。【补】二卷。　句股尺测量新法。【补】一卷。　筹表开诸乘方捷法。【补】二卷。　借根方法浅说。【补】一卷，罗士琳补。　四率浅说。【补】一卷。　缉古算经补注。【补】一卷。

观我生室汇稿二十四卷。罗士琳。　阮刻本。　十一种,目列后。

句股容三事拾遗三卷,附例一卷。　三角和较算例一卷。

四元玉鉴细草二十四卷。又单行。　四元释例二卷。

演元九式一卷。　台锥积演一卷。　校正算学启蒙〔三〕(四)卷。又单行。　校正割圜密率捷法四卷。〔又单行。〕　续畴人传六卷。　周无专鼎铭考一卷。　弧矢算术补一卷。此外有交食图说举隅,推算日食增广新术,春秋朔闰异同,缀术辑补,句股截积和较算例,淮南天文训存疑,博能丛话,未刊。【补】春秋朔闰异同一卷,已刊,见前经部春秋左传之属。句股截积和较算例二卷,已刊入连筠移丛书。

夏氏算书遗稿四种。夏鸾翔。　附邹征君遗书。　刻本。　目列后。

少广缒凿一卷。〔白芙堂亦刻。〕　洞方术图解二卷。　致曲术一卷。　致曲图解一卷。【补】夏鸾翔别有万象一原九卷,宣统间排印入振绮堂丛书,苏州局亦刻。

务民义斋算学七种。徐有壬。　姚氏咫进斋刻本,有七种未刻。徐别有造各表简法、截球解义、椭圜求周术各一卷,附刻邹征君遗书内。〔堆垛测圜三卷,圆率通考一卷,四元算式一卷,校正开元占经九执术一卷,古今积年解源二卷,强弱率通考一卷,此六种未刻。〕【补】书目答问原刻后印本增印长沙荷池精舍刻本八字。　目列后：测圜密率三卷。垛积招差一卷，即造各简表法。椭圜正术一卷，即椭圜求周术。截〔球〕(求)解义一卷。弧三角拾遗一卷。表算日食三差一卷。朔食九服里差三卷。又自刻本无截球造表二种。上列徐别有三字当删。

邹征君遗书八种。邹伯奇　广州家刻本。　目列后。

> 学计一得二卷。　补小尔雅释度量衡一卷。　格术补一卷。【补】长沙荷池精舍亦刻。对数尺记一卷。乘方捷术三卷。

> 存稿一卷。　舆地图一册。恒星图〔赤道南北〕二幅。

> 附夏氏算学、徐氏算学。

吴氏丁氏算书十七种。今人吴氏、丁氏同撰。　同治元年长沙白芙堂刻本。　目列后。【补】南丰吴嘉善、长沙丁取忠同撰。

> 笔算。　今有术。　分法。　开方〔术〕(释)。平方术。

> 平圜术。　立方立圜术。　句股术。　平三角术。

> 测量术。　方程术。　天元一术。　天元名式释例。

> 天元一草。　天元问答。　四元名式释例。　四元草。

> 附借根方句股细草一卷。李锡蕃。【补】又同治十二年刻本二十一种，视前刻多四种如下，弧三角术，差分术，盈朒术，方程天元合释，皆吴嘉善撰。　又光绪间刻本，合他算学廿一种，经学二种，共四十四种，名曰白芙堂算学丛书。余二十三种目列后：八线对数表，张作楠。天元句股细草，李锐。开〔方〕(元)说，李锐。一少广缒凿，夏鸾翔。务民义斋算学，徐

有壬。百鸡术衍，嘉定时日醇。舆地经纬度里表，丁取忠。求一术通解，新化黄宗宪。割圆八线缀术，吴嘉善。数学拾遗，丁取忠。测圆海镜，元李冶。益古演段，李冶。圜率考真图解，湘乡曾纪鸿。圆理括囊，日本国人加悦传一郎俊兴。粟布演草，丁取忠。缉古算经细草，张敦仁。对数详解，丁取忠。缀术释明，湘阴左潜。缀术释戴，左潜。四元玉鉴，元朱世杰。格术补，邹伯奇。仪礼丧服辑略，长沙张华理。丧服今制表，张华理。　通行石印本，无末经学二种。

则古昔斋算学二十四卷。李善兰。　江宁刻本。　十三种，目列后。
【补】江宁局刻，家刻本。

方圆阐幽一卷。　弧矢启秘二卷。　对数探源二卷。
【补】指海亦刻。　垛积比类四卷。　四元解二卷。麟德术解三卷。　椭圜正术解二卷。　椭圜新术一卷。　椭圜拾遗三卷。　火器真诀一卷。　尖锥变法解一卷。　级数回求一卷。　天算或问一卷。【补】李善兰别有测圆海镜解一卷，考数根法三卷，造整句股级数法二卷，未刊。

畴人传四十六卷。阮元。续畴人传六卷。罗士琳。　阮氏合刻本。
阮传入文选楼丛书，续传亦入观我生室汇稿。　学海堂阮传摘本九卷。【补】海盐张敬合刻本。　钱塘诸可宝畴人传三编七卷，南菁书院丛书本。通行石印本合印阮、罗、诸三书，附金匮华蘅芳近代畴人著述记。澧州黄钟峻畴人传四编卷，自刻留有余斋丛书本。

以上兼用中西法

右天文算法家 算学以步天为极功,以制器为实用,性与此近者,能加研求,极有益于经济之学。【补】此类诸书,多有通行石印本。善化刘铎辑古今算学丛书一千零八卷,收罗甚富,右举诸书多在其中。光绪二十四年上海算学书局影印未全。李善兰后,华蘅芳最著,有自刻行素轩算稿六种,又译撰数种,亦能融通中西,自名一家,今新书日出,西法大行,精深诚远过旧籍,然类皆直译稗贩,无心得可称,其书既通行习知,兹悉不录。

术数第八 举其雅驯合理者。

易林十六卷。旧题汉焦赣,依徐养原、牟廷相,定为汉崔篆。 士礼居校宋本,单行重刻黄本,津逮本、学津本并为四卷。 火珠林一卷,刻格致丛书百名家书中。【补】涵芬楼道藏举要影印道藏本易林十卷,四部丛刊影印元刻本十六卷,有注,潮州郑氏龙溪精舍重刻黄本。 翟云升易林校略十六卷,道光间自刻本。丁晏易林释文二卷,南菁书院丛书本,广州局本。孙诒让校易林二十五则,在札迻内。

太玄经十六卷。汉扬雄。 蜀范望注。 明刻仿宋本,孙氏古棠书屋丛书本。【补】此书十卷。 四部丛刊影印明万玉堂翻宋本,附唐王涯说玄一卷、宋林瑀释文一卷。 俞樾、孙诒让皆有条校,在诸子平议、札迻内。

太玄经集注十卷。宋司马光。 嘉庆庚午陶五柳仿宋本。【补】前六卷光辑,汉宋衷、吴陆绩、晋范望、唐王涯、宋宋维幹、陈渐、吴秘七家音释解义,撰为集注,后四卷则光录同时人许翰注也。成都存古书局刻本,涵芬楼道藏举要影印道藏本,无后四卷。

太玄解一卷。焦袁熹。　珠尘本。

五行大义五卷。隋萧吉。　佚存丛书本，知不足斋本，〔许宗彦校刻本〕。

开元占经一百二十卷。唐瞿昙悉达。　长沙刻本。　内有唐九执历。

潜虚一卷。宋司马光。附潜虚发微论一卷。宋张敦实。　知不足斋本。

潜虚解一卷。焦袁熹。　珠尘本。

皇极经世书十二卷。宋邵雍。　通行本。

　右术数家东方朔灵棋经二卷，伪书，然是晋以前人作，刻得月簶丛书、珠丛别录、刘氏述古丛钞中。【补】长恩书屋丛书、翠琅玕馆丛书、涵芬楼道藏举要内亦俱有灵棋经。

艺术第九　举其典要可资考证者，空谈赏鉴不录。

法书要录十卷。唐张彦远。　津逮本，学津本。　梁庾肩吾书品、唐张怀瓘书断，已收入此书内。

墨池编二十卷。宋朱长文。　明青州李氏刻本，雍正癸卯朱氏刻本。

书史会要九卷，补遗一卷，明陶宗仪。续编一卷。明朱谋垔。　三续百川本。　钱坫篆人录八卷，未刊。【补】陶、朱书明刻本，三续百川本无卷数。

书谱一卷。唐孙虔礼。　百川本。安氏石刻附释文本。

续书谱一卷。宋姜夔。　三续百川本。　以上二种，刻戈守智汉溪书法通解内，通行本。【补】广州局刻白石四种本。

艺舟双楫六卷,附录三卷。包世臣。　安吴四种之一。　活字版本,又单行本。　此编实是杂文,因内有论书二卷,附此。【补】翠琅玕馆丛书本,上海有正书局排印本,皆无附录。又咸丰十一年山阳吴璜观乐堂单刻本六卷,篇目略有异同。　安吴四种,互见集部。　南海康有为广艺舟双楫六卷,一名书镜,专论书法,以北碑为主,万木草堂自刻本,有正书局排印本。

〔以上论书〕

历代名画记十卷。唐张彦远。　津逮本,学津本,绩百川本。　上古至唐会昌。

贞观公私画史一卷。唐裴孝源。　续百川本,唐宋丛书本。

图画见闻志六卷。宋郭若虚。　津逮本,学津本。　唐会昌至宋熙宁。

画继十卷。宋邓椿。　津逮本,学津本。　宋熙宁至乾道。

图绘宝鉴五卷。元夏文彦。　上古至元。续编一卷。明韩昂。　津逮本。　明初至嘉靖。　〔又借绿草堂本第六卷,毛大伦增补,至明;七、八两卷,蓝瑛、谢彬纂,至国初。又坿夏纂补遗一卷。〕【补】上虞罗振玉宸翰楼丛书影印元刻本五卷,附补遗一卷。坊刻本八卷,内有山阴冯仙湜二卷。

读画录四卷。周亮工。　自刻本,海山仙馆本。　明末国初。

画征录三卷,续二卷。张庚。　通行本。　国初至乾隆初。　以上七书,皆考证历代画家大略,相续而成。近人有画史汇传,上古至道光,人数不少,考证无多。【补】画史汇传七十二卷、附录二卷,长洲彭蕴璨撰,邱氏刻本,扫叶山房刻本。会稽鲁骏宋元以来画人姓氏录三十六卷,原刻本,博赡胜彭书。

南薰殿图象考一卷。胡敬。　自刻四种之一。

　〔以上论画〕

佩文斋书画谱一百卷。康熙四十七年敕撰。　内府本。【补】坊间石印缩本。　盖牟卞永誉式古堂书画汇考六十卷,卞氏原刻本,民国十年鉴古书社影印本。

　〔此统论书画〕

东观余论三卷。宋黄伯思。　明项氏万卷楼仿宋本,津逮本,学津本。【补】杭州局邵武徐氏丛书本。

广川书跋十卷。宋董逌。　津逮本。【补】朱氏槐庐丛书本,张氏适园丛书本。　董逌别有广川画跋六卷,刻十万卷楼丛书、翠琅玕馆丛书中。

法帖谱系二卷。宋曹士冕。　百川本,青照堂本。【补】嘉善程文荣南村帖考四卷,贵池刘世珩刻聚学轩丛书本,民国九年北京排印单行本。南海吴荣光帖镜六卷,未刊。

阁帖释文考正十二卷。王澍。　自刻本。【补】光绪间常熟鲍氏刻后知不足斋丛书本。

虚舟题跋十卷,补原三卷。王澍。　乾隆间刻本,海山仙馆本四卷。

苏斋题跋二卷。翁方纲。　得月簃本。　多考订。

法帖题跋三卷。姚鼐。　惜抱轩集本。

　〔以上论法帖〕

学古编一卷。元吾邱衍。　学津本,广百川本,秘笈本,唐宋丛书本。【补】

此书一名三十五举。 姚氏咫进斋本,丁氏武林往哲遗书本,顾湘刻篆学丛书本。

续三十五举一卷。桂馥。 乾隆己巳重定自刻本,海山仙馆本,借月山房本。 【补】咫进斋本,篆学丛书本,指海续刻本。 黄子高续三十五举一卷,学海堂丛刻本。

印人传三卷。周亮工。 自刻本。【补】篆学丛书,翠琅玕馆丛书,皆兼有歙县汪启淑续八卷。

〔以上论印章〕

琴史六卷。宋朱长文。 曹寅刻楝亭十二种本。

乐府杂录一卷。唐段安节。 续百川本。

〔以上论乐〕

右艺术家

杂家第十 学术不纯宗一家者入此,其杂记事实者入杂史,杂考经史者入儒家。

淮南子高诱注二十一卷。庄逵吉校本。十子本即此本。 兼道家。【补】杭州局二十二子重刻庄校本,贵池刘世珩宜春堂影宋巾箱本,四部丛刊影印影宋钞本。涵芬楼道藏举要影印道藏本,误题汉许慎注,实仍高诱注本也。北平刘家本淮南子集证二十一卷,民国十年上海中华书局排印本。合肥刘文典淮南鸿烈集解,商务印书馆排印本。

许叔重淮南子注一卷。孙冯翼辑。 问经堂本。【补】又黄奭、易顺鼎、叶

德辉诸人辑本,皆有自刻本。丁晏辑本未刊。 陶方琦淮南许注异同诂四卷,
陶氏家刻本。

淮南万毕术一卷。孙冯翼辑。 问经堂本,又茆辑十种本。【补】潮州郑氏
龙溪精舍重刻问经堂本,又丁晏辑本在南菁书院丛书内,又长沙叶德辉观古堂
辑本,又吴县王仁俊辑排印本。

淮南天文训补注二卷。钱塘。 指海本。【补】道光八年刻本,武昌局本,
亦附涵芬楼排印刘文典淮南鸿烈集解后。

抱朴子内外篇八卷。晋葛洪。 平津馆本。 兼道家。【补】内篇二十
卷,外篇五十卷。 光绪间吴县朱记荣重刻平津馆本,四部丛刊影印明嘉靖乙
丑鲁藩刻本,涵芬楼道藏举要影印道藏本,汉魏丛书重刻五柳居陶氏本。 俞
樾、孙诒让皆有条校,在诸子平议、札移内。

抱朴子内篇校勘记一卷,佚文一卷。外篇校勘记一卷,佚文
一卷。严可均。 四录堂类集本。

金楼子六卷。梁元帝。 知不足斋本。 兼释老。【补】潮州郑氏龙溪精舍
重刻知不足斋本,武昌局汇刻百子本。 孙诒让札移,校此书七则。

刘子十卷。梁刘昼。 汉魏丛书本。 兼道家。【补】唐袁孝政注。旧唐志
云刘勰撰,晁志云刘昼撰,又有谓旧袁孝政所伪作者,疑不能明也。 汉魏丛书
本题刘子新论。 定州王灏刻畿辅丛书本,涵芬楼道藏举要影印道藏本,玻璃
版影印明活字本。 卢文弨、孙诒让皆有条校,在群书拾补、札移内。

颜氏家训注七卷。北齐颜之推。 赵曦明注。 抱经堂本,又知不足斋
本。 兼释家。【补】潮州郑氏龙溪精舍重刻抱经堂本,又四部丛刊影印明刻二

卷本。 郝懿行颜氏家训斠记一卷,民国十年太原省立图书馆排印本。兴化李详补注若干则,载国粹学报。

长短经九卷。唐赵蕤。 读画斋本。 兼纵横家。【补】函海本。

两同书二卷。唐罗隐。 续百川本,秘笈本。 兼道家。【补】光绪间会稽章寿康刻式训堂丛书本。

谭子化书六卷。南唐谭峭。 明吴刻二十子本,明单行仿宋本,珠丛别录本。 兼道家。【补】金壶本,武昌局正觉楼丛书本,张氏榕园丛书重刻道藏本,涵芬楼道藏举要影印道藏本。

激书。无卷数,五十七篇。 贺贻孙。 江西刻本。 兼道家。

右杂家

小说家第十一 唐以前举词章家所常用者,宋以后举考据家所常用而雅核可信者,余皆在通行诸丛书中。

汉武内传一卷,附录外传、校勘记。齐王俭。 守山阁本,又金壶本。【补】涵芬楼道藏举要影印道藏本。

西京杂记六卷。梁吴均。 抱经堂校刻别行本,又津逮本,学津本,汉魏丛书本。【补】旧题汉刘歆撰,或题晋葛洪撰,皆误。 龙溪精舍重刻抱经堂本,四部丛刊影印明嘉靖壬子孔天胤刻本,又武昌局正觉楼丛书二卷本。 孙诒让校五则,在札移内。

博物志十卷,附逸文。旧题晋张华。 指海本,又士礼居本。 神异经、十洲记、洞冥记、搜神记、搜神后记、述异记,皆伪书近古者。【补】博物志,道光七年浦江周心如刻纷欣阁丛书本,光绪间潮州郑氏龙溪精舍重刻士礼居本。　神异经一卷,旧题汉东方朔撰,晋张华注。十洲记一卷,旧题汉东方朔撰,涵芬楼道藏举要影印道藏本,涵芬楼影印明顾氏文房小说本。洞冥记四卷,旧题汉郭宪撰,津逮本,顾氏文房小说本。搜神记二十卷,旧题晋干宝撰,津逮本,学津本。搜神后记十卷,旧题晋陶潜撰,津逮本,学津本。述异记二卷,旧题梁任昉撰,南陵徐乃昌随庵丛书仿宋太庙前尹家刻本。以上四种,亦在汉魏丛书、龙威秘书、汇刻百子中。

世说新语三卷。宋刘义庆。　明袁氏仿刻宋本,道光戊子周氏纷欣阁重刻袁本,惜阴轩本。【补】梁刘孝标注。　四部丛刊影印明袁褧仿宋本,附沈宝砚校语,三册。长沙王先谦校刻本,附考证　卷。

拾遗记十卷。秦王嘉。　汉魏丛书本。

异苑十卷。宋刘敬叔。　津逮本,学津本。

〔以上六朝〕

国史补三卷。唐李肇。　得月簃翻明本,津逮本,学津本。

明皇杂录三卷,附校勘记。唐郑处诲。　守山阁校本,又金壶本。

杜阳杂编三卷。唐苏鹗。　学津本,稗海本。

酉阳杂俎二十卷,续十卷。唐段成式。　津逮本,学津本,坊刻单行本。【补】湖北局刻三十三种丛书本。

尚书故实一卷。唐李绰。　秘笈本,说荟本。【补】书目答问原刻后印本本行下,增印"因话录六卷,唐赵璘,唐宋丛书本,说荟本"十六字。　因话录唐宋丛书本三卷,不全。稗海本,百川本。

北梦琐言二十卷。五代孙光宪。　雅雨堂本,广州刻本。

茆亭客话十卷。宋黄休复。　琳琅秘室本,津逮本,学津本。【补】江阴缪荃孙对雨楼丛书本,据穴砚斋钞本刻。此版今归吴兴张氏择是居。

唐语林八卷,附校勘记。宋王谠。　四库馆重编。　守山阁校本,又聚珍本,福本,金壶本。【补】武昌局重刻守山阁本,惜阴轩本,涵芬楼校排印本。

〔以上唐〕

清异录二卷。宋陶穀。　海宁陈氏与表异录合刻本,惜阴轩本,秘笈本。

归田录二卷。宋欧阳修。　学津本,欧集附刻本。【补】涵芬楼校排印本。

铁围山丛谈六卷。宋蔡絛。　知不足斋本。

侯鲭录八卷。宋赵令畤。　知不足斋本。

续世说〔十二〕(二十)卷。宋孔平仲。　守山阁本。

萍洲可谈三卷,附校勘记。宋朱彧。　守山阁本,金壶本。

默记〔一〕(三)卷。宋王铚。　知不足斋本。【补】涵芬楼校排印本。

挥麈前录四卷,后录十一卷,三录三卷,余话二卷。宋王明清。津逮本,学津本。

闻见前录二十卷。宋邵伯温。　津逮本,学津本。【补】涵芬楼校排印本。

闻见后录〔三〕(二)十卷。宋邵博。　津逮本,学津本。【补】涵芬楼校排印本。

鸡肋编三卷。宋庄季裕。　琳琅秘室本。【补】涵芬楼校排印本。

〔桯〕(程)史十五卷,附录一卷。宋岳珂。 津逮本,学津本。

癸辛杂识前集一卷,后集一卷,续集二卷,别集二卷。宋周密。
　津逮本,学津本。

　　〔以上宋〕

辍耕录三十卷。元陶宗仪。 明刻本,津逮本。【补】民国十二年武进陶湘覆元刻本。

山居新语四卷。元杨瑀。 知不足斋本。【补】知不足斋本一卷,钱塘丁丙刻武林往哲遗著本一卷。

　　〔以上元〕

震泽纪闻二卷,震泽长语二卷。明王鏊。 借月山房本。纪闻有珠尘本,长语有指海本。【补】纪闻,说郛续编内亦刻。

水东日记四十卷。明叶盛。 康熙间刻本。明刻本三十八卷。

菽园杂记十五卷。明陆容。 守山阁本,金壶本。

何氏语林三十卷。明何良俊。 明刻本。

　　〔以上明〕

钝吟杂录十卷。冯班。 守山阁本,指海本。

居易录三十四卷,池北偶谈二十六卷。王士禛。 通行本。

　　〔以上国朝〕

太平广记五百卷。宋李昉等。 通行本。 所引多唐以前逸书,可资考证者极多。【补】明刻大字二本,乾隆十八年天都黄晟刻小字本,江西巾箱本。此亦一类书,所引皆汉以来稗史、传记、小说之属,民国十二年北京大学研究所悉为辑出,得书凡四百余种,存校中,未刊。

右小说家今人杂记,若阮葵生茶余客话,王应奎柳南随笔,法式善槐厅载笔,清秘述闻,童翼驹墨海人名录之属,皆资考核,均有刻本。【补】茶余客话,南清河王锡祺排印小方壶斋丛书足本二十二卷,通行本止十二卷。柳南随笔六卷、续笔四卷,借月山房本。槐厅载笔二十卷,原刻本。清秘述闻十六卷,附常熟王家相续十六卷、补一卷,嘉善钱氏刻本。墨海人名录 卷,原刻本。大兴刘廷献广阳杂记五卷,吴县潘氏功顺堂丛书本,定州王氏畿辅丛书本。

释道家第十二 举其有关考证事实者。

宏明集十四卷。梁僧祐。 明刻本。【补】光绪二十二年金陵刻经处刻本,成都存古书局本,四部丛刊影印明万历间汪道昆刻本。

广宏明集三十卷。唐释道宣。 明吴勉学刻本。【补】四部丛刊影印明万历间汪道昆刻本,民国元年常州天宁寺重刻释藏本作四十卷。

佛国记一卷。宋释法显。 津逮本,学津本,汉魏丛书本,唐宋丛书本。【补】潮州郑氏龙溪精舍重刻学津本。 仁和丁谦佛国记地理考证一卷,浙江图书馆丛书本。

大唐西域记十二卷。唐释玄奘。 守山阁本,金壶本,津逮本,学津本。

此书与佛国记意在纪述释教,不为地理而作,故入此类。【补】宣统元年常州天宁寺刻本,四部丛刊影印南宋刻藏经本。 丁谦大唐西域记地理考证一卷,浙江图书馆丛书本。大慈恩寺三藏法师传十卷,唐释慧立撰,纪玄奘经历,与上书相表里,常州天宁寺刻本,南京支那内学院校刻本。南海寄归内法传四卷,唐释义净撰,日本刻本,江宁支那内学院新刻本。此与佛国记等四书,西文皆有译文考证,为研究印度史之要籍。唐释慧超往五天竺传残本一卷,上虞罗振玉影印南丰赵氏临写敦煌石室本。

高僧传十三卷,序录一卷。梁释慧皎。 海山仙馆本。【补】金陵刻经处

本分十五卷,序录一卷,汉永平至梁天监。 续高僧传四十卷,唐释道宣撰,扬州刻经处本,梁天监至唐贞观。宋高僧传三十卷,宋释赞宁撰,扬州刻经处本,唐贞观至宋端拱。明高僧传六卷,明释如惺撰,扬州刻经处本,南宋、元、明。以上四书,刻经处本,更名高僧传初集,续高僧传二、三、四集。补续高僧传二十六卷,明释明河撰,民国十一年涵芬楼影印日本续藏经本。释迦谱十卷,齐释僧祐撰,金陵刻经处本。佛本行集经六十卷,隋天竺人阇那崛多译,视释迦谱为详,金陵刻经处本。佛祖通载二十二卷,元释念常撰,叙述释家故实,扬州刻经处本。

法苑珠林一百二十卷。唐释道世。 燕园蒋氏刻本。【补】蒋氏刻本一百

卷,常州天宁寺本一百卷,四部丛刊影印明万历间刻支那撰述本一百二十卷,苏州玛瑙经房本。

五灯会元二十卷。宋释普济。 释藏本。【补】贵池刘世珩玉海堂仿宋宝

祐本。

开元释教录二十卷。唐释智昇。 释藏本。

翻译名义十四卷。宋释法云。 云栖寺刻本。【补】此书名翻译名义集。

金陵刻经处本二十卷,四部丛刊影印宋刊本七卷,又无锡丁福保改编排印本。

一切经音义,已见前经部小学类。 佛学大辞典十六册,无锡丁福保编,民国

间上海医学书局排印本。

〔以上释家〕

列仙传二卷。旧题汉刘向。　王照圆校。　郝氏遗书本，又古今逸史本，琳琅秘室本。【补】指海续刻本，汲古阁重刻道藏本，涵芬楼道藏举要影印道藏本。

　瑞安孙诒让校十三条，在札移内。　续仙传三卷，南唐沈汾撰，汲古阁本，涵芬楼道藏举要影印道藏本。

神仙传十卷。晋葛洪。　龙威本。【补】汉魏丛书本，汲古阁本。

参同契考异一卷。汉魏伯阳。　宋朱子考异。　守山阁本。汉魏丛书本，无考异。【补】朱子遗书本。道光间浦江周心如刻纷欣阁丛书本，分三卷。　涵芬楼道藏举要影印道藏本三卷，题周易参同契注。

道藏目录详注四卷，附阙经目录二卷。明白云霁。　道藏本。【补】袖珍本，涵芬楼道藏举要影印道藏本，天津徐世昌退耕堂影印文津阁四库书写本。

〔以上道家〕

　右释道家阴符经、素书、道德指归论，皆伪书，真诰、云笈七签多诡诞，不录。【补】云笈七签一百二十卷，宋张君房撰，涵芬楼道藏举要影印道藏本，四部丛刊影印明张萱清真馆刻本。此书与释家之法苑珠林相类，可考见道教思想之大略，亦不可废。大藏经共八千余卷，宋初刻本今已亡阙，南宋淳祐间高丽重刊本，其版犹在，近代有雍正十三年刻本，光绪间日本东京弘教书院活字本，上海哈同花园重印活字本。日本续藏经共一千七百五十种，七千一百四十余卷，光绪间日本藏经书院活字本，民国十二年上海涵芬楼影印。道藏五千二百卷，明正统、万历间刻本,北京白云观藏有全帙,民国十三年天津徐世昌属涵芬楼影印。涵芬楼抽印此中一百七十六种别行,名道藏举要。　右列书目,有举释藏本及道藏本者,因附注二藏诸刻于此。

类书第十三　类书实非子,从旧例附列于此,举其有本原者。

皇览一卷。魏缪袭。　问经堂辑本。【补】此本孙冯翼辑。　修文殿御览,北齐祖珽等撰,上虞罗氏鸣沙石室古佚书影印唐写残卷本。珽书尚存传钞本,有百余册。

校明初写本北堂书钞五十五卷。唐虞世南。　严可均校。四录堂本罕见。今通行刻本一百六十卷,乃明陈禹谟删补者。【补】南海孔氏刻本。

艺文类聚一百卷。唐欧阳询。　明仿宋小字本,明王元贞校大字本。【补】明锡山华氏兰雪堂活字本,成都刻大字本。　此中引书一千四百余种,民国十二年北京大学研究所尽为辑出,存校中,未刊。

初学记三十卷。唐徐坚。　明无锡安氏仿宋本,古香斋袖珍本,〔明徐氏万历丁亥刻大字本〕。【补】上海江左书林影印古香斋本。　严可均校本,未刊。陆心源录为校勘记,刻群书校补中。

白孔六帖一百六卷。唐白居易、宋孔传。　通行本。

太平御览一千卷。宋李昉等。　鲍校刻宋小字本,张刻大字本,〔又〕(天)明汪昌序校活字版本。　最要。【补】嘉庆丙寅扬州汪氏活字本,广州局重刻鲍本,日本刻本。　此中引书二千八百余种,民国十一年北京大学研究所尽为辑出,存校中,未刊。　御览存古佚书最富,故为类书之冠。

册府元龟一千卷。宋王钦若等。　明崇祯李嗣京刻本。【补】康熙十一年黄九锡五绣堂刻本。

山堂考索二百一十二卷。宋章如愚。　明正德慎独斋刻本。前集六十六卷,后集六十五卷,续集五十六卷,别集二十五卷。

玉海二百卷。宋王应麟。　嘉庆丙寅康基田校。　江宁藩库刻本,又明正德以来修补本。　原附词学指南四卷。　又附刻十三种,目列后:诗考一卷,诗地理考六卷,汉艺文志考证十卷,通鉴地理通释十四卷,汉制考四卷,急就篇四卷,姓氏急就篇二卷,周易郑康成注一卷,王会解注一卷,践阼篇一卷,小学绀珠十卷,六经天文篇二卷,通鉴答问五卷。【补】四川刻小字本附十三种。杭州局本附十三种,及张大昌校补玉海琐记二卷、王深宁年谱一卷。　诗考、诗地理考、急就篇、六经天文篇四种,互见前经部。汉艺文志考证、通鉴地理通释、汉制考、姓氏急就篇、通鉴答问五种,互见前史部。

天中记五十卷。明陈耀文。　明刻本罕见。　原书六十卷。　以上各书,不唯文家所用,可考古书佚文异本,其用甚大。【补】天中记有光绪戊寅重刻本。

古类书不特所引佚文足资考证,即见存诸书,亦可订正文字异同。清代严可均、马国翰、黄奭诸人,辑佚补亡,大都取材于此,但皆侧重佚文,实犹未尽类书之用。今北京大学用剪辑之法,不论存佚,悉行录出,并加雠校,其法至善,惜已辑成者尚未刊也。

唐类函二百卷。明俞安期。　明刻本。

锦绣万花谷。宋阙名。　明仿宋刻本。　前集四十卷,后集四十卷,续集四十卷。【补】又别集三十卷。　嘉靖十五年秦氏绣石书堂合刊四集本。　此书不著撰人名氏，天一阁书目云宋萧赞元撰，提要云宋萧恭文撰。

合璧事类。宋谢维新。　明刻本。　前集六十九卷，后集八十一卷，续集五十六卷，别集九十四卷，外集六十六卷。　以上二书，虽未大雅，取其多存旧书，及宋人轶事遗文。

　右类书。类书若国朝官撰之渊鉴类函、骈字类编、子史精华、韵府字锦之属，士林咸知，不复胪列。【补】清代类书，其引用之书，今皆完在，故止有村俗獭祭之用，于考证学无与。　清代官修类书，以古今图书集成为最巨，凡一万卷，前乾隆间铜活字本，光绪间影印、石印、排印三本。

卷四　集部

楚辞第一　楚辞兼有屈、宋、杨、刘诸人作，义例实是总集，但从前著录，皆自为一类，冠于别集之前，今仍旧例。

楚辞补注十七卷。汉王逸注。　宋洪兴祖补。　汲古阁毛表校本。　楚辞章句十七卷，大小雅堂刻本，止王注。【补】同治十一年江宁局翻毛校补注本，四部丛刊影印明翻宋补注本。道光间三原李锡麟刻补注本，在惜阴轩丛书内。

仪征刘师培楚辞考异十七卷、长沙易培基楚辞校补十七卷，未刊。

楚辞集注八卷，辨证二卷，后语六卷。宋朱子。　明成化吴氏刻本，明闵刻本无辨证、后语。【补】光绪间遵义黎庶昌古逸丛书影元至正本，今版在苏州局。上海扫叶山房石印本。武昌局、苏州局刻本，皆无后语。

离骚集传一卷。宋钱杲之。　知不足斋本，龙威秘书本。【补】武昌局本，南陵徐乃昌随庵徐氏丛书覆宋本，常熟瞿氏铁琴铜剑楼影印宋本。

离骚草木疏四卷。宋吴仁杰。　知不足斋本，龙威本。【补】乾隆四十四年海昌祝氏刻本，附祝德麟辨证四卷。武昌局本，仪征张丙炎榕园丛书本。

离骚草木疏辨证四卷。祝德麟。　自刻本。

山带阁楚辞注六卷，余论二卷，楚辞说韵一卷。蒋骥。通行本。
【补】康熙五十二年原刻本。

屈宋古音义三卷。明陈第。　学津本。【补】长沙余肇钧刻明辨斋丛书本，
武昌张氏刻本。　清儒考楚辞韵，精于陈氏书，见经部小学类。

天问补注一卷。毛奇龄。　西河集本。【补】补朱注。　丁晏楚辞天问笺
一卷，广州局本。戴震屈原赋注七卷、通释二卷、音义三卷，原刻本，光绪十七年
广州局刻本，民间间沔阳卢靖编湖北先正遗书影印钞本。　王念孙、俞樾、孙诒
让，各校楚辞若干条，在读书杂志、诸子平义、札移内。　楚辞注家极众，大抵逞
肊说，不根训故，其书不复胪列，但补雅正者数家于此。

　　右楚辞类

　　别集第二　汉魏六朝举隋唐著录原有专集之名者，其后人采集
者，具在百三家集中，不及。唐至明举最著而单行者。国朝人除诗文最
著数家外，举其说理纪事、考证经史者。

蔡中郎集六卷。汉蔡邕。　聊城杨氏仿宋本，附独断二卷。通行三本皆逊
此本。　严可均校补蔡中郎集十四卷、录一卷，未刊。【补】聊城杨氏本十卷，附
外集四卷。归安陆心源十万卷楼本十卷，外传一卷，据明华氏活字本刊。四部
丛刊影印明华氏活字本。　仁和劳格、瑞安孙诒让皆有条校，在读书杂识、札移
内。钱塘罗以智蔡中郎集举正二卷，未刊，稿藏瑞安孙氏玉海楼。

诸葛忠武侯文集四卷，汉诸葛亮。　**附录二卷，诸葛故事五卷。**
张澍〔编〕。沔县祠堂刻本。【补】湖南新刻本。

曹子建集十卷。魏曹植。　明仿宋刻附音义本，明安氏活字版本，汉阳朝
宗书室活字版本。【补】四部丛刊影印明活字本，涵芬楼续古逸丛书影印宋大字
本，吴兴蒋汝藻密韵楼丛书覆宋刻本。　丁晏曹集诠评十卷，附年谱，江宁局本。
上元朱绪曾曹子建集考异　卷，民国间江宁傅春官刻金陵丛刻本。顺德黄节曹
子建诗注，商务印书馆排印本。

嵇中散集十卷。〔魏〕(晋)嵇康。　明黄省曾刻本，明汪士贤刻汉魏六朝二
十名家集本。【补】四部丛刊影印明黄省曾刻本，光绪间长沙寄生草堂重刻明汪
士贤校本。

陆士衡集十卷。晋陆机。　二十名家集本。【补】四部丛刊影印明正德刻
本，长沙寄生草堂重刻明汪士贤校本，金山钱名培小万卷楼活字本附札记。

陆士龙集十卷。晋陆云。　二十名家集本。【补】四部丛刊影印明正德刻
本，长沙寄生草堂重刻汪士贤校本。

陶渊明文集十卷。晋陶潜。　汲古阁仿宋大字本，何氏成都刻翻毛本。
【补】光绪二年桐城徐椒岑仿缩刻宋本，会稽章寿康仿宋本，德清傅云龙纂喜庐覆
唐刻卷子本。　宋李公焕笺注陶渊明集十卷，贵池刘世珩玉海堂覆宋刻本，四
部丛刊影印宋刻本。

陶靖节诗注四卷。宋汤汉注。　拜经楼校本。【补】会稽章寿康仿拜经楼
本，陶渊明诗续古逸丛书影印宋本。　陶诗注家颇众，汤注最先。

鲍参军集十卷。宋鲍照。　明朱应登刻本，〔二十名家集本〕。【补】嘉道间

扬州刻本,四部丛刊影印毛斧季校宋本。　　卢文弨群书拾补内有条校。　　顺德黄节鲍参军集校注,商务印书馆排印本。

谢宣城集五卷。齐谢朓。　拜经楼校本,〔二十名家集〕。【补】会稽章寿康仿拜经楼本,扬州刻本,同治间永康胡凤丹刻六朝四家全集本,四部丛刊影印明钞本。

昭明太子集六卷。梁萧统。　明叶绍泰编刻萧梁文苑本。【补】光绪间武进盛康刻常州先哲遗书本,据影宋钞本刊。贵池刘世珩玉海堂覆宋淳熙贵池本,附考异、札记。四部丛刊影印明辽府宝训堂刻本。此三本皆五卷。

江文通集四卷。梁江淹。　梁宾校刻本。【补】扬州江氏刻本十卷。四部丛刊影印明翻宋本十卷,附校勘记一卷。

江文通集汇注十卷。明胡〔之〕(人)骥注。　刻本。〔二十名家集本十卷,无注。〕

何水部集一卷。梁何逊。　明张绂刻本。【补】又乾隆十九年汪昉刻本,又雍正间项道晖刻本。

庾子山集注十六卷。周庾信。　倪璠注。　通行本。【补】附年谱一卷、总释一卷。康熙二十六年原刻本,民国间沔阳卢靖编湖北先正遗书影印原刻本,又四部丛刊影明屠隆刻本十六卷,无注。

徐孝穆集笺注六卷。陈徐陵。　吴兆宜注。　原刻本,阮氏困学书屋重刻本。　吴亦有庾注,倪行吴废。【补】又四部丛刊影印明屠隆刻本十卷,无注。

以上汉、魏、六朝

初唐四杰集。唐王勃、杨炯、卢照邻、骆宾王。 通行本。 王子安集十六卷，盈川集十卷，〔附录一卷〕，卢昇之集七卷（附录一卷），骆丞集四卷。【补】乾隆辛丑星渚项家达豫章斋刻本，江宁局本。 王子安集佚文一卷，上虞罗振玉辑，排印本。

骆丞集四卷。顾广圻校。秦恩复刻本。 合李元宾、吕衡州为三唐人集。【补】金华丛书本四卷，考异二卷。

骆宾王集十卷。顾之逵小读书堆校刻足本。【补】四部丛刊影印明刻本。

骆临海集注十卷。陈熙晋注。 原刻本。

陈伯玉文集三卷，诗集二卷。唐陈子昂。 杨国桢辑刻本。明新都杨春刻本，虽依旧本题十卷，未足，此本搜辑较多，亦不尽。【补】四部丛刊影印明弘治间杨澄校刻杨春本十卷。

张燕公集二十五卷。唐张说。 聚珍版辑补本，福本。【补】文集十五卷、补遗五卷。 仁和朱氏结一庐丛书本，四部丛刊影印明嘉靖刻本，附汪小米校记。

曲江集二十卷。唐张九龄。 通行祠堂本。【补】四部丛刊影印明邱濬刻本二十卷、附录一卷。

李北海集六卷，附录一卷。唐李邕。 明崇祯庚辰刻本。【补】道光间潘锡恩刻乾坤正气集本六卷。

李北海集六卷，附录一卷。唐李邕。 明崇祯庚辰刻本。【补】道光间潘锡恩刻乾坤正气集本六卷。

李太白集三十卷。唐李白。　缪曰芑仿宋〔临川〕本。【补】武昌局翻缪本，上海文瑞楼书庄影印缪本。贵池刘世珩玉海堂覆宋咸淳本二十卷，附札记一卷。　四部丛刊影印分类补注李太白诗集三卷，元杨齐贤集注，萧士赟补注，据明郭刻本影印。

李太白集注三十六卷。王琦注。　通行本。【补】乾隆二十四年原刻本，光绪三十四年上海扫叶山房石印本。

杜诗详注二十五卷，附编二卷。唐杜甫。　仇兆鳌注。　通行本。【补】康熙间原刻本。

杜诗镜铨二十卷。杨伦注。杜文注解二卷。张溍注。　成都合刻本。　杜诗注本太多，仇、杨为胜。【补】常熟钱谦益杜工部集注二十卷，原刻本，上海神州国光社排印本。嘉庆间玉勾草堂刻巾箱本杜集二十卷，无注。遵义黎庶昌覆麻沙本草堂诗笺〔四十〕（二）卷，年谱二卷，在古逸丛书内，今版存苏州局。贵池刘世珩覆宋本杜陵诗史三十二卷，附札记。四部丛刊影印宋刊本分门集注杜工部诗二十五卷。沔阳卢靖影印明玉几山人本杜工部集二十卷，文二卷，在湖北先正遗书内。

王右丞集注二十八卷。唐王维。　赵殿成注。　乾隆二年刻本。【补】翻刻赵注本。　明顾起经王右丞集笺十四卷，明嘉靖间刻本。四部丛刊影印元刻本六卷，无注。

孟襄阳集三卷。唐孟浩然。　汲古阁本，明闵齐伋刻本，又明刻本四卷。【补】上海医学书局影印汲古阁本，四部丛刊影印明刻本四卷，沔阳卢靖影印明活字本三卷，胡凤丹刻本。

元次山集十二卷。唐元结。　刻本。　明湛若水校本十卷。【补】四部丛刊影印湛校本。

颜鲁公内集十二卷,外集八卷,书评十卷。唐颜真卿。　黄本骥编辑。　三长物斋本,聚珍本、福本止十〔六〕(七)卷,较黄本少文四十四首及年谱。【补】广州局重刻聚珍本十七卷,乾坤正气集本十四卷。嘉庆间颜氏重刻明安氏本十五卷,附录六卷。四部丛刊影印明翻安氏活字本。

刘随州集十卷,补遗一卷。唐刘长卿。　席氏本。【补】四部丛刊影印明正德间刻本,定州王灏刻畿辅丛书本。

钱考功集十卷。唐钱起。　席氏本。【补】四部丛刊影印明活字本。

韦苏州集十卷。唐韦应物。　项绸翻刻宋本,席启寓编刻唐百家诗本,汲古阁本后有拾遗一卷。【补】同治间永康胡凤丹刻本,合王、孟、柳集为唐四家诗集。上海自强书局影印宋刊本,四部丛刊影印明太华书院刻本。

毗陵集二十卷。唐独孤及。　亦有生斋校刻本。【补】四部丛刊影印本。

李君虞集二卷。唐李益。　席氏本。张澍有辑本,未刊。

华阳集〔三〕(二)卷,附顾非熊诗一卷。唐顾况。　明姚士粦辑。顾端刻本,席氏本。【补】席氏本五卷。咸丰间双峰堂刻本三卷,补遗一卷。

权文公集五十卷。唐权德舆。　嘉庆间校刻足本,明嘉靖辛丑刘大谟刻本止十卷。【补】四部丛刊影印嘉庆间校刻足本。

重刻东雅堂韩昌黎集四十卷,外集十卷,附点勘。唐韩愈。　宋廖莹中辑注。　苏州翻刻本。

陈景云点勘。　　明徐氏东雅堂原刻本，今尚有。【补】民国十七年上海蟫隐庐影印宋廖氏世彩堂原刻本。

韩文考异十卷。宋方崧卿举正，朱子校定。　李光地刻本。　宋王伯大重〈音释合〉编韩文考异正集、外集、遗文共五十一卷，明刻本，非朱子原书。【补】光绪间新阳赵元益刻韩文考异十卷。涵芬楼影印宋刻本，附五百家注韩集后。四部丛刊影印元刻朱文公校昌黎全集五十一卷，即宋王伯大重编本。

昌黎诗笺注十一卷。顾嗣立补注。　秀野草堂原刻本，吴廷榕重刻本。

昌黎诗增注证讹十一卷。黄钺。　家刻本。

朱墨本昌黎诗注十一卷。怡刻本。

编年昌黎诗注十二卷。方世举。　雅雨堂本。【补】上海扫叶山房影印本。

韩集点勘四卷。陈景云。　文道十书本。　重刊五百家注韩集四十卷，乾隆甲辰富氏仿宋本，虽逊东雅堂本，雕印尚好。【补】陈氏韩集点勘，亦附苏州局翻刻东雅堂韩集后。陈氏手校东雅堂韩集，今藏南京龙蟠里图书馆，视刻本点勘为详。　涵芬楼影印宋刻本五百家注韩集四十卷、外集十卷、附录一卷、类谱十卷、考异十卷。吴县沈钦韩韩集补注一卷，广州局本。瑞安方成珪韩文笺正五卷，附年谱一卷，瑞安陈准排印本。

柳集四十五卷，龙城录二卷，外集二卷，附录二卷，集传一卷。

唐柳宗元。　明嘉靖郭云鹏重刻宋本，天启壬戌柳氏再刻本。延桂永州新刻本，附年谱，无龙城录。　陈景云柳集点勘四卷，未刊。【补】上海蟫隐庐影印宋世彩堂本柳集四十五卷、外集二卷、补遗一卷、附录八卷。外集二卷，合肥蒯氏有影宋刊本。四部丛刊影印元刻本增广注释音辩柳集四十三卷、〔别〕（刻）集二卷、外集二卷、附录一卷。

柳河东集辑注四十五卷，外集五卷，附录扬子注龙城录一卷。

明蒋之翘辑。　　杨廷理刻本。　　此本通行，宋人柳文音辩五百家注，已括此书内。

刘宾客文集三十卷，外集十卷。唐刘禹锡。　　正集通行本，外集传钞本。【补】仁和朱氏结一庐丛书本，武昌董康覆宋刻本，四部丛刊影印董氏覆宋本，珂罗版影印宋刻本，定州王氏畿辅丛书本，吴兴刘氏嘉业堂本。上补诸本正集、外集俱全。

吕衡州集十卷。唐吕温。　　顾校秦刻足本，粤雅堂重刻本。【补】四部丛刊影印钱氏述古堂钞本十卷、附录一卷。

张司业集八卷，拾遗一卷，附录一卷。唐张籍。　　席氏唐百家诗本，明万历张尚儒刻本八卷。【补】涵芬楼续古逸丛书影印宋蜀本，四部丛刊影印明毗陵蒋氏刻本八卷。

皇甫持正集六卷。唐皇甫湜。　　汲古阁本。【补】上海医学书局影印汲古阁本，同治间南海冯焌光重刻本，涵芬楼续古逸丛书影印宋蜀本，四部丛刊亦影印。

李文公集十八卷。唐李翱。　　汲古阁本。【补】上海医学书局影印汲古阁本，冯焌光重刻本，四部丛刊影印明成化间刻本。

欧阳行周集十卷。唐欧阳詹。　　明万历丙午刻本，明闽刻本八卷。【补】嘉庆间福鼎王遐春麟后山房刻本八卷、附录一卷。四部丛刊影印明正德间刻本

十卷。

李元宾文编三卷,外编二卷,补一卷。唐李观。 顾校秦刻足本,粤雅堂重刻本。【补】畿辅丛书刻足本。

孟东野集十卷。唐孟郊。 席氏本,汲古阁本,明闵刻本。【补】上海医学书局影印汲古阁本,四部丛刊影印明弘治间刻本。

玉川子诗注五卷。唐卢仝。 孙之骒注。 自刻本。【补】畿辅丛书本三卷,无注。四部丛刊影印旧钞本三卷,无注。

长江集十卷,附录一卷。唐贾岛。 席氏本,汲古阁本。【补】畿辅丛书本十卷,附录一卷。四部丛刊影印明翻宋本十卷。

李长吉歌诗四卷,外集一卷。唐李贺。 王琦汇解。 通行本。【补】王氏汇解乾隆二十五年宝笏楼原刻本,崇新书局影印原刻本。常熟瞿氏铁琴铜剑楼珂罗版影印金刻本四卷。四部丛刊影印金刻本四卷,附印外集一卷。武进董康诵芬室覆宋本四卷,吴兴蒋汝藻密韵楼覆宋本,涵芬楼续古逸丛书影印宋本。

樊绍述集注二卷。唐樊宗师。 孙之骒注。 自刻本。【补】杭州局本。 元赵仁举绛守居园池记注一卷,明赵师尹绛守居园池记补注一卷,并杭州局本。山阴樊氏绵绛书屋刻樊谏议集五家注四卷、附录三卷。

王司马集八卷。唐王建。 胡介祉校刻本,席氏本十卷,汲古阁本。

沈下贤集十二卷。唐沈亚之。 明万历丙午刻本。 罕见。【补】四部丛刊影印明万历丙午刻本,湘潭叶德辉观古堂刻本十卷。

会昌一品集二十卷,别集十卷,外集四卷。唐李德裕。 明天启吴兴茅氏刻本,明袁州刻本止十四卷。【补】四部丛刊影印明刻本。畿辅丛书本,附补遗一卷。

元氏长庆集六十卷,补遗六卷。唐元稹。【补】四部丛刊影印明董氏刻本六十卷,附集外文一卷。卢文弨校元集若干条,在群书拾补内。

白氏长庆集七十一卷。唐白居易。 明元白合刻通行本。【补】四部丛刊影印日本活字本。

白香山诗集四十卷,附录年谱〔二〕(一)卷。汪立名编校。一隅草堂刻本。

姚少监诗集十卷。唐姚合。 汲古阁本,席氏本。【补】四部丛刊影印明钞本。

樊川文集注二十卷,外集一卷,别集一卷。唐杜牧。冯集梧注。原刻本。【补】宜都杨守敬观海堂覆宋本,贵池刘世珩玉海堂覆宋本,四部丛刊影印明翻宋本。此三本无冯注。

玉溪生诗详注三卷。唐李商隐。冯浩注。 原刻本。 胜於朱鹤龄、姚培谦注本。【补】上海扫叶山房影印汲古阁本三卷。钱谦益写校宋本三卷,上海神州国光社影印本,上虞罗氏影印本。嘉庆间扬州汪全泰校刻本六卷,四部丛刊影印明毗陵蒋氏刻本六卷。上补诸本,俱无冯注。

樊南文集详注八卷。同上。 胜于徐树谷、徐炯笺注本。【补】又四部丛刊影印旧钞本五卷。

樊南文集补编十二卷。今人。 清河刻本。【补】此书归安钱振伦辑。

温飞卿集笺注九卷。唐温庭筠。 顾予咸、顾嗣立注。 秀野草堂本。

【补】四部丛刊影印钱氏述古堂钞本七卷、别集一卷。万轴山房翻秀野草堂本。上海医学书局影印汲古阁本,题金荃集,凡七卷,别集一卷。

丁卯集二卷,续集二卷,续补一卷,集外遗诗一卷。唐许浑。

席氏百家唐诗足本。【补】丹徒陈善余横山草堂刻本二卷,诗真迹录一卷。四部丛刊影印宋写本二卷。沔阳卢靖影印汲古阁本二卷。此诸本俱无续。　涵芬楼续古逸丛书影印宋蜀刻本许用晦文集二卷,遗诗拾遗附。

文泉子集一卷。唐刘蜕。　别下斋本。【补】四部丛刊影印明吴氏问青堂刻本,题唐刘蜕集,六卷。

孙可之集十卷。唐孙樵。　汲古阁本。【补】道光海虞俞氏翻汲古阁本,上海医学书局影印汲古阁本,涵芬楼续古逸丛书影印宋蜀本,四部丛刊影印明吴氏问青堂刻本,涿州孙氏刻本。

麟角集一卷。唐王棨。　知不足斋本。【补】嘉庆间福鼎王遐春麟后山房刻本,光绪间福山王懿荣天壤阁刻本。

皮子文薮十卷。唐皮日休。　明正统庚辰袁氏刻本。【补】四部丛刊影印明刻本。

笠泽丛书四卷,补遗一卷。唐陆龟蒙。　仿宋刻本。【补】碧筠堂覆元本,大叠山房覆元本,思进斋刻本。

笠泽丛书七卷,补遗一卷,附考一卷。许梿编。　刻本。　【补】丰城熊氏、海昌陈氏皆影印。

甫里集二十卷。唐陆龟蒙。　明万历乙卯许自昌刻足本。【补】四部丛刊影印黄丕烈校本二十卷。

司空表圣文集十卷。唐司空图。　席氏本。【补】仁和朱氏结一庐丛书本。吴兴刘氏嘉业堂本文集十卷、诗集三卷。四部丛刊影印旧钞本文集十卷，题一鸣集。　又影印司空表圣诗集五卷，据明胡氏唐音统签本。

韩内翰别集一卷。唐韩偓。　汲古阁本。　别有香奁集三卷，四库著录本删去。【补】上海医学书局影印汲古阁本香奁集一卷，四部丛刊影印旧钞本，福鼎王氏麟后山房刻本。

黄御史集十卷，附录一卷。唐黄滔。　明崇祯刊本。【补】福鼎王氏麟后山房刻本，福山王懿荣天壤阁刻本，四部丛刊影印明万历间曹氏刻本，俱八卷，附录一卷。

罗昭谏集八卷。唐罗隐。　张瓒辑刻本。【补】常熟俞氏南郭草堂刻本八卷，道光间吴墉增补一卷。　汲古阁本、席氏本罗隐甲乙集十卷，四部丛刊影印宋陈道人书籍铺本甲乙集十卷。

谗书五卷。唐罗隐。　拜经楼校本。【补】杭州局邵武徐氏丛书本，会稽章氏式训堂本。

禅月集二十五卷，补遗一卷。蜀释贯休。　汲古阁本，金华丛书本。【补】四部丛刊影印影宋钞本。

浣花集十卷，补遗一卷。蜀韦庄。　汲古阁本，席氏本。【补】四部丛刊影印明朱子儋刻本。　韦庄秦妇吟一篇，不载集中，其诗久佚，近年自敦煌复出，海宁王国维校本，排印入北京大学国学季刊。

桂苑笔耕二十卷。唐高丽人崔致远。　朝鲜刻本，海山仙馆本。【补】四部丛刊影印朝鲜刻本。

汲古阁三唐人文集、三唐人诗、五唐人集、六唐人集、八唐人集、唐三高僧诗之属。　明刘云份刻十三唐人诗集、八刘诗之属。　国朝席启寓刻唐诗百名家集,虽汇刻,多单行。【补】又汲古阁四唐人集,传本罕见,长沙叶氏曾付影印,汲古阁三唐人文集、六唐人集、八唐人集、唐三高僧诗,涵芬楼皆影印。汲古阁五唐人集,上海医学书局、涵芬楼皆影印。唐人五十家小集,光绪二十一年元和江标覆南宋陈道人刻本。

以上唐至五代唐之诗家,如高适、岑参之类,文家如李华、萧颖士之类,今无单行本,详全唐诗、文中。【补】高常侍集八卷,四部丛刊影印明活字本,又畿辅丛书本。岑嘉州诗四卷,四部丛刊影印明正德刻黑口本。李遐叔文集四卷,传钞本。萧茂挺文集一卷,光绪间武进盛康刻常州先哲遗书本。

骑省集三十卷。宋徐铉。　明有刻本,今不可见。在南唐以前所作,已收入全唐文,合入宋以后作者,止有传钞本。　铉为北宋初文学之最,故举其名。【补】此书今有刻本。南京李光明书庄校刻本,附校记一卷、补遗一卷。南陵徐乃昌影宋明州本,附补遗一卷、校记一卷。四部丛刊影印黄丕烈校钞本。　王锡元、李鸿年撰徐集校勘记,皆有单行刻本。

河东集十五卷,附录一卷。柳开。　国朝人校刻本。【补】宋柳开。　乾隆间兰溪柳渥川校刻。光绪间巴陵方功惠碧琳琅馆刻本,合穆修、尹洙二家为三宋人集。四部丛刊影印旧钞本。

小畜集三十卷,外集七卷。宋王禹偁。　聚珍本,福本,平阳赵氏刻本无外集。【补】广州局重刻聚珍本,四部丛刊影印经钿堂钞本三十卷,又影印影写宋本外集七卷。

武夷新集二十卷，附西昆酬唱集。宋杨亿。　祝氏留香室刻本。　西昆酬唱集，亦刻浦城遗书及邵武徐氏丛书内。

和靖诗集四卷。宋林逋。　吴调元校刻本。【补】同治长洲朱氏刻本，四部丛刊影印钞本。

宋元宪集四十卷。宋宋庠。　聚珍本，福本。【补】广州局重刻聚珍本。

宋景文集六十二卷，补遗二卷，附录一卷。宋宋祁。　聚珍本，福本。【补】广州局重刻聚珍本。又日本刻佚存丛书本三十二卷。沔阳卢靖影印聚珍本，附会稽孙氏辑补遗二十二卷，在湖北先正遗书中。

文恭集五十卷，补遗一卷。宋胡宿。　聚珍本，杭本，福本。【补】南昌局广州局皆重刻聚珍本，武进盛氏刻常州先哲遗书本，皆四十卷，补遗一卷。

文正集二十卷，别集四卷，补编五卷。宋范仲淹。　通行本。　近范氏后裔以范文正及范忠宣集合刻。【补】合刻本康熙四十六年范时崇刻，视元明旧本尤备。四部丛刊影印明翻元天历本。

河南集二十七卷。宋尹洙。　长洲陈氏校刻本。【补】光绪间巴陵方功惠刻三宋人集本，四部丛刊影印春岑阁钞本二十八卷。

蔡忠惠集三十六卷。宋蔡襄。　国朝人校刻本。【补】雍正间蔡见魁刻本，附二卷。乾隆间蔡氏刻本二十九卷。

苏学士集十六卷。宋苏舜钦。　宋荦校刻本，震泽徐氏刻本。【补】四部丛刊影印震泽徐氏刻本，附何焯校记一卷。

华阳集六十卷,附录十卷。宋王珪。　聚珍本,福本。【补】广州局重刻聚珍本,聚珍本止四十卷。

司马文正集八十卷。宋司马光。　刘绳远刻乾隆修补本,陈宏谋刻本附年谱,翻陈本。【补】四部丛刊影印宋绍兴三年刻本。　鹅湖孙氏古棠书屋单刻诗集。

盱江集三十七卷,年谱一卷,外集三卷。宋李觏。　明〔左〕(李)赞重编刻本,江西祠堂本。【补】民国间南城李之鼎宜秋馆刻宋人集本,四部丛刊影印明正德间孙甫刻本。

公是集五十四卷。宋刘敞。　聚珍本,福本。【补】广州局重刻聚珍本。

彭城集四十卷。宋刘攽。　聚珍本,福本。【补】广州局重刻聚珍本。

元丰类稿五十卷。宋曾巩。　顾崧龄刻本。【补】光绪十六年慈利重刻本,丰城熊译元影印顾刻本,四部丛刊影印元黑口本。

宛陵集六十卷,附录五卷。宋梅尧臣。　震泽徐氏刻本,又梁中孚刻本。【补】四部丛刊影印明万历间梅氏刻本六十卷、拾遗一卷、附录一卷。上海扫叶山房影印康熙间宋荦刻本六十卷。

文忠集一百五十三卷,附录五卷。宋欧阳修。　欧阳衡编刻本。【补】欧阳衡嘉庆二十四年校刻。康熙间曾弘校刊本,乾隆间欧阳世和重刻本,四部丛刊影印元刻本。

苏老泉先生集二十卷,附录二卷。宋苏洵。　邵仁泓刻本。原名嘉祐集。【补】又四部丛刊影印孙氏平津馆影宋钞本十五卷。

东坡七集一百一十卷。宋苏轼。 集四十卷,后集二十卷,奏议十五卷,内制集十卷,外制附乐语三卷,应诏集十卷,续集十二卷。 明成化四年江西布政司重刻宋本,嘉靖十三年江西布政司又重刻,此本为最古。又大全集本一百〔十五〕(三十)卷,分体编次,易于检寻,明刻今刻多有。【补】光绪间涑阳端方覆明成化间刻七集本,影印端方刻七集本。 又经进东坡文集事略六十卷,宋郎晔注,四部丛刊影印宋刻本。又上海蟫隐庐排印本,附嘉祐、栾城文集事略各一卷,郎氏事辑一卷、考异五卷。

栾城集五十卷,后集二十四卷,第三集十卷,应诏集十二卷。宋苏辙。 明刻本。 右三集近人合刻本,不善。【补】四部丛刊影印明活字本栾城集八十四卷,又影印影宋钞本应诏集十二卷。

苏诗合注五十卷,附录五卷。冯应榴注。 自刻本。 苏诗,宋施元之注最有名,查慎行补注亦善。冯、王、翁三注更详备。【补】宋王十朋集分类东坡先生诗二十五卷,四部丛刊影印宋务本堂刻本。宋施元之注苏诗四十二卷、东坡年谱一卷,王注正讹一卷、苏诗续补遗一卷,康熙间商丘宋氏刻本,古香斋刻巾箱本,上海文瑞楼影印宋荦本。查慎行补注东坡编年诗五十卷,乾隆间家刻本。沈钦韩苏诗查注补正四卷,光绪间长洲蒋氏心矩斋刻本,广州局本。

苏诗编注集成总案四十五卷,诗四十六卷,杂缀一卷。王文诰注。 自刻本。 冯详事实,王兼论诗。【补】杭州局本。

苏诗补注八卷。翁方纲注。 苏斋丛书本,粤雅堂本。

斜川集六卷,附录上下二卷。宋苏过。四库馆辑。赵怀玉校刻本,知不足斋本。附三苏集本不善。

临川集一百卷。宋王安石。　明嘉靖三十九年何氏翻宋本,万历再刻本。
【补】光绪九年听云馆重刻本,四部丛刊影印明嘉靖何刻本。上虞罗振玉辑临川
集拾遗一卷,排印本。沈钦韩王荆公文集笺注八卷,民国十六年吴兴刘承幹嘉
业堂刻本。

王荆公诗注五十卷。宋李〔壁〕(璧)〔注〕。　张宗松清绮斋校刻本。【补】
上海会文堂书坊影印清绮斋校刻本,涵芬楼影印元大德间刻本。　沈钦韩王荆
公诗集补注四卷,吴兴刘氏嘉业堂刻本。

山谷内集三十卷,外集十四卷,别集二十卷,词一卷,简尺二
卷,年谱三卷。宋黄庭坚。〔明嘉靖刻本〕,聚珍本,福本。【补】乾隆三十年
江西宁州缉香堂刻本七十九卷,附伐檀集二卷。乾隆间陈守诚刻巾箱本六十四
卷,四部丛刊影印宋刻本豫章先生文集三十卷。

山谷内集注二十卷,宋任渊。外集注〔十〕七卷,宋史容。别集注
二卷,外集补四卷,年谱十四卷。宋史季温。　翁方纲校刻本,聚珍本
无末二种。【补】道光间黄氏摆板本,广州局重刻聚珍本,光绪间义宁陈三立四觉
草堂仿宋本无末二种,上海扫叶山房影印四觉草堂本。

后山集二十四卷。宋陈师道。　赵鸿烈学稼山庄刻本。【补】学稼山庄本
雍正八年刻。　光绪间广州赵氏刻本,吴兴张钧衡刻适园丛书本三十卷。

后山诗注十二卷。(宋陈师道。)宋任渊注。　聚珍本,福本。【补】南昌局、
广州局皆重刻聚珍,四部丛刊影印高丽活字本,上海医学书局、文明书局皆影
印宋钞本。　又雍正间嘉善陈唐辑刻无注本六卷,逸诗五卷,诗余一卷。

柯山集五十卷。宋张耒。　聚珍本,福本。【补】广州局重刻聚珍本,附拾

遗十二卷,福本亦附拾遗。柯山集拾遗十二卷,归安陆心源辑,亦刻群书校补内。

四部丛刊影印旧钞本张右丞集六十卷。张耒宛丘集七十六卷,今无刻本,南京龙蟠里图书馆有钞本二部。

淮海集四十卷,后集六卷,长短句三卷。宋秦观。 明李之藻刻乾
隆修补本,道光丁酉高邮重刻本,改并二十卷,补遗一卷,附年谱。【补】四部丛刊影印明嘉靖间张绖刻小字本。

鸡肋集七十卷。宋晁补之。 明崇祯刻本。 李廌济南集八卷,四库传钞
本,无刻本。 秦、黄、张、晁、陈、李诸家文,有苏门六君子文钞七十卷,明崇祯韩氏刻本。【补】鸡肋集,四部丛刊影印明崇祯刻本。济南集,民国间南城李之鼎宜秋馆刻宋人集本。 苏门六君子文粹七十卷,不著编辑人名氏,此书不名文钞,汲古阁亦刻,题苏门六君子集。

西台集二十卷。宋毕仲游。 聚珍本,福本。【补】广州局重刻聚珍本。

以上北宋

李忠定公集 卷。宋李纲。 活字本,通行本。 原名梁溪集。【补】一百
八十卷,附录六卷。 福州刻本。 刻本皆未全。 邵武徐氏刻李忠定公别集十卷,今版在杭州局。李忠定公集选四十八卷,明左光先、李嗣立选,明刻本,康熙间李荣芳重刻本。

浮溪集三十六卷。宋汪藻。 聚珍本,福本。【补】聚珍本三十二卷,广州
局重刻聚珍本,四部丛刊影印聚珍本。

石林居士建康集八卷。宋叶梦得。【补】咸丰间苏州叶云鹏刻本,光绪间

长沙叶德辉校刻本。

简斋集十六卷。宋陈与义。　聚珍本，福本。【补】广州局重刻聚珍本。
南城李之鼎宜秋馆刻简斋诗外集一卷，四部丛刊影印简斋外集一卷。四部丛刊影印宋刻本宋胡稚笺注简斋诗集三十卷，附无住词一卷。江宁蒋国榜重刻宋本笺注简斋诗集三十卷、无住词一卷、外集一卷、附录一卷、校勘记一卷。

鸿庆居士集四十二卷。宋孙觌。　明翻宋本止周必大原定十二卷。【补】光绪间武进盛康刻常州先哲遗书本四十二卷，补遗一卷。　江阴缪荃孙辑鸿庆集补二十卷，常州先哲遗书本。

茶山集八卷。宋曾几。　聚珍本，杭本，福本。【补】南昌局、广州局皆重刻聚珍。

文定集〔二〕（三）十四卷。宋汪应辰。　聚珍本，福本。【补】广州局重刻本。

朱子大全集一百一十二卷。宋朱子。　〔蔡〕（苏）方炳刻本。朱子古文卷，贵阳官本。【补】咸丰间徐树铭刻本，四部丛刊影印明闽中官本正集一百卷、续集十一卷、别集十卷、目录二卷。　朱子古文六卷，桐城周大璋编，康熙间宝旭斋刻本，长沙琅环山馆重刻本。朱夫子诗集五卷，康熙间刻本，近时坊间影印本。

雪山集十六卷。宋王质。　聚珍版辑本，福本。【补】广州局重刻聚珍。

周益公大全集二百五卷。宋周必大。【补】江西刻庐陵欧阳棨校本二百五卷，又咸丰元年江西续刻周益公集二十三卷，书稿十五卷、附录五卷。

止斋文集五十一卷，附录一卷。宋陈傅良。　陈用光重刻本。【补】光

绪间瑞安孙衣言校刻本,四部丛刊影印明弘治间刻本。

攻愧集一百一十二卷。宋楼钥。　聚珍版删定本,福本。【补】广州局重刻聚珍本,四部丛刊影印聚珍本。

盘洲集八十卷。宋洪适。　洪氏家刻本,宜黄黄氏刻本。【补】四部丛刊初印本影印影宋钞本八十卷、附录一卷、拾遗一卷。四部丛刊重印本影印宋刻本八十卷、附录一卷、拾遗一卷。

浪语集三十五卷。宋薛士龙。　止见传钞本,今温州人议刻。【补】同治间温州孙衣言刻本,在永嘉丛书内。

石湖诗集三十四卷。宋范成大。　秀野草堂刻本。　南宋四家,萧千岩诗集已佚,尤袤止存梁溪遗稿一卷,尤侗辑本。【补】秀野草堂本三十卷,康熙间顾氏刻,乾隆间刻本。

诚斋集一百三十卷。宋杨万里。　乾隆乙卯吉安刻本八十五卷,函海刻诗集十卷,嘉庆庚申徐氏编刻诗集十六卷。【补】四部丛刊影印日本影宋钞足本一百三十三卷。　光绪间新昌胡思敬刻诚斋策问二卷,在豫章丛书内。

渭南文集五十卷,逸稿二卷,剑南诗稿八十五卷。陆游。　汲古阁本。【补】广州覆汲古阁本。

水心集二十九卷。宋叶适。　通行本。【补】温州孙衣言刻永嘉丛书本,四部丛刊影印明正统刻本。

水心别集十六卷。同上。　温州新刻本,武昌局本。【补】长沙叶氏合刻本。

龙川文集三十卷,补遗一卷,附录二卷,札记一卷。宋陈亮。

同治八年永康应氏刻本，又活字版本，金华丛书本。【补】湖北书局刻本。

严沧浪集六卷。宋严羽。　明潘氏编刻宋元名家诗集本。【补】杭州局邵武徐氏丛书本，吴兴张钧衡适园丛书本。

白石诗集一卷，附诗说一卷。宋姜夔。　扬州鲍刻本。【补】四部丛刊影印乾隆间江都陆氏刻本，道光间姜氏祠堂本，广州局刻白石四种本，华氏刻本。

以上南宋此外宋人集，若吕陶、刘挚、彭龟年，聚珍本有之。宗泽、吕祖谦，在金华丛书内。永嘉四灵，在南宋群贤小集内。【补】吕陶净德集三十八卷，广州局重刻聚珍。刘挚忠肃集二十卷，畿辅丛书本，广州局重刻聚珍本，附拾遗一卷。彭龟年止堂集十八卷，广州局重刻聚珍。宗泽宗忠简集，金华丛书本七卷，同治间半亩园刻宗岳二公集本七卷，述荆堂刻本四卷，遗事二卷，康熙间刻本八卷，道光间潘氏刻乾坤正气集本四卷。吕祖谦东莱文集，金华丛书本四十卷。永嘉四灵翁卷苇碧轩集一卷，赵师秀清苑集一卷，徐照芳兰轩集一卷，徐玑二薇亭集一卷，皆在顾修重刻群贤小集内。徐照集，光绪间归安陆心源据影宋钞本录出顾所遗三卷，又录徐玑集一卷，并刻入群书校补内。照、玑集，民国十四年南陵徐乃昌覆刻汲古阁钞残宋本四卷，附补阙一卷、札记一卷。民国间南城李之鼎校刻宋人集甲、乙、丙、丁四编，收南北宋人专集五十五种，皆聚珍版丛书，群贤小集所无。

拙轩集六卷。金王寂。　聚珍本，福州、杭州重刻本，又新刻本。赵秉文滏水集二十卷，王若虚滹南遗老集四十五卷，有传钞本，无刻本。【补】拙轩集，南昌局重刻聚珍。广州局重刻聚珍本九金人集本，光绪三十一年海丰吴氏石莲庵合刻王寂、赵秉文、王若虚、李俊民、元好问、蔡松年、段成己、白朴诸人全集,号九金人集。 滏水集,定州王灏刻畿辅丛书本二十卷、补遗一卷、附录一卷,海丰吴氏刻九金人集本二十卷、札记二卷、附录一卷,四部丛刊影印汲古阁钞本二十卷。

湻南遗老集,畿辅丛书本四十五卷、附续编诗一卷,九金人集本四十五卷,四部丛刊影印旧钞本四十五卷。

遗山集四十卷,附录一卷。金元好问。 张穆校补刻本,又康熙间无锡华氏刻本。【补】海丰吴氏九金人集本四十卷、附录一卷、补载一卷、年谱四卷、新乐府五卷、续夷坚志四卷,此本即张穆校刻版。四部丛刊影印明弘治间刻本四十卷、附录一卷。

元遗山诗注十六卷。施国祁注。 原刻本。【补】石印本。

剡源集三十卷,附札记一卷。元戴表元。 宜稼堂本。【补】四部丛刊影印明万历间戴洵刻本三十卷。光绪间孙锵校刻本三十卷,附佚诗六卷、佚文二卷。

金渊集六卷。元仇远。 聚珍本,杭本,福本。 王恽秋涧集一百卷,有传钞本,无刻本。【补】金渊集,南昌局、广州局皆重刻聚珍本。 秋涧集,四部丛刊影印明弘治间翻元本一百卷、附录一卷。

牧庵文集三十六卷。元姚燧。 聚珍本,福本。 明刘昌编中州名贤文表三十卷,宋荦刻本,内有姚燧文八卷。【补】广州局重刻聚珍本。四部丛刊影印聚珍本,附年谱一卷。

清容居士集五十卷,附札记一卷。元袁桷。 宜稼堂本。【补】四部丛刊影印元袁氏家刻本五十卷。

道园学古录五十卷。元虞集。　通行本。　仁寿新刻本六十卷,仍少文遗稿八卷。【补】成都存古书局本,四部丛刊影印明景泰间刻本五十卷,乾隆间崇仁陈氏刻本。　汲古阁刻虞伯生诗八卷、补遗一卷,翁方纲刻虞文靖诗十卷、年谱一卷,上虞罗振玉雪窗丛刻影印元刻虞伯生诗续编三卷。

杨仲宏诗八卷。元杨载。　留香室刻本。【补】武进董康诵芬室覆元本,四部丛刊影印明嘉靖间翁氏刻本。

范德机诗七卷。元范梈。【补】四部丛刊影印元钞本。

揭曼硕诗三卷。元揭傒斯。　以上三家集,均汲古阁摘本,又宋元名家诗集本。【补】宋元名家诗集本五卷,明潘是仁刻。　海山仙馆重刻汲古阁本,四部丛刊影印旧钞本揭文安公全集十四卷、补遗一卷。

渊颖集十二卷,附录一卷。元吴莱。　国朝人校刻本,明嘉靖卓氏刻本。【补】乾隆四年吴守俊校刻,明嘉靖本祝氏刻。四部丛刊影印明祝氏刻本。　锡山王邦采吴渊颖诗笺十二卷,雍正间刻本。

雁门集三卷,集外诗一卷。元萨都剌。　汲古阁本。【补】涵芬楼元人十种诗本,四部丛刊影印明弘治间刻黑口本二册,不分卷。　嘉庆十二年刻萨龙注十四卷足本。

九灵山房集三十卷。元戴良。　戴殿江家刻本,金华丛书本。【补】金华丛书本附补编二卷、遗稿四卷。四部丛刊影印明正统间刻黑口本三十卷,又康熙间傅旭元刻本五卷,又道光间潘锡恩刻乾坤正气集本十九卷。

铁崖古乐府注十六卷。元杨维桢。　卜瀍注。　乾隆甲午刻本,西安王氏刻本四卷,无注。【补】卜瀍姓楼氏,楼卜瀍注本乐府十卷、逸编八卷、咏史八卷,共二十六卷。　扫叶山房石印卜潆注本,光绪间德清傅云龙刻本四卷。
武进董康覆明刻本铁崖古乐府十卷、复古诗集六卷,四部丛刊影印明刻本古乐
府十卷、诗集六卷。元杨维桢东维子文集三十卷、附录一卷,四部丛刊影印鸣野
山房钞本。

以上金元聚珍本诸集,如张说、宋庠、宋祁、胡宿、王珪、刘敞、刘攽、张耒、
毕仲游、汪藻、曾几、汪应辰、王质、楼钥、仇远、姚燧诸家,皆世无刻本,或传本太
略,搜辑排印者。

宋文宪全集五十三卷,卷首四卷。明宋濂。　严荣刻本。【补】严氏本
嘉庆十五年刻,此本最足。四部丛刊影印明正德间张潽刻本七十五卷。

青丘诗集注十八卷,附凫藻集五卷。明高启。　金檀注。雍正六年
刻本。【补】上海文瑞楼书庄影印文瑞楼原刻本。　又四部丛刊影印明景泰间
徐庸刻高太史大全集十八卷,又影印明正统间长洲刻凫藻集五卷,此本无注。

逊志斋集二十四卷。明方孝孺。　明刻本,台州刻本,乾坤正气集本。
【补】四部丛刊影印嘉靖辛酉刻本二十四卷、附录一卷。明正德刻本三十卷、拾遗
十卷、附录一卷,与二十四卷本不同。

怀麓堂集一百卷。明李东阳。　重刻本。【补】康熙二十一年廖方达重刻,
嘉庆八年茶陵重刻。

篁墩集九十三卷。明程敏政。　明刻本。

空同集六十六卷。明李梦阳。　明刻本。　今多诗集单行。【补】邓云霄
校刻本六十六卷。　诗集三十三卷,光绪间长沙张氏湘雨楼刻本。

大复集三十八卷。明何景明。 河南重刻本。【补】乾隆间何氏重刻,咸丰间重刻本。 诗集二十六卷,光绪间长沙张氏湘雨楼刻本。

王文成全书三十八卷。明王守仁。 明刻本,又通行本亦称阳明全集。【补】湖南翻刻本,杭州局重刻本,又四部丛刊影印明崇祯间施氏刻集要本十五卷,附年谱一卷。

俨山集一百卷,续集十卷,俨山外集三十四卷。明陆深。明刻本。 外集皆杂著,别行,附此。

升庵全集八十一卷,外集一百卷,遗集 卷。明杨慎。 通行本不善。【补】遗集二十六卷。全集八十卷,明万历间张士佩刻本,乾隆六十年养拙山房重刻本。 明陈大科重刻升庵文集四十六卷。外集,明万历间杨有仁刻本,道光二十四年新都重刻本。 遗集,明万历间汤日昭刻本,道光二十四年新都重刻本。外集所收杂著,亦刻函海内。

遵岩集二十五卷。明王慎中。 明刻本。

荆川集十二卷。明唐顺之。 国初刻本,〔康熙壬辰家刻本〕。【补】康熙间唐氏刻十八卷。光绪间武进盛氏重刻康熙本,附补遗一卷。江宁局本十二卷。四部丛刊影印明万历间重刻本文集十七卷,外集三卷。

沧溟集三十卷,附录一卷。明李攀龙。 明刻本。【补】道光间重刻本。

弇州山人四部稿一百七十四卷,续稿二百七卷。明王世贞。 明刻本。 胡应麟少室山人类稿,今罕见。【补】广州局刻弇山堂别集一百卷。广州局刻少室山房集六十四卷。

震川文集三十卷,别集十卷。明归有光。 归氏家刻本。【补】康熙间归庄刻。 四部丛刊影印归庄刻本，光绪间归氏重刻本。

四溟集十卷。明谢榛。 明刻本，盛明百家诗本。【补】明刻本二十四卷。

袁凯海叟集、边贡华泉集、徐祯卿迪功集、高叔嗣苏门集、皇甫汸司勋集、皇甫涍少玄集，皆明诗家最著者，有刻本，不常见，并收盛明百家诗内。边、徐、高三家，王士祯有选刻本。【补】袁凯海叟诗集四卷，曹炳曾城书室刻本，石埭徐氏观自得斋刻本。边贡华泉集七卷、附录一卷，徐桢卿迪功集四卷、附录一卷、外集三卷，附谈艺录一卷，并光绪间长沙张氏湘雨楼刻本，与李梦阳、何景明集合刻，名弘正四杰诗集。高叔嗣苏门集八卷，明嘉靖间刻本。皇甫汸司勋集六十卷，明刻本。皇甫涍少玄集二十六卷、外集十卷，明刻本。盛明百家诗前集一百五十一种，一百五十三卷，后集一百六十一种，一百五十卷，明俞宪编，明刻本。王士祯编刻高、徐二家诗选二卷，边贡华泉集选四卷，附边仲子诗集一卷，并在渔洋山人著述内。

以上明

国朝人集，流别太多，今为分类列之，各标所长，以便初学寻求。其诗文集分刻者分之，本合刻不别行者，仍牵连录之，皆有刻本，不胪列。词章考订，多有兼长者，此从其重者言之。

夏峰先生集十六卷。孙奇逢。【补】集十四卷，答问二卷。 道光间大梁书院刻本，畿辅丛书本。

二曲集二十二卷。李中孚。【补】道光间恽珠重刻。同治间重刻巾箱本，附历年纪略一卷。

三鱼堂文集十二卷，外集六卷，附录一卷。陆陇其。【补】同治间重刻。

重订杨园集五十四卷，年谱一卷。张履祥。　同治十年万氏重编苏州局本。【补】原刻未足。

汤子遗书十卷。汤斌。【补】十二卷，附年谱一卷、事略一卷。　乾隆间树德堂刻，咸丰元年重刻。

榕村文集四十卷。李光地。【补】乾隆丙辰家刻，道光间重刻。

以上国朝理学家集【补】颜元、李塨二家遗书，民国十一年北京四存学会排印本最备，光绪间定州王氏畿辅丛书亦刻。

梨洲集　卷。黄宗羲。　靳治荆刻。【补】七十卷。　近年坊间排印全书本。

南雷文定前集十一卷，后集四卷，诗历一卷。黄宗羲。　在粤雅堂丛书内。【补】粤雅堂丛书刻南雷文定前集十一卷、后集四卷、三集三卷、诗历四卷。　四部丛刊影印原刻本，南雷文案十卷，外集一卷。吾悔集四卷，撰杖集一卷，子刘子行状二卷，南雷诗历一卷，附学箕初稿二卷。宣统间上海神州国光社排印南雷余集。

亭林文集六卷。顾炎武。【补】四部丛刊影印原刻本，光绪间梁鼎芬刻端溪丛书本，吴县朱记荣重刻亭林遗书本。　亭林余集一卷，光绪间合肥蒯氏重刻本，四部丛刊影印删刻本，端溪丛书本，朱刻遗书本。亭林诗集五卷，四部丛刊影印原刻本，附校补一卷，朱刻遗书本五卷。亭林集外诗附诗集校文，宣统间上海神州国光社排印,校文系孙诒让原稿。山阳徐嘉顾诗笺注二十卷,刻本。

曝书亭集八十卷。**附录一卷**。朱彝尊。【补】四部丛刊影印原刻本八十卷,附笛渔小稿十卷。 诗集有杨谦、汪浩然、孙银槎三家注,皆有刻本。

曝书亭集外稿八卷。冯登府辑。【补】道光间刻。 嘉善孙福清重刻本,在樵李丛书内。

姜斋文集十卷,诗集十卷。王夫之。 并杂著合刻为船山遗书〔二百八十八〕(三百二十四)卷。【补】四部丛刊影印船山遗书本诗文集二十八卷。

西河文集一百三十三卷。毛奇龄。 并杂著合刻为西河合集四百九十八卷。【补】康熙间书留草堂刻。

上湖分类文编十卷。汪师韩。【补】光绪间汪氏重刻丛睦汪氏遗书本,刻于长沙。

樊榭山房文集八卷,诗集八卷,词集二卷,续诗集十卷。厉鹗。 分刻。【补】乾隆五十七年钱塘汪氏振绮堂刻,广州局重刻本。光绪十年振绮堂重刻,是本三十五卷,较原刻诗集多二卷,词集多二卷,又附集外诗三卷,今版在杭州局。四部丛刊影印汪刻本。 樊榭山房集外诗一卷,光绪间石埭徐氏观自得斋刻本。

果堂集十二卷。沈彤。【补】乾隆己巳家刻。

东原集十卷。戴震。 戴氏遗书内,亦附经韵楼丛书。【补】戴氏遗书本十卷,经韵楼本十二卷,附年谱一卷,宣统间渭南严氏重刻经韵楼本,四部丛刊影印经韵楼本。

鲒埼亭集三十八卷,经史问答十卷,外集五十卷。全祖望。 正集史梦蛟刻,问答万氏刻,外集、别集别一人刻,诗集郑氏刻。【补】四部丛刊影印原刻本,问答互见前子部儒家目。　光绪间端溪书院刻全谢山遗诗一卷。四部丛刊影印旧钞本鲒埼亭诗集十卷。

南江文钞四卷。邵晋涵。【补】文钞十二卷,诗钞四卷。　道光十二年胡敬刻。

抱经堂文集三十四卷。卢文弨。　抱经堂丛书。【补】四部丛刊影印抱经堂本。　诗集名鷦鹩庵集,未刊,有传钞本一册。

道古堂文集四十八卷,诗集二十六卷。杭世骏。【补】乾隆五十五年钱塘汪氏振绮堂刻,今版在杭州局。

学福斋〔文〕集　卷,〔诗集三十八卷〕。沈大成。【补】文集二十卷。　乾隆间刻。

潜研堂文集五十卷,诗集二十卷。钱大昕。【补】嘉庆十一年刻。　光绪十年湖南龙氏重刻本,四部丛刊影印原刻本。

春融堂诗文集六十八卷。王昶。【补】嘉庆十二年刻,光绪十八年补版。

存悔斋集　卷。刘凤诰。【补】二十八卷,外集四卷,并道光庚寅家刻。

述学内外篇六卷,附校勘记。汪中。　扬州局本,又初刻小字本,文选楼本、学海堂本二卷。【补】扬州局本版归江宁局。四部丛刊影印家刊本,上海中国书店影印汪氏丛书本。　汪容甫遗诗七卷,家刻本,四部丛刊、中国书店并影印。遗诗别有木活字本,不善。

校礼堂集三十六卷。凌廷堪。【补】全集本。

东壁遗书八十八卷。崔述。 三十五种。【补】道光四年陈履和刻于金华。 畿辅丛书内止刻考信录。

授堂集 卷。武亿。【补】此书名授堂诗文钞，文钞八卷、续二卷、诗钞八卷、附录二卷，嘉庆间刻，道光二十三年重刻。粤雅堂刻文钞八卷。

顨轩所著书六十卷。孔广森。 七种。【补】嘉庆丁丑家刻。

拜经堂文集四卷。臧庸。【补】六卷。 中国书店影印钞本五卷，学海堂摘本一卷。

经韵楼集十二卷。段玉裁。【补】光绪甲申秋树根斋重刻。学海堂摘本六卷。

问字堂集五卷，岱南阁集五卷，五松园文集一卷。孙星衍。【补】此目未尽，诗文集凡二十一卷，附其配王采薇长离阁集一卷。 嘉庆间孙氏刻，分列岱南阁、平津馆两丛书内。四部丛刊影印原刻本，光绪间长沙王先谦重刻本，光绪间吴县朱氏槐庐重刻文集十二卷。

卷施阁文甲集十卷，乙集十卷，更生斋文甲集四卷，乙集〔四〕（二）卷。洪亮吉。【补】诗文集凡六十六卷，乾隆嘉庆间刻。四部丛刊影印原刻本。光绪己卯洪用勤重刻洪北江遗书本，今版在武昌局。

更生斋续集 卷。倪良勋刻。【补】二卷。 亦在重刻遗书内。

雕菰楼集二十四卷。焦循。【补】阮氏文选楼刻，江氏文学山房丛书木活字本。 焦里堂遗文一卷，光绪间南陵徐乃昌刻鄦斋丛书本。

复初斋集 卷。翁方纲。【补】文集三十五卷，道光十六年家刻，光绪三年侯官李以烜重校刻。诗集六十六卷，嘉庆十九年家刻。集外诗二十四卷、文四卷，民国间吴兴刘承幹刻。

空山堂集　卷。牛运震。【补】诗集六卷，文集十二卷。　家刻空山堂丛书中。

祗平居士集　卷。王元启。【补】三十卷。　全书本。

研经室集六十卷。阮元。　一集十四卷，二集八卷，三集五卷，四集二卷，诗集十〔一〕（二）卷，外集五卷，续集九〈十一〉卷，再续集六卷。【补】原刻本，广州局重刻本，并五十六卷。四部丛刊影印原刻本四十七卷，无再续集。

思适斋集十八卷。顾广圻。　徐渭仁刻春晖堂丛书中。【补】江氏文学山房丛书木活字本。

养素堂文集三十五卷。张澍。【补】道光丁酉刻。

鉴止水斋集十二卷。许宗彦。　广州翻刻。【补】文集十二卷，诗集八卷，嘉庆二十四年广州刻，咸丰八年重刻。学海堂摘刻文集二卷。

晚学集八卷，诗五卷。桂馥。　【补】光绪间会稽章寿康式训堂重刻晚学集八卷。诗集四卷，民国四年上海同文图书馆石印。

铁桥漫稿八卷。严可均。　全稿未刻。【补】光绪九年长洲蒋氏重刻本，在心矩斋丛书内。

清白士集二十八卷。梁玉绳。【补】蔡云清白士集校补四卷，贵池刘世珩刻聚学轩丛书本。

七经楼文钞　卷。蒋湘南。【补】六卷。　春晖阁诗钞六卷。　并同治八年马氏刻。

董方立文甲集二卷。董祐诚。 董方立遗书之一。【补】遗书家刻。 成都重刻,光绪间上海制造局重刻。

左海文集二十卷。陈寿祺。【补】左海诗集六卷,原刻本。

衎石斋记事稿十卷,记事续稿十卷。钱仪吉。【补】道光甲午家刻,光绪己卯钱氏重刻。

甘泉乡人稿二十四卷。钱泰吉。【补】咸丰四年刻,光绪乙酉青溪官舍重刻。

幼学堂诗集十七卷,文集八卷。沈钦韩。【补】道光间刊。 广州局刻幼学堂文稿一卷。未刊稿本文集一百卷,旧藏独山莫氏。

月斋文集二卷。张穆。【补】文集八卷,诗集四卷,咸丰八年寿阳祁氏刻。

诂经精舍文钞初集十四卷,续集八卷,三集 卷。杭州诂经精舍诸生。 初集刻文选楼丛书内。【补】三集九卷。 续集、三集,同治间刻,四集以下诸集,光绪间刻。

学海堂初集十六卷,二集二十二卷,三集二十四卷。广州学海堂诸生。【补】四集二十八卷。版并在广州局。

以上国朝考订家集若纪昀、陆锡熊、彭元瑞、赵佑、朱筠、赵怀玉、王芑孙诸家集,既工词章,间有考订,此类不可枚举,以此例之。

壮悔堂集十卷。侯方域。【补】同治间裔孙重刻本,附诗集六卷、遗稿一卷。

宁都三魏集七十二卷。魏礼、魏禧、魏祥。　附魏世杰、魏世俲、魏〔世〕俨。　三魏合彭士望、林时益、李腾蛟、邱维屏、曾灿、彭任为易堂九子,有九子文钞。【补】宁都三魏集,道光二十五年绂园书塾重刻。

水田居文集　卷。贺贻孙。【补】五卷。　同治九年重刻。

钝翁类稿一百一十八卷。汪琬。【补】又钝翁文钞五十卷,康熙三十二年林佶写刻本。　吴江叶燮汪文摘谬一卷,上海医学书局排印本。

午亭文编五十卷。陈廷敬。【补】乾隆间林佶写刻。

湛园集十卷。姜宸英。【补】此即黄叔琳重编本八卷,附礼记二卷。光绪间毋自欺斋重刻姜西溟全集三十二卷。二老阁刻湛园未定稿六卷。

遂初堂诗文集三十九卷。潘耒。【补】附补遗一卷,共四十卷。康熙庚寅刻。

解春文钞十二卷,补遗二卷,诗钞二卷。冯景。　抱经堂丛书之一。【补】学海堂摘本止二卷。

改亭文集十六卷,诗六卷,计东。

存砚楼集十六卷。储大文。【补】文集十六卷,二集二十三卷。　乾隆间刻,光绪元年储汸重刻。

鹿洲初集二十卷。蓝鼎元。【补】雍正二年刻。　重刻通行。

穆堂类稿五十卷,续稿五十卷,别稿五十卷。李绂。【补】乾隆间家刻,道光重刻。

小仓山房文集三十五卷。袁枚。【补】重刻通行。

梅崖居士集三十卷。朱仕琇。【补】又外集八卷。

山木居士集　卷。鲁九皋。【补】文集十二卷、外集二卷，道光十四年家刻。又乾隆间单刻外集四卷，非足本。

尊闻居士集八卷。罗有高。【补】乾隆四十七年彭氏刻，光绪间重刻。

汪子文录　卷。汪缙。【补】汪子遗书六卷、二录二卷、三录三卷，婺源振儒社刻。

二林居集二十四卷，测海集六卷。彭绍升。【补】家刻，苏州玛瑙经房重刻，武昌局正觉楼丛书刻二林居集二卷。

小岘山人集三十六卷。秦瀛。【补】诗集二十六卷，文集六卷，续集二卷。嘉庆二十二年家刻。

龚海峰文集　卷。龚景瀚。【补】此书名澹静斋文钞。　文钞六卷，外集二卷，诗钞六卷，道光六年刻，同治间重刻。

安吴四种。中衢一勺七卷，艺舟双楫九卷，管情三义八卷，齐民四术十二卷。　包世臣。　道光丙午活字版本，武昌局本。【补】咸丰辛亥刻本，同治、光绪并重刻。　艺舟双楫互见前子部艺术家。　包世臣小倦游阁文稿二卷，菊饮轩排印本。

定盦文集　卷，诗　卷。龚自珍。　分刻。【补】定盦文集三卷、续集四卷、补文一卷、诗二卷、杂诗一卷、无著词选一卷、小奢摩室词选一卷，钱塘吴煦刻。定盦文集补编四卷，平湖朱之榛刻。吴、朱二刻，四部丛刊并影印。定盦别集一卷、诗词定本二卷，上海神州国光社石印。娟镜楼丛刻内有定盦遗著及年谱、外纪。

曾文正公文集四卷。曾国藩。 青浦初刻本，又直隶再刻本非全集。
又长沙新刻本合刻诗集四卷。〔此传忠书局编刻本，合他篹述及年谱，共一百五
十六卷。〕【补】全集十余种，同治、光绪间长沙传忠书局刻，内诗文集各四卷。又
家刻全书本文集三卷、诗集三卷，四部丛刊影印。

　　以上国朝不立宗派古文家集古文家多兼经济家。

望溪文集十八卷，集外文十卷，补遗二卷，年谱二卷。方苞。
戴钧衡补编。【补】戴编本咸丰元年刻。乾嘉间原刻本，未足。四部丛刊影印戴
氏刻本。 望溪文集补遗一卷，荣成孙氏山渊阁刻。

海峰文集　卷。刘大櫆。【补】文集十卷，诗集八卷，补遗一卷。 文集有
乾隆缥碧轩原刻本，不分卷，光绪戊子桐城吴氏重刻。 张惠言选刘海峰文抄
一卷，大亭山馆刻本。

惜抱轩文集十六卷，后集十卷，诗十卷。姚鼐。【补】尚有诗后集一
卷，诗外集一卷。 同治间合肥李氏重刻，光绪癸未桐城徐氏重刻。嘉庆六年
原刻文集十六卷、诗集十卷，四部丛刊影印。

刘孟涂集四十四卷。文十卷，骈体文二卷，诗前集十卷，后集二十二卷。
　刘开。【补】道光间姚氏刻。慈溪童氏刻文集十卷、骈体文二卷。光绪间王锡
元刻遗集二卷，皆全集所无。

太乙舟文集　卷。陈用光。【补】八卷，道光间吴县潘氏清颂堂刻。 太乙
舟诗集十三卷，咸丰间刻。光绪乙未长沙重刻本文集八卷，附诗钞二卷。

初月楼集　卷。吴德旋。【补】书名〔初〕（得）月楼文钞。　道光间原刻十卷。光绪间四明张寿荣重刻文钞十卷，文钞续八卷，诗钞四卷，古文绪论一卷，并在花雨楼丛钞内。

仪卫堂文集十二卷，诗五卷。方东树。【补】同治七年合肥李鸿章刻本，附外集一卷、年谱一卷。

东溟文集二十六卷。姚莹。【补】道光十三年刻，同治六年安福县署重刻。诗名后湘诗集，凡二十三卷。全集十余种，名中复堂全书。

柏枧山房集文六十卷，诗十五卷。梅曾亮。【补】文集十六卷，诗集十五卷，此云六十者误。　咸丰间刻。

管异之文集　卷。管同。【补】书名因寄轩文集。　初集十卷，二集六卷，补遗一卷，子嗣复小异遗文一卷附。　光绪间合肥张氏重刻。

以上国朝桐城派古文家集

大云山房初集〔四〕（八）卷，言事二卷，二集四卷。恽敬。【补】嘉庆间卢氏刻。　同治间重刻本，多补编一卷，四部丛刊影印。

茗柯文编五卷。张惠言。【补】嘉庆十四年刻。　重刻本多种。宣统间上海神州国光社影印手写稿本。武昌局本有恽敬评点，四部丛刊影印。　茗柯文补编二卷、外编二卷，道光间仁和陈善刻本，四部丛刊影印。

养一斋文集二十六卷。李兆洛。　活字版本。【补】光绪间江阴刻本。

崇百药斋集二十卷，续集四卷。陆继辂。【补】嘉庆间合肥学舍刻。

光绪四年陆光迨重刻本，多三集十二卷。

齐物论斋文集六卷。董士锡。【补】新昌胡心敬问影楼重刻本。

　　以上国朝阳湖派古文家集

湖海楼集五十卷。陈其年。　程师恭检讨四六注，选择未善。【补】康熙间原刻本五十四卷，四部丛刊影印。光绪间重刻本六十卷。　湖海楼文集拾遗，上海神州国光社排印。陈检讨四六二十卷，康熙三十二年刻本，翻刻本。太仓顾张思陈检讨四六补注，未见传本。

林蕙堂集二十六卷。吴绮。　陆繁弨善卷堂四六，章藻功思绮堂四六，皆非至者。【补】吴集乾隆间衷白堂刻巾箱本，重刻本。

石笥山房文集六卷，补遗一卷，诗集十二卷。胡天游。　此本未足。【补】道光二十六年家刻。咸丰二年胡氏补刻足本，多补四卷。

玉芝堂文集六卷，诗三卷。邵齐焘。【补】光绪重刻袖珍本。

绿萝山庄四六　卷。胡浚。【补】二十四卷。　乾隆间刻。　一名华尊堂四六。

小仓山房外集八卷。袁枚。　别行。【补】吴县石韫玉袁文笺正十六卷，仁和魏大缙增订袁文笺正四卷，泰州王广业袁文合笺十六卷，益阳黎光地随园骈体文注十六卷，皆有刻本。

仪郑堂骈体文二卷。孔广森。　文选楼本，又附刻所著书本。此集本别行。【补】又湖南合刻孔、洪骈体文本，仪郑堂骈体文三卷。

述学外篇。汪中。　互见。

知足斋集　卷。朱珪。【补】文集六卷,诗二十卷,诗续四卷,进呈文稿二卷。广州局重刻本,光绪间定州王灏刻畿辅丛书本无诗集。

问字堂外集。孙星衍。　互见。　此集皆骈文。

卷施阁乙集十卷,更生斋乙集二卷。洪亮吉。　互见。　此集皆骈文。【补】又湖南合刻孔洪骈体文本卷施阁乙集八卷、续编一卷、更生斋乙集四卷。

夫容山馆集无卷数,文八十〔三〕(四)篇,续三十五篇。诗八卷,补遗一卷,〔词二卷〕。杨芳灿。【补】嘉庆十年刻。

有正味斋集七十三卷。吴锡麒。　初集骈体文二十四卷,续集骈文八卷。【补】嘉庆十三年吴氏重刻。　王广业有正味斋骈体文笺二十四卷,叶联芳有正味斋骈体文注十六卷,皆有刻本。

尚䌹堂集文二卷,诗五十二卷,词二卷。刘嗣绾。【补】道光六年家刻。　四明张寿荣重刻文二卷,在花雨楼丛钞内。

小谟觞馆集。文四卷,诗八卷,诗余一卷,续集文二卷,诗二卷。　彭兆荪。姚燮复庄骈俪文榷八卷,体与彭近,逊于彭。【补】彭集嘉庆间刻,光绪间汪氏重刻。　孙培元注六卷,有刻本。

赏雨茆屋诗集二十二卷,骈体文二卷。曾燠。【补】嘉庆二十四年家刻。　光绪间鄞县郭氏单刻外集一卷。

夕葵书屋集　卷。吴骞。【补】一名吴学士集,文四卷,诗五卷。

栘华馆骈体文四卷。董基诚、董祐诚。　别刻，又附董方立遗书内。【补】遗书九种，家刻，成都重刻，上海制造局重刻。

以上国朝(人)骈体文家集

梅村集四十卷。吴伟业。　欲详知国朝诗家者，具郑方坤国朝诗钞小传、王昶湖海诗传、张维屏诗人征略中。【补】梅村集四十卷，康熙间刻。　梅村家藏稿五十八卷、补一卷、年谱四卷，宣统间武进董康刻本，此本足，四部丛刊影印。

郑方坤国朝名家诗钞小传四卷，原刻本，郑氏春华堂重刻本，光绪间李氏万山草堂重刻本。王昶湖海诗传，互见总集类。张维屏国朝诗人征略，互见诗文评类。

吴诗集览二十卷，谈薮一卷。吴伟业。　靳荣藩注。【补】乾隆四十年刻。　有通行本。　长洲吴翌凤梅村诗集笺注十八卷，嘉庆间沧浪吟榭刻本，武昌局重刻本。

变雅堂集〔四〕(五)卷。杜濬。　濬文集罕传，武昌新刻。【补】原刻五卷、附一卷。道光重刻全集十四卷。同治武昌重刻十卷，附一卷。

学余堂文集二十八卷，诗集五十卷，外集二卷。施闰章。【补】有康熙、乾隆二刻。　宣统间上海国学扶轮社石印。

曝书亭诗注二十〔二〕(三)卷。朱彝尊。　杨谦注。　孙银槎注本，不如杨注本，别行。　互见。【补】互见前考订家集。　杨、孙前有江浩然注本，不善。

西河诗集五十六卷。毛奇龄。　互见。【补】同上。

带经堂集九十二卷。王士〔祯〕（桢）。　合他著述统名渔洋山人著述三十八种。【补】渔洋山人集外诗二卷，光绪间石埭徐氏刻观自得斋丛书本。

渔洋山人精华录训纂十卷。惠栋注。【补】红豆斋刻。　训纂二十卷，精华录十卷。　康熙间林佶写刻本无注，四部丛刊影印。　金荣渔洋山人精华录笺注十二卷、补遗一卷，凤翙楼原刻本，上海文瑞楼影印。

白茅堂集四十六卷。顾景星。【补】康熙戊寅刻，附耳提录一卷。

安雅堂诗集，无卷数。拾遗文二卷。宋琬。【补】诗文集十五卷，康熙间刻。　未刻稿十卷，乾隆元年汪邦宪刻。

松桂堂集三十七卷，延露词三卷，南泩集三卷。彭孙遹。【补】乾隆八年家刻。

冯定远集十一卷。冯班。【补】康熙间自刻。

饴山堂文集六卷，诗集十七卷。赵执信。【补】一名因园集。乾隆间刻。

西陂类稿三十九卷。宋荦。【补】康熙五十年家刻。

古欢堂集三十六卷。田雯。【补】康熙戊寅家刻。

莲洋诗钞十卷。吴雯。【补】乾隆十六年汾阳刘组刻，乾隆二十九年山东孙锷重刻。　又王士祯评点本二十二卷，嘉庆间大兴翁方纲校刻，此本最足。

溉堂集二十三卷。孙枝蔚。

冯舍人遗诗六卷。冯廷櫆。

敬业堂集五十卷。查慎行。【补】乾隆间刻附续集六卷，四部丛刊影印。

敬业堂集补遗皆集中未刊之作,在涵芬楼排印秘笈第四集内。又敬业堂文集二册,不分卷,仁和姚氏据传钞本刻,未见。

　　以上国朝诗家集诗家太多,读不胜读,止举国初最著数家,余多行本,泛览不难,此后最著者,厉鹗樊榭山房诗集,黄景仁两当轩集。【补】樊榭山房集互见前考订家集。　　两当轩集,光绪二年黄氏家塾重刻足本二十二卷,附录四卷、考异二卷。

珂雪词。曹贞吉。【补】二卷,又补遗一卷,与珂雪诗集合刻。

曝书亭词注七卷。朱彝尊。　李富孙注。【补】梅里忻氏刻本,别下斋本。
　　光绪间湘潭叶德辉观古堂刻曝书亭删余词一卷,附原稿目录一卷、校勘记一卷。

乌丝词。陈维崧。【补】四卷。　通行本。　迦陵词全集三十卷,患立堂原刻本。顾贞观、蒋景祁同编陈检讨词抄十二卷,刻本。

弹指词。顾贞观。【补】三卷。　家刻。

饮水词,侧帽词。纳兰性德。【补】康熙三十年刻通志堂集十八卷,内词四卷。　梁章钜刻本,粤雅堂本。光绪间仁和许增刻纳兰性德词五卷、补遗一卷,在榆园丛书内。

樊榭山房词。厉鹗。【补】四卷。　在钱塘汪氏重刻樊榭山房全集内。全集见前考订家集。　原刻全集内词止二卷。

蘅梦楼词。郭麐。【补】二卷。　灵芬馆全集本。　榆园丛书刻郭麐词四种,蘅梦楼词二卷、浮眉楼词二卷、忏余绮语二卷、爨余词一卷。

茗柯词。张惠言。【补】一卷。　全书本。

疏影楼词。姚燮。【补】五卷。　在家刻大梅山馆全集内。

金〔梁〕(梁)梦月词。周之琦。【补】二卷，又怀梦词一卷，见云自在龛丛书及〔食〕(会)旧斋丛书内。又鸿雪词、退庵词各一卷，均见〔食〕(会)旧斋丛书内。

冰蚕词。承龄。【补】一卷。　家刻。

空青词。边浴礼。【补】三卷。　道光戊戌与健修堂诗集二十二卷合刻。

以上国朝词家集今人之词，不能叶律，乃长短句，非曲也，故附集部诗后。词乃小道，略举最精者数家，以备文体之一。

右别集类

总集第三　近世选本，举大雅者。

文选李善注六十卷，附考异十卷。胡克家仿宋本，武昌局翻本，广州翻本。　叶氏海录轩评注本六十卷，亦佳，汲古阁本较可。【补】胡本考异十卷，顾广圻撰。　胡本有坊间影印本多种，叶本广州翻刻，汲古阁本江宁局重刻。贵池刘世珩玉海堂仿宋淳熙贵池本文选六十卷，附札记。　德清傅云龙纂喜庐仿日本延喜刻本文选第五卷残卷，今版在上虞罗氏。

文选理学权舆八卷。汪师韩。　读画斋本。【补】丛睦汪氏遗书本。

文选理学权舆补一卷。孙志祖。　同上。

文选李注补正四卷。同上。　同上。【补】番禺陶氏刻本。

文选考异四卷。同上。　同上。　陈景云文选举正六卷，未刊。【补】孙书番禺陶氏刻本。

文选音义八卷。余萧客。静胜堂刻本。　此书乃少作,〔未尽善〕,余〔后〕又撰文选杂题三十卷,未见传本。【补】余萧客三十卷,书名文选纪闻,光绪间巴陵方功惠刻入碧琳琅馆丛书。

文选集释二十四卷。朱珔。　自刻本。【补】江西重刻本。

文选旁证四十六卷。梁章钜。　榕风楼刻本。【补】光绪间重刻本。　绩溪胡绍〔煐〕(焕)文选笺证三十卷,贵池刘世珩刻聚学轩丛书本。

文选古字通疏证六卷。薛传均。　刻本。　原书十二卷。【补】光绪间华阳傅世洵刻益雅堂丛书本。　旌德吕锦文文选古字通补训四卷,附补遗,光绪辛酉怀砚斋刻本。

选学胶言二十卷。张云璈。　三影阁刻本。

文选补遗四十卷。宋陈仁子。　长沙刻本。

文选六臣注六十卷。唐吕延济、刘良、张铣、吕向、李周翰、李善。明新都崔氏大字本。　不如李善单注,已有定论,存以备考。【补】四部丛刊影印宋刻本。

以上总集类文选之属

汉魏六朝百三家集一百一十八卷。明张溥编。　重刻本。明汪士贤刻汉魏六朝二十名家集,在张前。【补】张编百三家集,汲古阁重刻,光绪间亦重刻,杭州林氏又编刻汲古阁本。　汉魏六朝二十名家集一百零三卷,明万历间刻,并陶靖节集十卷,一名二十一名家集。 无锡丁福保重编汉魏六朝名家集初集四十家,上海医学书局排印本。

文纪一百五十九卷。明梅鼎祚编。 原刻本。 皇霸、西汉、东汉、三国、西晋、宋、南齐、梁、陈、北齐、后周、隋、释。 三国文纪亦有刻本,四库未收。【补】原刻本明末刻。 后魏文纪二十卷,江宁龙蟠里图书馆有钞本。文纪足本内尚有东晋文纪一种,今罕见。三国文纪凡二十四卷,魏十八卷,吴四卷,蜀汉二卷。

严可均编全上古、三代、秦、汉、三国、六朝文七百四十六卷,光绪十三年黄冈王毓藻广州刻本,此书搜采宏富,备载出处,远胜汪、张、梅、丁诸书。王刻前乌程蒋氏尝刻严书目录一百零三卷,单行。

古文苑二十一卷。宋章樵注。 明成化壬寅刻本,守山阁校本。又岱南阁本九卷,无注。【补】惜阴轩丛书本,金壶本,苏州局本,四部丛刊影印明成化本并二十一卷,有章注。 此书不著编者名氏,九卷本乃宋韩元吉重编。岱南阁本据宋淳熙本影刻,飞青阁覆岱南阁本,潮州郑氏龙溪精舍重刻岱南阁本,光绪间宜都杨守敬亦刻九卷本。

续古文苑二十卷。孙星衍编。 平津馆本。【补】苏州局本。

文馆词林四卷。唐许敬宗等编。 佚存丛书本,粤雅堂重刻本。此残本,原书一千卷。【补】遵义黎庶昌古逸丛书覆旧钞本十三卷半,今版在苏州局。宜都杨守敬刻本五卷。吴兴张钧衡刻本二十五卷,在适园丛书内。武进董康珂罗版影印唐写本二十二卷。

文苑英华一千卷。宋李昉等编。 明刻本。【补】上虞罗振玉宋椠文苑英

华残本校记一卷,载北平北海图书馆月刊卷二第五号。

文苑英华辨证十卷。宋彭叔夏。　　聚珍本,福本,知不足斋本。【补】南昌局重刻聚珍本,学海类编本。

〔以上汇选文〕

全唐文一千卷。嘉庆十九年敕编。　　扬州官本。【补】广州局本。归安陆心源唐文拾遗七十二卷、续拾十六卷,十万卷楼别刻本,此书专录全唐文未收之文。

唐文粹一百卷。宋姚铉编。　　顾广圻校刻大字本,明晋藩刻本,又明刻小字本。【补】苏州局本,光绪间仁和许增校刻本,四部丛刊影印元翻宋刻小字本。

唐文粹补遗二十六卷。郭麐编。　　刻本。【补】嘉庆间刻。　　苏州局本,许增刻本,并附唐文粹后。

宋文鉴一百五十卷。宋吕祖谦编。　　明胡韶修补本,明晋藩刻本。【补】苏州局本,四部丛刊影印宋刻本。

南宋文范七十卷。庄仲方编。　　道光十七年活字版本。【补】附外编四卷。苏州局本。

金文雅十卷。同上。　　同上。【补】苏州局本。　　常熟张金吾金文最一百二十卷,广州局本。江阴缪荃孙辽文存六卷,家刻本。南海黄任恒辽文补录一卷,民国八年广州排印本。

元文类七十卷,目录三卷。元苏天爵编。　　明晋藩刻本,又明修德堂本。文粹、文鉴、文类三种,明张溥皆有删削刻本。【补】元文类苏州局本,四部丛刊影印元至正二年西湖书院刻本。

明文衡九十八卷。明程敏政编。　原刻本。【补】四部丛刊影印明嘉靖间重刻本。

明文授读六十二卷。黄宗羲编。　刻本。【补】黄宗羲编明文海四百八十二卷,未刊,浙江图书馆有钞本。

明文在一百卷。薛熙编。　倪〔霱〕(霄)写刻本。【补】苏州局本。

〔以上唐至明文〕

皇清文颖一百二十四卷。乾隆十二年敕编。　殿本。【补】续编一百六十四卷,嘉庆十五年敕编,殿本。

国朝文录一百卷。姚椿编。　朱琦编国朝诂经文钞一百卷,未刊。【补】姚编咸丰间刻本。　朱编国朝古文汇钞初集一百七十三卷、二集一百卷,道光吴江沈氏世美堂刻本。

湖海文传七十五卷。王昶编。　家刻本。【补】经训堂刻,石印本。

〔以上国朝文〕

历代赋汇一百四十卷,外集二十卷,逸句〔二〕(三)卷,补遗二十二卷。康熙四十五年敕编。扬州诗局本,　重刻通行本。

赋汇录要笺略二十八卷,附补题注,外集、补遗题注。吴光昭。

　通行本。　杭世骏有赋汇解题,通行。

〔以上赋〕

御选唐宋文醇五十八卷。乾隆三年。　内府大字本,广州重刻大字本。【补】苏州局本。

古文辞类纂〔七十五〕（四十八）卷。姚鼐编。〔道光五年江宁吴氏刻大字定本〕，〔同治八年问竹轩翻吴本〕，兴县康氏刻小字本，又大字本，苏州局翻康本。【补】此书七十四卷。　康氏重刻大字本无圈点，不善。吴氏刻本，桐城萧穆校本，长沙思贤讲舍刻本。又铜山徐树铮辑评本，民国间北京排印。　桐城吴汝纶姚氏古文辞类纂点勘记三卷，北京排印本。长沙王先谦续古文辞类纂三十四卷，思贤讲舍本与姚书合刻，合刻有通行本。遵义黎庶昌续古文辞类纂上、中、下三编，二十八卷，光绪二十一年江宁李光明书庄刻本。　黎续失姚意，不逮王。

骈体文钞三十一卷。李兆洛编。　康刻本，合类纂合肥徐氏重刻本。【补】成都存古书局本。　长沙王闿运八代文粹　卷，富顺考隽堂刻本。长沙王先谦骈文类纂下逮清末作家，思贤书局刻本。

七十家赋钞六卷。张惠言编。　康刻本。　以上三种选本，最古雅有法。【补】苏州局本附校勘记。　曾国藩经史百家杂钞二十六卷、简编二卷，光绪间长沙传忠书局刻曾文正公全集本，以古文为主，间录骈体文。吴汝纶曾氏百家杂钞点勘记一卷，北京排印本。

国朝骈体正宗十二卷。曾燠编。　原刻本，广州重刻本。【补】光绪间四明张氏花雨楼刻小字本。　张鸣珂国朝骈体正宗续编八卷，寒松阁自刻本。

唐宋十大家文集五十一卷。储欣编。　八家外增李翱、孙樵。　明茅坤八大家文钞，钟惺八大家文选，旨趣略同。【补】储编苏州局重刻本。　茅编一百六十四卷，钟编二十四卷，皆有通行本。

元明十大家文集　卷。国朝人编。【补】宜黄刘肇虞编元明八大家古文选十三卷。　虞集、揭傒斯、杨士奇、王守仁、归有光、唐顺之、王慎中、艾南英。

乾隆间刻本。　　上列书疑即指此。

李选国朝文录八十二卷，续录六十三卷。李祖陶编。　　共八十八家，体例未精，评语尤陋，取其各存大略。【补】道光十九年瑞州凤仪书院刻本。

　　山阴沈粹芬编国朝文汇二百卷，书成宣统，采录稍广，涵芬楼排印本。

金元明八大家文选五十三卷。李祖陶编。　　元好问、姚燧、吴澄、虞集、宋濂、王守仁、唐顺之、归有光。【补】上高李氏家刻本。

三家文钞三十二卷。宋荦编刻。　　侯方域八卷，汪琬十二卷，魏禧十二卷。　　近人编辑国朝二十四家古文尤草草。【补】宋编康熙三十三年写刻。上列近人所编书，即归安徐凤辉国朝二十四家文钞。

古文雅正十四卷。蔡世远编。

续古文雅正十四卷。林有席编。

　　〔以上文之属〕

四六法海十二卷。明王志坚编。【补】乾隆间修补本，广州重刻本。　　又蒋士铨删评本八卷，巾箱本。

唐骈体文钞十七卷。陈均编。【补】嘉庆间陈氏家刻，广州局重刻。

宋四六选二十四卷。彭元瑞编。　　以上均通行本。【补】彭书乾隆间刻。

八家四六文钞九卷。吴鼒编。　　较经堂刻本。　　袁枚、邵齐焘、刘星炜、孔广森、吴锡麒、曾燠、孙星衍、洪亮吉。【补】重刻通行本。　　长沙王先谦编十家四六文钞十卷，刘开、董基诚、董祐诚、方履篯、梅曾亮、傅桐、周寿昌、王闿运、赵铭、李慈铭，光绪十五年王氏刻本。

〔以上骈文之属〕

以上总集类文之属 元以前诸本多有诗,从其多者言之。

乐府诗集一百卷。宋郭茂倩编。 乾隆刻本,武昌局本。明梅鼎祚编古乐苑五十二卷,又补郭遗。【补】郭编四部丛刊影印汲古阁本,古乐苑明刻。

乐府古题要解二卷。旧题唐吴兢。 津逮本,学津本。

玉台新咏十卷。明赵氏寒山堂仿宋刻小字本,康熙甲午冯氏刻大字评点本。【补】陈徐陵编。 南陵徐乃昌重刻寒山堂本,四部丛刊影印明五云溪馆活字本。 吴江吴兆宜玉台新咏笺十卷,乾隆三十九年刻本。

玉台新咏考异十卷。纪容舒。【补】光绪间定州王灏重刻本,在畿辅丛书内。

诗纪一百五十六卷。明冯惟讷编。 原刻本。【补】吴琯重刻,有陕西、金陵二本。 无锡丁福保编全汉、三国、晋、南北朝诗五十四卷,民国间上海医学书局排印本。

诗纪匡谬一卷。冯舒。 知不足斋本。

〔以上汇选〕

全唐诗九百卷。康熙四十六年敕编。 扬州诗局本,江宁重刻本,广州巾箱本。【补】抚州双峰书屋重刻小字本,石印本多种。

全五代诗一百卷。李调元编。 函海本。【补】附补遗一卷。

全金诗七十四卷。康熙五十年敕编。 扬州诗局本。

〔以上断代〕

御〔选〕(制)唐宋诗醇四十七卷。乾隆十五年。　内府本,广州重刻本。【补】苏州局本,杭州局本。

四朝诗三百一十二卷。康熙四十八年敕编。　扬州诗局本。　宋七十八卷,金二十五卷,元八十一卷,明一百二十八卷。

〔以上虽汇选而实断代〕

唐人选唐诗八种。汲古阁本。　国秀集二卷,箧中集一卷,御览诗一卷,极玄集一卷,中兴间气集二卷,河岳英灵集三卷,搜玉小集一卷,才调集〔十〕(一)卷。

唐人万首绝句九十一卷。宋洪迈。　明翻宋本七十五卷,〔明赵宧光编刻本四十卷〕。

全唐诗录一百卷。徐倬编。　通行本。

〔以上唐〕

西昆酬唱集二卷。宋杨亿〔编〕。　(珠尘本),浦城遗书本,粤雅堂本。【补】杭州局邵武徐氏丛书本,四部丛刊影印旧钞本。

南宋群贤小集一百五十七卷,附补遗。旧题宋陈思编。　顾修补。
　读画斋本。【补】是书一名江湖小集。　南宋六十家集,民国间上海古书流通处影印毛钞本,并附鲍钞本八种。

后村千家诗二十二卷。宋刘克庄编。　棟亭十二种本。

宋诗钞一百六卷。吴之振编。　通行本。【补】康熙十年吴氏鉴古堂原刊本,涵芬楼影印原刻本。　此书凡录宋诗百家,百一十卷,刻成者止八十四家,九十四卷。　海宁管庭芬宋诗补不分卷,涵芬楼排印本。

宋百家诗存二十八卷。曹廷栋编刻本。　补吴钞之遗。　陈焯编宋元诗会一百卷,搜罗残佚尤备。【补】曹编乾隆六年刻。　陈编康熙间刻本。

中州集十卷,附中州乐府一卷。金元好问编。　国初刻本。【补】武进董康影元刻本,四部丛刊影印董康新刻本。

〔以上宋金〕

元诗选一百一十一卷。顾嗣立〔编〕。　家刊本。　一集六十八卷,二集二十六卷,三集十六卷。【补】家刊本,康熙四十二年刻。

元诗癸集十卷。无卷数。　席世臣补刻本。【补】元诗选癸集亦顾嗣立编。

　元人选元诗五种,连平范氏双鱼堂刻本,目列下:房祺编河汾诸家诗集八卷,蒋易编国朝风雅七卷、杂编三卷,赖良编大雅集八卷,魏仲举编敦文集一卷、伟观集一卷。

〔以上元〕

明诗综一百卷。朱彝尊编。　原刻本。【补】康熙四十四年刻。　静志居诗话即自此书解题下辑出。

　常熟钱谦益列朝诗集七十七卷,明崇祯十六年汲古阁刻本,上海神州国光社排印本。

〔以上明〕

感旧集十六卷。王士禛编。　雅雨堂刻本。　解题下多有旧闻佚事。【补】渔洋感旧集小传四卷,附补遗,涵芬楼排印刻行。列朝诗集题下亦各系小传。　上海神州国光社排印感旧集，与陈其年箧衍集合印。

湖海诗传四十六卷。 王昶编。　原刻本。　雍正至乾隆末闻人略备。

【补】嘉庆间刻。　同治四年重刻本。　此书意在续沈德潜国朝诗别裁集。

闽侯陈衍近代诗钞不分卷，涵芬楼排印本。

南宋杂事诗七卷。 沈嘉辙、吴焯、陈芝光、符曾、赵昱、厉鹗、赵信。　原刻

本，〔淮南书局刻本〕。　〔可资考史。〕【补】江宁局重刻本。

　　〔以上国朝〕

十家宫词十二卷。 宣和、宋文安、王建、花蕊、王珪、胡伟集句，和凝、张公

庠、王仲修、周彦质。　朱彝尊编刻本。　借月山房丛书刻宫词小纂三卷。

采菽堂古诗选三十八卷，补遗四卷。 陈祚明编。　通行本。

古诗选三十二卷。 王士禛编。　闻人倓笺。　通行本。【补】乾隆芷兰堂

原刊本。　江宁局本无笺，与姚鼐编今体诗钞十八卷合刻。长沙王闿运八代诗

选二十卷，光绪间长沙刻本，成都存古书局本，苏州局本。

唐贤三〔昧〕(味)集笺注三卷。 王士禛编。　吴煊、胡棠注。　乾隆丁

未刻本。【补】皆盛唐诗。山阳潘德舆有评本，未刊。

十种唐诗选十七卷。 同上。　通行本。

唐人万首绝句选七卷。 同上。　通行本。【补】康熙间洪氏刻本，今版在

江宁局。

镜烟堂十种。 纪昀。　通行本。　沈氏四声考、唐人试律说、删正二冯才调

集、删正瀛奎律髓、李义山诗、陈后山诗、张为主客图、审定风雅遗音、庚辰集、馆

课存稿。

宋四家诗钞。无卷数。　周之〔鳞〕（麟）编。　通行本。　苏、黄、范、陆。【补】光绪二十一年张氏刻本。

国朝六家诗钞八卷。通行本。　施、宋、王、赵、朱、查。【补】此书锡山刘执玉编，乾隆丁亥诒燕楼刻，光绪丁亥成都汗青簃重刊。

　　以上总集类诗之属近人诗文选本太多，举其不俗谬者。沈选别裁，通行，不详列。【补】五朝诗别裁集，唐三十二卷、明十二卷、国朝三十六卷，长洲沈德潜编，宋八卷、元八卷，华亭姚培谦编。沈选可便初学，姚选未善。　沈又编古诗源十四卷，亦通行。山阳潘德舆有评本，未刊。

花间集十卷。蜀赵崇祚编。　汲古阁本。【补】乾隆间武进赵怀玉校刻本，杭州局邵武徐氏丛书本，光绪间临桂王鹏运四印斋校刻本，四部丛刊影印明万历间玄览斋刻本，分十二卷，附西吴温博补编二卷。

草堂诗余四卷。宋人编。　汲古阁本。【补】四印斋校刻本二卷。　元草堂诗余三卷，粤雅堂丛书本。

花庵词选十卷，中兴以来词选十卷。宋黄昇编。　汲古阁本。【补】四部丛刊影印明万历间舒氏刻本。

绝妙好词笺七卷，附续钞一卷。宋周密编。　厉鹗、查为仁笺。　徐楙重刻本，会稽章氏重刻本。又附张惠言词选二卷、董毅续词选二卷、郑善长九家词选一卷。【补】周济宋四家词选　卷，原刻本。　周又编词辨二卷，选择精严，原刻本，苏州局本，又仁和谭献评刻本。

〔以上汇选〕

历代诗余二百二十卷,附词话十卷。康熙四十六年敕编。 内府本。【补】民国十七年上海蟫隐庐影印内府刻本。

词综三十六卷。朱彝尊编。 原刻本。 唐、五代、宋。**补二卷**。王昶编。 合上刻本。

词综补遗〔二十〕(十二)卷。陶梁编。 原刻本。

明词综十二卷。王昶编。原刻本。

国朝词综四十八卷,二集八卷。王昶编。 原刻本。【补】海盐黄燮清国朝词综续编二十四卷,湖北刻本。

〔以上编朝代〕

宋六十名家词九十卷。毛晋编。 汲古阁本。【补】广州重刻本,钱塘汪氏重刻本,上海博古斋影印汲古阁本。 金坛冯煦编宋六十一家词选十二卷,光绪间江宁刻本。临桂王鹏运四印斋所刻词二十四种、宋元三十一家三十一种,并光绪间校刻。近年吴兴朱祖谋校刻唐、五代、宋、金、元词总集四种,唐词别集一种,宋词别集一百一十二种,金词别集五种,元词别集五十种,凡一百七十二种,总号彊村丛书。海宁王国维唐五代二十一家词辑二十卷,民国十七年北平排印观堂遗书第四集本。

十六家词三十九卷。孙默编。 原刻本。 吴伟业、龚鼎孳、梁清标、宋琬、曹尔堪、王士禄、尤侗、陈世祥、黄永、陆求可、邹祗谟、彭孙遹、王士禛、〔董〕(黄)以宁、陈维崧、董俞。【补】原刻本,康熙间刻。

浙西六家词十二卷,附宋张炎山中白云词一卷。龚翔麟编。 原刻本。　朱彝尊、李良年、沈皞日、李符、沈岸登、龚翔麟。

〔以上判各家〕

以上总集类词之属宋词最著者,姜夔、周密、张炎。姜夔白石词在六十名家词内,周密蘋洲渔笛谱、草窗词在知不足斋丛书内,张炎山中白云词附浙西六家词后,余若晏、欧、柳、苏、黄、秦、周邦彦、李清照、张孝祥、辛弃疾、吴文英、刘过、史达祖皆在六十家内,张先、张镃在知不足斋丛书内,有集者亦附集。【补】上举诸家,彊村丛书内俱有。　词号诗余,曲又词之变,元人最擅此体,兹为补录于下。元曲选一百种,一百卷,明臧懋循编刻本,涵芬楼影印本。元人杂剧三十种,日本东京影元刻本,又民国十三年上海朴社影印元刻本,附海宁王国维叙录。今存元人杂剧尽在此二书内。元明杂剧二十七种,南京龙蟠里国学图书馆影印本。乐府新编阳春白雪前集五卷、后集五卷,元杨朝英编,光绪间南陵徐乃昌随庵丛书影元刻本。朝野新声太平乐府九卷,四部丛刊影印元刻本。此二书皆元曲散套选本。　明清传奇太多,不胪列,欲知此类书者,具江都黄文旸曲海、海宁王国维曲录、诸暨蒋瑞藻小说考证中。曲海六十卷,民国十五年上海大东书局排印本,坊行传奇汇考八卷,即此残卷。曲录六卷,宣统元年番禺沈宗畸北京刻晨风丛书足本,民国十七年北平石印观堂遗书第四集本,排印单行本,又上海古书流通处石印曲苑十四种本,止二卷。小说考证十卷、拾遗一卷、续编五卷,涵芬楼排印本。

右总集类

诗文评第四　诗话但举总汇者,其专家诗话太繁,不录。

文心雕龙辑注十卷。梁刘勰。　黄叔琳注。　卢氏广州刻本,原刻本。

【补】光绪间长沙思贤书局重刻本。潮州郑氏龙溪精舍重刻本,附兴化李详补注若干条。又四部丛刊影印明嘉靖间刻本十卷,无注。 蕲春黄侃文心雕龙札记,不分卷,北京文化学社排印本。盐城陈钟凡中国文学批评史不分卷,上海中华书局排印本。

浩然斋雅谈三卷。宋周密。 聚珍本,杭本,福本。【补】南昌局重刻聚珍本,光绪间山阴宋泽元刻忏花盦丛书本。

〔以上总括〕

全唐文纪事一百二十二卷。陈鸿墀。 广州方氏刻本。

唐诗纪事八十卷。宋计有功。 通行本。【补】四部丛刊影印明嘉靖间刻本。

宋诗纪事一百卷。厉鹗。 原刻本。 钱大昕元诗纪事三卷,未见传本。【补】厉书原刻本,乾隆十一年刻。 归安陆心源宋诗纪事补遗一百卷,宋诗小传补正四卷,光绪癸巳家刻本。 钱书未刊。 闽侯陈衍元诗纪事二十四卷,民国间涵芬楼排印本。贵阳陈田明诗纪事一百八十七卷,听雨斋自刻本。番禺沈宗畸明诗纪事钞,宣统间上海神州国光社排印晨风阁丛书本。

乌台诗案一卷。宋周紫芝。 函海本。【补】学海类编本。

江西诗社宗派图录一卷。张泰来。 知不足斋本。

广陵诗事十卷。阮元。 文选楼本。

词林纪事二十二卷,附录三卷。张宗橚。 嘉庆三年刻本。

〔以上诗文内见事迹〕

史汉方驾三十五卷。明许相卿。　家刻本。　此书意在评文,故列此。

修辞鉴衡二卷。元王构。　指海本,三续百川本。

古文绪论一卷。吕璜。　指海本。【补】别下斋、花雨楼、常州先哲遗书并刻。

〔以上论文〕

四六话二卷。宋王铚。　学津本。

四六谈麈一卷。宋谢伋。　学津本。

四六丛话三十二卷。孙梅。　嘉庆三年刻本。

宋四六话十二卷。彭元瑞。　海山仙馆本。【补】仁和孙德谦六朝丽指一卷,民国间自刻本。

〔以上论四六〕

赋话十二卷。李调元。　通行本,亦在函海内。

读赋卮言一卷。王芑孙。【补】在王芑孙渊雅堂全集内。

〔以上论赋〕

声调谱一卷。赵执信。　单行本,珠尘本。

声调谱拾遗一卷。翟翚。　珠尘本。【补】董文焕声调四谱图说十四卷,原刻本,上海医学书局排印本。

谈艺录一卷。明徐祯卿。　附集本,格致丛书本。

艺苑卮言一卷。明王世贞。　在四部稿内。

艺圃撷余一卷。明王世懋。　以上三种,皆收沈德潜说诗晬语中。晬语并刻宋严羽沧浪诗话。　又广百川本，秘笈本。【补】以上五种，皆收谈艺珠丛内。
谈艺珠丛凡二十七种，王启原编，光绪间长沙刻本。

〔以上论诗〕

钟嵘诗品三卷。津逮本，学津本。【补】钟嵘南朝梁人。　吴兴张钧衡择是
居影宋本。亦收何刻历代诗话内。

主客图三卷。唐张为。　镜烟堂本，函海本。【补】豫章丛书本。亦在历代
诗话续编内。　以上二种谈艺珠丛内亦收。

唐音癸签三十六卷。明胡震〔亨〕。　明崇祯刻本。

五代诗话十卷。郑方坤。　粤雅堂本。　补王世祯原书。

苕溪渔隐丛话前集六十卷，后集四十卷。宋胡仔。　绩溪胡氏校刻
本，海山仙馆本。　此书采北宋诗话略备。【补】康熙间赵氏耘经堂仿宋本。

诗人玉屑二十卷。宋魏庆之。　通行本。　此书采南宋诗话略备。

历代诗话八十卷。吴景旭。　何文焕所刻历代诗话，乃汇刻前人书，共二
十八种，附自著一种。【补】吴书吴兴刘承幹刻吴兴丛书本。　何书上海医学书
局影印乾隆间原刻本。　历代诗话续编二十八种，清诗话四十二种，并无锡丁
福保编，医学书局排印本。

国朝诗人征略初编六十卷，二编六十四卷。张维屏。　自刻本。
【补】广州刻张南山全集本，互见前别集诗家集。　崇明施淑仪清代闺阁诗人征
略　卷，民国间排印本。钱谦益历朝诗集小传，王士禛感旧集小传，王昶湖海诗
传，互见前总集类诗之属。郑方坤国朝名家诗钞小传，互见前别集类诗家集。

〔以上诗话〕

词律二十卷。万树。　原刻本。　近人有词律拾遗六卷、补注三卷刊行。【补】词律光绪二年秀水杜文澜校刻本,附德清徐本立词律拾遗六卷,及文澜自撰补遗一卷。此本善,且有检目。　光绪间仁和许增重刻本。　词律拾遗、补注并德清徐本立撰,补注止二卷,已括杜刻词律内。杜文澜词律校勘记二卷,自刻曼陀罗华阁丛书本,亦散附杜刻词律各阕之后。

隶斐轩词林韵释二卷。单行本,　粤雅堂本。【补】此书撰人佚名。　秦恩复刻词学丛书本,光绪间南陵徐乃昌随庵丛书影宋刻本。　戈载词林正韵三卷,原刻本,临桂王鹏运四印斋重刻本。元周德清中原音韵二卷,北京大学石印本,常熟瞿氏铁琴铜剑楼珂罗版影印元刻本,此乃曲韵。

词源二卷。宋张炎。　戈载校秦恩复刻本,粤雅堂本,守山阁本。【补】北京大学排印本。

词苑丛谈十二卷。徐釚。　通行本。

词学全书十四卷。查继超。　通行本。

词话二卷。毛奇龄。　西河集本。【补】曲苑十四种,类皆品曲之书,上海古书流通处石印本。　海宁王国维宋元戏曲史十六章,不分卷,涵芬楼排印本。

〔以上论填词〕

四书文话。无卷数。　周以清、侯康、胡调德同纂。　分二十四门:一原始,二功令,三格式,四法律,五体裁,六命题,七程文,八稿本,九选本,十墨卷,十一社稿,十二元镫,十三名誉,十四考核,十五师承,十六风气,十七兴废,十八流弊,十九起衰,二十假借,二十一咎毁,二十二谈薮,二十三轶事,二十四五经文。据学海堂集阮元四书文话序,已成书,未刊〔版〕,稿本见存广州学海堂中。此为一代取士程式,故附著其名于此,异日当有刊行之者。 梁章钜有制义丛话二十四卷,通行本,未精核。又试律丛话十卷,未刊。

带经堂诗话三十卷。王士祯。 张宗枏辑。 乾隆刻本,同治癸酉广州重刻本。 王诗虽专一派,此编论诗,详允无弊,便于学者。

右诗文评类

卷五　丛书目

古今人著述合刻丛书　丛书最便学者，为其一部之中可该群籍，搜残存佚，为功尤巨，欲多读古书，非买丛书不可。其中经、史、子、集皆有，势难隶于四部，故别为类。【补】丛书子目详汇刻书目、丛书举要二书中，二书见前史部谱录类。

汉魏丛书。明程荣刻三十八种，何允中刻七十六种。国朝王谟刻八十六种，又广为九十四种，编校不善。【补】程刻最善，王刻通行。　涵芬楼影印程氏原刻本。

津逮秘书。明毛晋。【补】凡十五集，一百四十五种。　汲古阁本，民国十一年上海博古斋影印。

世德堂六子。明胡氏本。　百三家集见前。【补】六子全书有翻世德堂本，上海右文社影印世德堂本。百三家集不如全上古、三代、秦汉、三国、六朝文。二书并见前集部总集类文之属。

古香斋袖珍十种。内府刻。【补】南海孔氏重刻本。

武英殿聚珍版书。通行者一百三十八种,续出者尚多。福州重刻,杭州重刻三十九种。【补】福州重刻一百四十八种,广州重刻一百四十八种,南昌重刻五十四种,苏州刻八种。

通志堂九经解。纳兰性德。 广州书局重刻。【补】原刻本康熙间刻。汇刻宋元人经解一百三十八种,内亦有唐、明、清人书,止一二种。

皇清经解。阮元。 前书目中以便文称学海堂经解,或阮刻经解。【补】今版在广州局,凡一百八十种,皆清代考证家解经之书。 皇清经解续编二百零九种,长沙王先谦编,光绪十五年江阴南菁书院刻本,前补目内,此书简称续经解。阮、王正续经解,光绪中上海坊间有石印本多种,石印本附检目。阮经解有船山书院分类重刻小字本种数未尽。五经汇解,光绪间石印本,割裂正续经解所收诸书,引就经文,以便省览,与说文诂林编法相似,虽出坊贾之手,要亦有功学者。

经苑。钱仪吉。 已刻宋元明经说二十五种,唐人二种,皆通志堂未收者。有目未刻者十八种。【补】咸丰元年刻本。

汉魏遗书钞。王谟。 分经、史、子、集四部,刻成通行者,止经翼一种。【补】经翼凡一百零八种,嘉庆三年刻本。

二酉堂丛书。张澍。 辑汉魏佚书三十六种。【补】道光元年刻本,止刻成二十一种。

玉函山房丛书。马国翰。 辑周、秦至隋、唐佚书六百余种,分经、史、子、集四编。【补】六百三十二种,附一种,分经、史、子三编。 济南原刻本。济南重刻本,长沙思贤书局重刻小字本,长沙重刻大字本,皆光绪间重刻。重刻本以长沙小字本为善。

玉玲珑阁丛刻。龚翔麟。【补】五种，康熙间刻本。

泽存堂〔五〕（四）种。张士俊。　字书、韵书。【补】康熙间刻本，光绪十四年上海蜚英馆影印原刻本。

栋亭五种。曹寅。　字书、韵书。【补】康熙间刻本。

问经堂丛书。孙冯翼。　汇刻书目未尽。【补】印本有二：一、十八种，一、二十七种。

微波榭遗书。孔继涵。【补】八种，家刻本。

戴校算经十书。孔继涵。【补】十种，附二种，微波榭刻本。

雅雨堂丛书。卢见曾。【补】十三种，乾隆二十一年刻本。

经训堂丛书。毕沅。【补】二十三种，乾隆四十八年灵岩山馆刻本，光绪十三年上海大同书局石印小字本。

抱经堂丛书。卢文弨。【补】十六种，原刻本，民国十二年北京直隶书局影印原刻本。

平津馆丛书。孙星衍。【补】四十六种，嘉庆间原刻本，又光绪十一年吴县朱记荣重刻本。

岱南阁丛书。孙星衍。【补】十六种，又巾箱本五种，嘉庆间刻本，上海博古斋影印原刻本。

贷园丛书。周永年、李文藻。【补】十二种，乾隆五十四年刻本。

汗筠斋丛书。秦鉴。【补】四种，嘉庆间刻本。

知不足斋**丛书**。鲍廷博。【补】三十集,二百二十种,乾隆丙申刻本,民国十年上海古书流通处影印原刻本。渤海高承勋续知不足斋丛书,二集,十七种,道光间刻本。　常熟鲍廷爵后知不足斋丛书,四集,二十五种,光绪甲申刻本。

小玲珑山馆**丛书**。马曰璐。【补】六种,原刻本,道光二十九年长洲顾湘小石山房重刻本。

读画斋**丛书**。顾修。【补】八集,四十六种,嘉庆四年刻本。

士礼居**丛书**。黄丕烈。【补】十九种,嘉庆二十三年刻本,上海坊间影印原刻本。

文选楼**丛书**。阮元。【补】三十二种,道光间刻本。

汉学堂**丛书**。黄奭。【补】经八十五种,纬书五十六种,子史七十四种,附高密遗书十四种,皆逸书新辑者。光绪十九年甘泉黄氏补版本,石印小字本。

惜阴轩**丛书**。李锡龄。【补】三十八种,道光二十年宏道书院刻本,光绪二十二年长沙重刻本。

艺海珠尘。吴省兰。　刻未精。【补】八集,一百六十四种,乾隆末听彝堂刻本。

学津讨源。张海鹏。　校未精。【补】二十集,一百七十三种,嘉庆十年张氏旷照楼原刻本,民国十一年上海涵芬楼影印原刻本。

省吾堂汇刻书。蒋光弼。【补】五种,二十七卷,乾隆间刻本。

借月山房**丛书**。　张海鹏。　一名泽古丛钞。【补】一百三十五种,原刻本,民国九年上海博古斋影印原刻本。

湖海楼丛书。陈春。【补】十三种,嘉庆二十四年刻本。

琳琅秘室丛书。胡珽。　活字本。【补】五集,三十六种,咸丰三年原印活字本,光绪十四年重印活字本。

得月簃丛书。荣誉。【补】二集,二十种,刻本。

台州丛书。宋世荦。【补】十种,一名名山堂丛书,道光元年刻本。王棻台州丛书续编十三种,光绪戊戌翁长森刻本。杨晨台州丛书后集十六种,民国四年石印本。

墨海金壶。张海鹏。【补】一百一十五种,原刻本,民国十年上海博古斋影印原刻本。

守山阁丛书。钱熙祚。【补】一百一十种,道光间刻本,光绪己丑上海鸿文书局影印原刻本,民国　年上海博古斋影印原刻本。

珠丛别录。钱熙祚。【补】二十八种,道光间刻本。

指海。同上。　止刻十二集。【补】十二集,九十种,道光间刻。　光绪间钱培让、培杰续刻八集,四十八种,合前成二十集。

连筠簃丛书。杨墨林。【补】十三种,道光二十三年刻本。

半亩园丛书。止刻其半。【补】刻成　种,皆小学类书,一名小学类编,咸丰壬子江都李祖望编刻。

宜稼堂丛书。郁松年。【补】十三种,道光二十一年刻本。

别下斋丛书。蒋光煦。【补】二十七种,道光间原刻本,光绪间武林竹简斋石印本,民国十四年涵芬楼影印原刻本。

涉闻梓旧。蒋光煦。【补】二十六种，咸丰六年编刻本，武林竹简斋石印本，涵芬楼影印原刻本。

拜经楼丛书。吴骞。【补】三十种，原刻本，民国十一年上海博古斋影印原刻本。光绪间会稽章寿康重刻本，未全。

岭南遗书。伍元薇。【补】六集，五十九种，道光十一年刻本。

粤雅堂丛书。伍崇曜。【补】二十集，一百二十一种，咸丰三年刻本。　光绪间续刻十集，六十四种，合前成三十集。

观我生室汇稿。罗士琳著。　有古书。【补】十一种，阮氏刻。

海山仙馆丛书。潘仕诚。【补】五十六种，道光六年刻本。

古经解汇函。广州刻。【补】十六种，巴陵方谦钧编，重刻小字本。

小学汇函。广州刻。【补】十四种，附刻古经解汇函后，巴陵方谦钧编，重刻小字本。

佚存丛书。日本刻。【补】十九种，日本原刻本，道光间扬州阮元重刻本，光绪八年长洲黄氏重印活字本，民国十四年涵芬楼影印原刻本。

茆氏辑十种古书。茆鲁山。【补】道光二十二年梅瑞轩刻本。

　　右皆多存古书，有关实学，校刊精审者。一人著述合刻者，亦名丛书，别列于后。余若郎刻五雅、中都四子、周秦十一子、吴刻二十子、崇德堂二十子、宋左如圭百川学海、三续百川学海、广百川学海、古今逸史、钟评秘书十八种、说郛、稗海、格致丛书、秘册汇函、宝颜堂秘笈、稽古堂日钞、古今说海、唐宋丛书。以上明刻，多古书。【补】上举丛书十八部，今并有重印通行本，或石印，或排印，或就旧刻影印，不复一一标列。　宋俞鼎孙编儒学警悟七种，宋咸淳四年编成，乃丛书之祖，有民国十三年武进陶湘刻本。　**十子全书、武经七书、青照堂、长恩书室、三长物斋丛书、龙威秘书、心斋十种、棟亭十二种、函海、唐人说荟。**以上国朝刻，间有古书。【补】曹溶编学海类编，亦丛书巨帙，凡四百三十一种，有道光十一年六安晁氏活字本，民国九年涵芬楼影印本。

以上各种，或校刊不精，或删改，或琐杂，若寒士求书不易，得之亦可备考，但不可尽据耳，此外尚多，举其著者。归安姚氏咫进斋丛书，永康胡氏金华丛书，吴县潘氏滂喜斋丛书，刊印已多，尚无总数。【补】咫进斋丛书，姚觐元编刻，凡三集，三十五种。金华丛书，胡凤丹编刻，凡四集，六十七种。滂喜斋丛书，潘祖荫编刻，凡四集，四十三种。功顺堂丛书，潘祖荫编刻，凡十八种。此四丛书并同治、光绪间刻。　后此所出，合刻丛书无虑数十种，其著者有张之洞广雅丛书，王灏畿辅丛书，孙衣言永嘉丛书，陆心源湖州丛书，十万卷楼丛书，章寿康式训堂丛书，黎庶昌古逸丛书，丁丙武林往哲遗著，武林掌故丛编，邓实风雨楼丛书，古学汇刊，胡思敬豫章丛书，徐乃昌积学斋丛书，邓斋丛书，随庵丛书，张钧衡适园丛书，刘世珩聚学轩丛书，刘承幹求恕斋丛书、嘉业堂丛书、吴兴丛书、希古楼丛书，罗振玉鸣沙石室佚书、云窗丛刻、吉石庵丛书、宸翰楼丛书、雪堂丛刻、玉简斋丛书，胡宗楙续金华丛书，卢靖湖北先正遗书，上海商务印书馆涵芬楼秘笈、四部丛刊、续古逸丛书，上海中华书局四部备要。

国朝一人著述合刻丛书 求书于市,但举子目,非书贾所知,故为举其大题如左。

亭林遗书。顾炎武。 未尽。【补】二十二种,康熙间潘耒编刻本。光绪十一年重刻本,青浦席威、吴县朱记荣同刻。

音学五书。顾炎武。【补】张弨写刻本,苏州翻刻本。

船山遗书。王夫之。【补】五十五种,同治四年湘乡曾国藩江宁节署重刻本,又道光庚子衡阳王世佺刻本,咸丰间湘潭刻本。

西河合集。毛奇龄。【补】九十四种,康熙庚子蒋枢编,书留草堂刻本。

万氏经学五书。万斯大。 未尽。【补】乾隆辛巳万氏刻,有重刻本。

高文恪公四部稿。高士奇。【补】四十三种,刻本。

拜经堂丛刻。臧琳、臧庸。 未尽。【补】十一种,嘉庆间刻本。

望溪全集。方苞。【补】十七种,一名抗希堂全集,乾隆间刻本,光绪戊戌嫏嬛阁重刊本。

范氏遗书六种。范家相。【补】家刻本。

文道十书。陈景云。 未全刻。【补】乾隆甲戌刻本,止刻四种。

果堂全集。沈彤。【补】六种,刻本。

杭氏七种。杭世骏。 止小品,此外甚多。【补】乾隆间刻本,小嫏嬛仙馆重刻本。

丛睦汪氏遗书。汪师韩。【补】十五种,原刻亦名上湖遗书,光绪十二年汪氏长沙重刻本。

戴氏遗书。戴震。　未尽。【补】十八种,乾隆丁卯微波榭刻本。

潜研堂全书。钱大昕。　未尽。【补】二十二种,原刻本,光绪十年长沙龙氏重刻本。

苏斋丛书。翁方纲。【补】十九种,原刻本,民国十三年上海博古斋影印原刻本。

燕禧堂五种。任大椿。　未尽。【补】刻本。

味经斋遗书。庄存与。【补】十二种,附一种,光绪八年重刻本。

瓯北全集。赵翼。【补】七种,乾隆、嘉庆间湛贻堂刻本。

顨轩所著书。孔广森。【补】七种,嘉庆丁丑孔氏仪郑堂刻本。

孔丛伯遗书八种。孔广林。【补】光绪庚寅济南局刻本。

东壁遗书。崔述。【补】二十种,道光壬午石屏陈履和刻本,近年坊间石印本,畿辅丛书本未足。

洪稚存全集。洪亮吉。　此外甚多。【补】原刻十三种,光绪己卯洪用懃重刻本。二十三种,名洪北江全集,此版归武昌局。

钱氏四种。钱坫。　此外甚多。【补】嘉庆壬戌拥万楼刻本。

授堂集。武亿。　未尽。【补】十三种,家刻本,道光癸卯授堂重刻本。

高邮王氏五种。王念孙、王引之。【补】自刻本,坊间石印本。　高邮王氏遗书七种,念孙、引之同撰,此七种在旧刻五种外,民国十四年上虞罗振玉排印本。

刘氏遗书。刘台拱。【补】八种,仪征阮常生刻本,光绪十五年广州局重刻本。

经韵楼丛书。段玉裁。【补】九种,自刻本。

墨庄遗书。胡承珙。【补】七种,自刻本。

清白士集。梁玉绳。【补】四种,嘉庆庚申刻本。

四录堂类集。严可均。 共四十二种,止刻七种。

郝氏遗书。郝懿行。 未尽。【补】同治四年郝联〔薇〕(徽)重刻本三十种,懿行父培元、妻王照圆所著书,亦附刻其中。

传经堂丛书。洪颐煊、洪震煊。 未尽。【补】十三种,刻本。

焦氏丛书。焦循。【补】二十一种,嘉庆丁丑焦氏雕菰楼刻本,光绪丙子邵阳魏源补版本。

陈氏丛书。陈逢衡。【补】四种,并逢衡父本礼撰匏室四种,合称陈氏八种,家刻本。

珍蓺宧遗书。庄述祖。【补】十二种,家刻本。

茗柯全书。张惠言。【补】十四种,嘉庆元年扬州阮氏、道光元年合河康氏合刻本。

浮溪精舍丛书。宋翔凤。【补】十三种,道光间自刻本。

李申耆五种。李兆洛。【补】原刻本,合肥李氏重刻本,扫叶山房重刻本。

竹柏山房十种。林春溥。【补】咸丰乙卯福州刻本,十五种。

陈氏八种。陈寿祺、陈乔枞。 未尽。【补】寿祺撰左海全集,道光癸未家刻本,十一种。乔枞撰左海续集,光绪壬午刻本,十种。续集一名小琅嬛馆丛书。

戚氏遗书。戚学标。【补】五种，续刻二种。

求己堂八种。施〔彦士〕（朝幹）。【补】刻本。

修本堂遗书。林伯桐。【补】十种，道光甲辰刻本。

王氏说文三种。王筠。【补】原刻本，四川重刻本。

鄂宰四种。王筠。【补】王箓友九种，道光间刻本。

苗氏说文四种。苗夔。 未尽。【补】咸丰辛亥汉砖亭刻本。

六艺堂诗礼七编。丁晏。 未尽。【补】丁晏撰颐志斋丛书廿一种，括诗礼七编在内，同治元年刻本。

俞氏丛书。今人。【补】此即德清俞樾春在堂全书，光绪己丑重定刻本一百八十八种。

算学家一人率撰数种，皆丛书体例，已见前天算本条下。

　　右举合刻者，若黄、宗羲。朱、彝尊。江、永。厉、鹗。程、廷祚。王、鸣盛。孙、星衍。阮、元。三惠、周惕、士奇、栋。九钱、大昕、大昭、塘、坫、东垣、绎、侗、师征、师慎，大昕合刻未尽，余多未刻。【补】钱师璟钱氏艺文志略一卷，附先德述闻一卷，可考见嘉定钱氏一家著述之盛，有番禺梁鼎芬刻端溪丛书本。三胡、匡衷、秉虔、培翚。二刘、文淇、毓崧。 未刻者多。【补】合寿曾、师培为仪征四刘。师培左庵遗著弟子分藏其稿，亦多未刊。之属，〔其余甚繁，此举较多者。〕著书甚多，而非合刻。【补】章学诚章氏遗书，近年吴兴刘承幹嘉业堂始为汇刻印行。此就考订经史者言之，其著述虽富，不关考订者，不与，成书未刊者，不与，附集刊行一两种者，不与。【补】丁晏之后，自俞氏丛书外，其著者有黄以周、吴汝纶、孙诒让、王先谦、杨守敬所著书，王闿运湘绮楼全书，廖平六译馆丛书，章炳麟章氏丛书，王国维观堂遗书。

附一　别录目 【补】此录所收书,今已不尽切用,买置当分别。

群书读本　此类各书,简洁豁目,初学讽诵,可以开发性灵,其评点处颇于学为词章者有益,菁华削繁,虽嫌删节,但此乃为学文之用,非史学也。若闵本考工记、檀弓、公、穀、苏批孟子之类,割截侮经,仍不录。

朱墨本左传。明闵氏刻本。　朱墨本庄子、列子、楚辞。同上。史汉评林。见前。史汉汇评。明钟人杰。　葛本评点史记。国朝葛氏刻。　归方合评史记。王拯纂。　广州刻本,盱眙吴氏刻本。【补】又光绪间武昌张裕钊校刻本,善。王本但记评语及圈点起讫,无原书正文,张本有。朱墨本史记菁华录。广州刻,贵阳刻墨本。　巾箱本通鉴辑览。南昌刻本。　朱墨本纪评史通削繁。卢氏广州刻本,〔广州重刻本〕。朱墨本纪评文心雕龙。同上,〔同上〕。　朱墨本秦汉文钞。闵刻。朱墨本评注文选。叶树藩海录轩刻本,成都局刻墨本,广州重刻本。坊本多讹。　朱墨本六朝文絜。许梿写刻本。　　朱墨本韩文。闵刻。五色本唐宋诗醇、文醇。见前。　〔五色〕(朱墨)本古文渊鉴。内府原本,广州重刻。　　五色评本杜诗。〔卢氏广州刻本〕,〔广州重刻本〕。朱墨本陶、韦、王、孟诗。闵刻,各家单行。　　朱墨本昌黎诗注。见前。　　三色评本义山诗注。广州刻本。　　朱墨本纪评苏诗。〔卢氏〕广州刻本,〔广州重刻本〕。　　朱墨本纪评瀛奎律髓。卢氏广州刻本,镜烟堂十种墨本,〔李氏嘉定刻墨本〕。　　朱墨本四六法海。　蒋士铨删评。　广州刻本。　　朱墨本花间集。闵刻。其各家诗文选本已见前。【补】桐城吴汝纶点勘群书若干种,点勘记若干种,雅正有法,初学可览,民国间北京、保定两地排印。

考订初学各书　此类各书,约而不陋。

四库简明目录。见前。京师近刻四库书目略,无注。说文检字。见前。说文提要。见前。御纂七经序录。何天衢录。道光五年刻本。　皇清经解节本。广州刻。　　易堂问目。吴鼎。　　十三经策案。二十二卷。　王谟。　　廿二史策案。十二卷。　王鉴。　此两书甚不陋。文献通考详节。严虞惇。　　三通序。以上均坊刻。　　通鉴目录。历代帝王年表。地理韵编,纪元编。　廿一史四谱。　廿二史札记。翁注困学纪闻。日知录集释。十驾斋养新录。均见前。骈雅训纂。见前。　亦资词章。

词章初学各书　虽为典故词藻，然所列书，必体例大雅，引书有裁择者，有本原者，引俗伪书者为无择，引类书而不注出典者为无本。

经玩。广州刻本。　说文锦字。近人。　两汉书蒙拾。杭世骏。杭氏七种。　南北史捃华。周嘉猷。　子史精华。康熙六十年敕撰，采择最精。　诸子品汇。明高棅。　任氏述记。任兆麟。　二书较胜于经余必读、百子金丹。　梁庾仲容即有子钞，其来已古。　文选课虚。杭氏七种。　唐诗金粉。沈炳震。　三体摭韵。朱昆田。　格致镜原。陈元龙。　小知录。陆凤藻。　月令粹编。秦嘉谟。　读书记数略。宫梦仁。较小学绀珠为详，明人锦字藻林之属，不注出典，最谬。　庾集、杜诗、韩诗、义山诗文、苏诗、黄诗注。　吴诗集览。　渔洋山人精华录训纂。　曝书亭诗词注。均见前。　袁文笺正。袁枚四六文，石韫玉笺。　有正味斋骈文注。吴锡麒。王广业、叶联芬两注本。　袁、吴两家文，及尤侗西堂杂俎，最便初学。

以上诸集笺注，典故详博，引据无误，既学文笔，又猎词藻，看此数种，胜于俗谬类书多矣。

童蒙幼学各书　上海新刻三才略最佳，不惟童蒙，凡学人皆不可不一览。

六艺纲目。元舒天民。　嘉荫簃本，指海本。　李氏蒙求。后唐李瀚。

宋徐子光注。　佚存丛书、学津讨源本乡塾难得，川省坊行杨迦〔怿〕（择）补注亦可。　**王氏十七史蒙求**。宋王令。　康熙五十二年程刻本。　**仪礼韵言**。檀萃。　通行本。　仪礼难读，因之乡塾遂不知有此经，檀氏此编，约取经义节次，编为四言韵语，注解明白，童蒙于未读经典之先，令熟此编，他日读仪礼亦较易，即不读亦知梗概矣，岂不胜于读村书杂字、百家姓万万耶。　**三才略**。恒星图、步天歌、地球图、舆地略、括地略、历代统图、读史论略，上海局本。

劝刻书说

凡有力好事之人，若自揣德业学问不足过人，而欲求不朽者，莫如刊布古书一法。但刻书必须不惜重费，延聘通人，甄择秘籍，详校精雕，刻书不择佳恶，书佳而不雠校，犹糜费也。其书终古不废，则刻书之人终古不泯，如歙之鲍，吴之黄，南海之伍，金山之钱，可决其五百年中必不泯灭，岂不胜于自著书、自刻集者乎。假如就此录中，随举一类，刻成丛书，即亦不恶。且刻书者，传先哲之精蕴，启后学之困蒙，亦利济之先务，积善之雅谈也。

附二　国朝著述诸家姓名略总目

读书欲知门径,必须有师,师不易得,莫如即以国朝著述诸名家为师。大抵征实之学,今胜于古,经史小学,天算地舆,金石校勘之属皆然,理学、经济、词章,虽不能过古人,然考辨最明确,说最详,法最备,仍须读今人书,方可执以为学古之权衡耳。即前代经史子集,苟其书流传自古,确有实用者,国朝必为表章疏释,精校重刻。凡诸先正未言及者,百年来无校刊精本者,皆其书有可议者也。知国朝人学术之流别,便知历代学术之流别,胸有绳尺,自不为野言谬说所误,其为良师,不已多乎。

所录诸家,其自著者及所称引者,皆可依据,词章诸家,皆雅正可学。书有诸家序跋,其书必善,牵连钩考,其益无方。

诸家著书,或一两种,或数十种,间有无传书者,皆有论说，见他人书中。

行县时，屡有诸生求为整饬乡塾，选择良师，反复思之，无从措手，今忽思得其法，录为此编，虽不能尽，大略在焉，凡卷中诸家，即为诸生择得无数之良师也，果能循途探讨，笃信深思，虽僻处深居，不患冥行矣。

多举别号，欲人易知，有谥者称谥，生存人不录。

此编所录诸家外，其余学术不专一门，而博洽有文，其集中间及考论经史、陈说政事者，不可枚举，然此录诸家著述中，必见其名，自可因缘而知之。【补】光绪以来著述家，半犹生存，既补录其书入各卷，著其名矣，此不复一一举列。

姓名略不能悉数，举其著者。空言臆说不录，一门数人者类叙。

由小学入经学者，其经学可信，由经学入史学者，其史学可信，由经学史学入理学者，其理学可信，以经学史学兼词章者，其词章有用，以经学史学兼经济者，其经济成就远大。

经学家

顾炎武。亭林，昆山。　张尔岐。稷若，济阳。　陈启源。长发，吴江。
马骕。宛斯，邹平。　王尔膂。止庵，掖县。　毛奇龄。大可，萧山。
朱彝尊。竹垞，秀水。　胡渭。朏明，德清。　阎若璩。百诗，太原。
徐善。敬可，秀水。　臧琳。玉林，武进。　臧镛堂。在东，琳玄孙。
臧礼堂。和贵，镛堂弟。　惠士奇。天牧，吴县。　惠栋。定宇，士奇子。　诸锦。襄七,秀水。　汪师韩。韩门,钱塘。　杭世骏。大宗,仁和。　齐召南。次风,天台。　秦蕙田。谥文恭,金匮。　庄存与。方耕,阳湖。　庄述祖。葆琛,存与弟子。　庄绶甲。卿珊,存与孙。　褚寅亮。搢升,长洲。　卢文弨。抱经,余姚。　江声。艮庭,吴县。　余萧客。古农,吴县。　翁方纲。覃溪,大兴。　王鸣盛。西庄,嘉定。　朱筠。竹君,大兴。　纪昀。谥文达,献县。王昶。兰泉,青浦。　范家相。蘅洲,会稽。　翟灏。晴江,仁和。　钱大昕。竹汀,嘉定。钱大昭。可庐,大昕弟。　钱塘。学渊,大昕兄子。　钱坫。献之,塘弟。　周春。松霭,海宁。盛百二。柚堂,秀水。　毕沅。秋帆,镇洋。孙志祖。颐谷,仁和。　任大椿。幼植,兴化。　孔继涵。荭谷,曲阜。孔广森。𢾺轩,曲阜。　孔广林。丛伯,广森弟。　邵晋涵。二云,余姚。　金榜。辅之,歙县。　戴震。东原,休宁。　段玉裁。懋堂,金坛。　程瑶田。易畴,歙县。　胡匡衷。朴斋,绩溪。　胡培翚。竹邨,匡衷孙。　胡秉虔。春乔,绩溪。　胡承珙。墨庄,泾县。　周炳中。烛斋,溧阳。　刘台拱。端临,宝应。　王念孙。石臞,高邮。王引之。谥文简,念孙子。　洪榜。初堂,歙县。　洪梧。桐生,榜弟。金曰追。璞园,嘉定。　汪中。容甫,江都。　汪喜孙。孟慈,中子。宋绵初。守端,高邮。　李惇。孝臣,高邮。　武亿。虚谷,偃师。丁杰。小雅,归安。　顾九苞。文子,兴化。　周广业。耕崖,海宁。

汪龙。蛰泉,歙县。　汪莱。孝婴,歙县。　程际盛。焕若,长洲。许鸿磐。渐逵,济宁。　许珩。楚生,仪征。　孙星衍。渊如,阳湖。梁玉绳。曜北,钱塘。　梁履绳。处素,玉绳弟。　阮元。谥文达。仪征。　桂馥。未谷,曲阜。　洪亮吉。稚存,阳湖。　凌廷堪。次仲,歙县。　李赓芸。邠斋,高邮。　〔锺〕(鐘)襄。蔎崖,甘泉。　赵曦明。敬夫,江阴。　严可均。铁桥,乌程。　马瑞辰。桐城。　王聘珍。实斋,南城。　毕〔以〕珣。九水,文登。　姚文田。谥文僖,归安。郝懿行。兰皋,栖霞。　张惠言。皋文,武进。　陈寿祺。恭甫,侯官。陈乔枞。朴园,寿祺子。　张澍。介侯,武威。　朱珔。兰坡,歙县。周用锡。晋园,平湖。　焦循。里堂,甘泉。　李钟泗。滨石。　马宗梿。鲁〔陈〕(城),桐城。　朱彬。〔武曹〕,宝应。　江藩。郑堂,甘泉。李贻德。次白,嘉兴。　崔应榴。〔秋谷〕,海盐。　刘玉麐。〔又徐〕,宝应。　刘宝楠。楚桢,宝应。　刘文淇。孟瞻,仪征。　刘毓崧。伯山,文淇子。　刘逢禄。申受,阳湖。　宋翔凤。于庭,长洲。　沈钦韩。文起,吴县。　柳兴宗。宾叔,丹徒。　许桂林。月南,海州。赵坦。宽夫,仁和。　洪颐煊。筠轩,临海。　洪震煊。樨堂,颐煊弟。凌曙。晓楼,江都。　凌堃。厚堂,乌程。　胡世琦。玉樵,泾县。俞正燮。理初,黟县。　臧寿恭。梅溪,长兴。　刘履恂。宝应。金鹗。秋史,临海。　周中孚。信之,乌程。　宋世荦。〔牿山〕,临海。

李锐。尚之,元和。　徐养原。〔饴庵〕,德清。　沈梦兰。〔谷春,归安。〕　方观旭。桐城。　李黼平。子黼,嘉应。　李富孙。香子,嘉兴。　冯登府。柳东,嘉兴。　龚自珍。定庵,仁和。　陈奂。硕甫,长洲。　薛传均。子韵,甘泉。　张宗泰。登封,甘泉。　姚配中。仲虞,旌德。　包世荣。季怀,泾县。　徐卓。莘生,休宁。　张穆。石〔舟〕(州),平定。　汪家禧。选楼,仁和。　侯康。君谟,番禺。　林伯桐。月亭,番禺。　丁传经。归安。　陈璨。〔小莲〕,嘉定。　马国翰。竹吾,历城。　周学濂。〔元绪〕,乌程。　魏源。默深,邵阳。　郑珍。子尹,遵义。　朱右曾。亮甫,嘉定。　陈立。卓人,句容。　邹汉勋。叔勋,新化。

　　右汉学专门经学家诸家皆笃守汉人家法,实事求是,义据通深者。

黄宗羲。梨洲,余姚。　黄宗炎。晦木,宗羲弟。　王夫之。船山,衡阳。　钱澄之。饮光,桐城。　朱鹤龄。长孺,吴江。　万斯大。充宗,鄞县。　万斯同。季野,斯大弟。　万经。九沙,斯大子。　徐乾学。健庵,昆山。　陆元辅。翼王,嘉定。　徐嘉炎。胜力,秀水。　惠周惕。元龙,吴县。　黄叔琳。昆圃,大兴。　陈景云。少章,吴江。　张尚瑗。损持,吴江。　方苞。望溪,桐城。　陈厚耀。泗源,泰州。　吴廷华。中林,钱塘。　盛世佐。庸三,秀水。　胡煦。谥文良,光山。

王懋竑。白田,宝应。　陆奎勋。陆堂,平湖。　顾栋高。震沧,无锡。
陈祖范。亦韩,常熟。　蔡德晋。仁锡,无锡。　任启运。钓台,宜兴。
江永。慎修,婺源。　汪绂。双池,婺源。　王坦。吉途,通州。　沈
彤。果堂,吴江。　全祖望。谢山,鄞县。　徐文靖。位山,当涂。
程廷祚。绵庄,上元。　金文淳。质甫,钱塘。　车文。彬若,太康。
程恂。悚也,休宁。　吴鼐。岱岩,金匮。　吴鼎。尊彝,鼐弟。　赵
佑。鹿泉,仁和。顾镇。古湫,常熟。　姚培谦。平山,华亭。　张聪
咸。〔阮林,桐城。〕姚鼐。姬传,范弟子。　崔述。东壁,大名。　徐
璈。六襄,桐城。　丁履恒。道久,武进。　许宗彦。周生,德清。
雷学淇。介庵,通州。　钱仪吉。衎石,嘉兴。　黄式三。薇香,定海。

　　右汉宋兼采经学家诸家皆博综众说,确有心得者。

　　史学家　诸家皆考辨纂述者,其文章议论者不及。

黄宗羲。严衍。永思,〔嘉定〕(秀水)。　李清。映碧,兴化。　顾炎
武。顾祖禹。景范,无锡。　黄仪。子鸿,常熟。万斯同。万经。
谷应泰。赓虞,丰润。　马骕。　毛奇龄。朱彝尊。　吴任臣。
志伊,仁和。　邵远平。吕璜,仁和。　杨椿。农先,武进。　陈景云。
陈黄中。和叔,景云子。　王峻。艮斋,常熟。　姚之骃。鲁斯,钱塘。
杭世骏。齐召南。　厉鹗。樊榭,钱塘。　惠栋。　沈炳震。

东甫,归安。　王延年。介眉,钱塘。　　牛运震。空山,滋阳。　　全祖望。　王文清。九溪,宁乡。　　汪沆。西颢,钱塘。　　张庚。瓜田,秀水。　王元启。惺斋,钱塘。　　王鸣盛。　钱大昕。　钱大昭。　钱塘。　钱坫。　钱东垣。既勤,大昕弟子。钱侗。同人,同上。　　赵一清。东潜,仁和。　周嘉猷。两塍,钱塘。　　彭元瑞。谥文勤,南昌。　毕沅。　谢启昆。蕴山,南康。　　陆锡熊。耳山,上海。　　赵翼。瓯北,阳湖。　严长明。道甫,江宁。　严观。子进,长明子。　孙志祖。　邵晋涵。吴兰庭。胥石,归安。　张敦仁。古愚,阳城。　　汪中。　祁韵士。鹤皋,寿阳。　周广业。　梁玉绳。　朱彭。青湖,钱塘。　洪亮吉。洪饴孙。〔祐甫〕,亮吉子。　洪齮孙。〔子龄〕,同上。　凌廷堪。　章宗源。逢之,会稽。　章学诚。实斋,会稽。　刘凤诰。金门,萍乡。　张澍。　徐松。星伯,大兴。　李贻德。　陈鹤。稽亭,长洲。　赵绍祖。琴士,泾县。　李兆洛。申耆,阳湖。　程恩泽。春海,歙县。　钱林。东生,钱塘。　沈钦韩。　包世臣。慎伯,泾县。　杨津。　张宗泰。　朱鸿。筠麓,秀水。　周济。保绪,荆溪。　俞正燮。　吴卓信。顶儒,昭文。　雷学淇。　龚自珍。　狄子奇。叔颖,溧阳。　六严。〔德只〕(承如),江阴。〔六承如。〕庚九,江阴。　梁廷枏。〔章甫〕,顺德。　叶维庚。两垞,秀水。　张穆。　侯康。　钱仪吉。　魏源。　何秋涛。愿船,光泽。

地理为史学要领，国朝史家皆精于此，顾祖禹、胡渭、齐召南、戴震、洪亮吉、徐松、李兆洛、张穆尤为专门名家。

理学家 举其有实际而论定者。所举诸家，其书皆平实可行，不涉迂陋微眇。诸家虽非经史专门，亦皆博通今古，无浅陋者。

孙奇逢。夏峰，容城。 魏象枢。谥敏果，蔚州。 汤斌。谥文正，睢州。

　右陆、王兼程、朱之学

陆世仪。桴亭，太仓。 张履祥。杨园，桐乡。 应㧑谦。潜斋，仁和。
魏裔介。谥文毅，柏乡。 陆陇其。谥清献，平湖。

李光地。谥文贞，安溪。 张伯行。谥清恪，仪封。 杨名时。 谥文定，江阴。 朱轼。谥文端，高安。 蔡世远。谥文勤，漳浦。 陈宏谋。谥文恭，临桂。

　右程、朱之学

李中孚。二曲，盩厔。 李绂。穆堂，临川。

　右陆、王之学

颜元。习斋，博野。 李塨。刚主，蠡县。 王源昆绳，大兴。三人别为宗派。罗有高。台山，瑞金。 汪缙。大绅，吴县。 彭绍升尺木，长洲。三人，皆理学而兼通释典。此为国朝理学别派。

经学、史学兼理学家

黄宗羲。　顾炎武。　方苞。方于史学，不尚考据，而极究心经济。
全祖望。　姚鼐。

小学家　国朝经学家，皆通小学，举其尤深者，说文严、段、钮为最，音韵顾、江永为最，训诂郝、王引之为最。

顾炎武。　张弨。力臣，山阳。　吴玉搢。山夫，山阳。　潘耒。次耕，吴江。　臧琳。　臧镛堂。　黄生。扶孟，歙县。　江永。　刘淇。武仲，济宁。　谢〔墉〕(塘)。金圃，嘉善。　江声。　江沅。子兰，声孙。　朱筠。　翟灏。　钱大昕。钱坫。　钱绎。小庐，大昕弟子。　钱侗。　毕沅。谢启昆。　任大椿。　任兆麟。心斋，兴化。　邵晋涵。　戴震。　宋鉴。半塘，安邑。　吴颖芳。西林，仁和。段玉裁。　朱文藻。朗斋，仁和。　胡秉虔。　庄炘。虚庵，阳湖。　王念孙。　王引之。　洪榜。　洪梧。李威。畏吾，龙溪。　程际盛。　叶敬。去病，诸暨。　孙星衍。　阮元。　桂馥。　洪亮吉。　严可均。　钮树玉。匪石，吴县。　魏茂林。笛生，龙岩。　顾凤毛。超宗，兴化。　程敦。彝斋，歙县。姚文田。　郝懿行。　胡世琦。　薛传均。　戚学标。鹤泉，德清。　王煦。〔汾泉，上虞。〕　胡重。菊圃，秀水。　胡祥麟。仁圃，秀水。　严元照。〔九能，归安。〕　朱骏声。丰芑，元和。　钱馥。广伯，海宁。　陈瑑。　沈道宽。栗仲，鄞县。　王筠。菉友，安丘。　苗夔。仙麓，肃宁。　郑珍。　许瀚。印林，日照。

文选学家　国朝汉学、小学、骈文家皆深选学，此举其有论著校勘者。

钱陆灿。圆沙，常熟。　潘耒。　何焯。义门，长洲。　陈景云。　余萧客。　汪师韩。　严长明。　孙志祖。叶树藩。〔涵峰〕，长洲。　彭兆荪。甘亭，镇洋。　张云璈。〔仲雅，钱塘。〕　张惠言。　陈寿祺。　朱珔。薛传均。

算学家　畴人传、续畴人传未及者，补录于后。五十年来，为此学者甚多，此举其著述最显著者，梅文鼎、罗、李善兰为最。

杨光先。长公，歙县。　潘圣樟。力田，吴江。　潘耒。圣樟弟。　胡亶。〔励斋，仁和。〕李长茂。　徐发。圃臣，嘉兴。阎若璩。　张雍敬。简斋，秀水。　沈超远。钱塘。　惠士奇。　陈讦。言扬，海宁。　陈世仁。〔元之〕，海宁。　顾长发。君源，江苏。　屠文漪。莼洲，松江。　许伯政。惠棠，巴陵。　王元启。　李惇。　吴烺。

橘亭,全椒。　褚寅亮。　龚渰。长蘅,长洲。以上前传。　孔广森。

范景福。介兹,钱塘。　钱侗。　李潢。云门,钟祥。　程瑶田。

谈泰。阶平,上元。　吴兰修。石华,嘉应。　张敦仁。　姚文田。

施彦士。朴斋,崇明。　戴敦元。谥简恪,开化。　陈潮。东之,泰

兴。以上续传。　万光泰。柘坡,秀水。　沈钦裴。吴县。　顾广圻。

千里,元和。　戴煦。谔士,钱塘。　纪大奎。慎斋,临川。　陈琛。

张豸冠。神羊,海宁。　杨宝臣。骧云,福建。

　　右中法

薛凤祚。仪甫,淄川。　游艺。子六,建宁。　揭暄。子宣,广昌。

杜知耕。〔伯〕（柏）矍,柘城。　李子金。隐山,柘城。　李光地。

李鼎征。安卿,光地弟。　李光坡。耜卿,光地弟。　李钟伦。世德,

光地子。　孔兴泰。林宗,睢州。　袁士龙。惠子,仁和。　年希尧,

允恭,广宁。　陈万策。对初,晋江。　江永。　盛百二。　厉之

锷。宝卿,钱塘。以上前传。凌廷堪。　汪莱。　徐朝俊。恕堂,华

亭。张作楠。丹村,金华。以上续传。董化星。常州。　齐彦槐。

梅麓,婺源。江临泰。全椒。

　　右西法

王锡阐。寅旭，吴江。　方中通。位伯，桐城。　黄宗羲。　黄百家。主一，宗羲子。　梅文鼎。定九，宣城。　梅文鼐。和仲，文鼎弟。梅文鼏。尔素，文鼎弟。　梅以燕。正谋，文鼏子。梅㲄成。谥文穆，文鼎孙。　梅钫。敬名，文鼎曾孙。　梅釴。导和，钫弟。　秦文渊。毛乾乾。心易，南康。　谢廷逸。野臣，上元。　刘湘煃。允恭，江夏。　杨作枚。学山，无锡。　陈厚耀。　庄亨阳。复斋，南靖。邵昂霄。丽寰，余姚。　余熙。晋斋，桐城。　顾琮。用方，满洲。何国宗。翰如，大兴。　丁维烈。长洲。　张永祚。景韶，钱塘。戴震。屈曾发。省园，常熟。以上前传。　明安图。静庵，蒙古。　明新。安图子。　陈际新。舜五，宛平。　张肱。良亭，宝应。　博启。绘亭，满洲。　许如兰。芳谷，全椒。　陈懋龄。〔勉甫〕，上元。　钱大昕。　李锐。　黎应南。见山，顺德。　梅冲。抱村，㲄成孙。　焦循。焦廷琥。虎玉，循子。　杨大壮。竹卢，江都。　许桂林。周治平。临海。　董祐诚。　张成孙。彦惟，阳湖。　谢家禾。谷堂，钱塘。以上续传。　沈大成。学子，金山。　阮元。　许宗彦。安清翘。　项名达。梅侣，钱塘。　刘衡。廉舫，南丰。　罗士琳。茗香，甘泉。　俞正燮。　徐有壬。谥庄愍，乌程。　夏鸾翔。紫笙，钱塘。　冯桂芬。敬亭，吴县。　邹伯奇。特夫，南海。　周澄。志甫，绩溪。　李锡蕃。晋初，长沙。　李善兰。〔壬〕(士)叔，海宁。

右兼用中西法此编生存人不录，李善兰乃生存者，以天算为绝学，故录一人。

校勘之学家　诸家校刻〔书〕，并是善本，是正文字，皆可依据，戴、卢、丁、顾为最。

何焯。　惠栋。　卢见曾。雅雨，德州。　全祖望。沈炳震。沈廷芳。椒园，仁和。　谢墉。　姚范。姜坞，桐城。　卢文弨。钱大昕。　钱东垣。　彭元瑞。　李文藻。南涧，益都。周永年。书仓，历城。　戴震。　王念孙。　张敦仁。　丁杰。赵怀玉。味辛，阳湖。　鲍廷博。以文，歙县。　黄丕烈。荛圃，吴县。　孙星衍。　秦恩复。敦夫，江都。　阮元。　顾广圻。袁廷梼。寿阶，吴县。　吴骞。兔床，海宁。　陈鳣。仲鱼，海宁。　钱泰吉。警石，嘉兴。　曾钊。勉士，南海。　汪远孙。小米，仁和。

金石学家

黄宗羲。　顾炎武。　吴玉搢。朱彝尊。　顾蔼吉。南原，长洲。　全祖望。　金农。〔冬心，钱塘〕。　翁方纲。　王昶。钱大昕。　钱大昭。　钱侗。江德量。秋史，仪征。　毕沅。严观。　朱文〔藻〕（澡）。武亿。　黄易。小松，钱塘。　赵魏。晋斋，仁和。　吴东发。侃叔，海盐。　王复。　孙星衍。

阮元。　邢澍。雨民,阶州。　王芑孙。惕甫,太仓。　严可均。

郭麔。频伽,吴江。　朱枫。〔近漪,钱塘。〕　赵曾。北岚,莱阳。

程敦。瞿中溶。木夫,嘉定。　朱为弼。茮堂,平湖。　何元锡。梦

华,钱塘。　张澍。　刘宝楠。　赵绍祖。　洪颐煊。张廷济。

叔未,嘉兴。　李富孙。　吴荣光。荷屋,南海。　黄本骥。虎痴,宁

乡。　沈涛。西雝,嘉兴。　刘喜海。燕庭,诸城。　冯登府。　张

燕昌。芑堂,海盐。　莫友芝。子偲,独山。

古文家

侯方域。朝宗,商丘。　魏禧。叔子,宁都。　贺贻孙。子翼,永新。

计东。甫草,吴江。　施闰章。愚山,宣城。　汪琬。钝翁,长洲。

朱彝尊。　潘耒。　冯景。山公,钱塘。　陶元淳。紫笔,常熟。

姜宸英。西溟,慈溪。　蓝鼎元。鹿洲,漳浦。　李绂。　袁枚。简

斋,钱塘。　彭绍升。　朱仕琇。梅崖,建宁。　汪缙。　罗有高。

鲁九皋。絜非,新城。　蒋湘南。子潇,固始。　包世臣。　龚

自珍。　鲁一同。同甫,山阳。　曾国藩。谥文正,湘乡。　魏源。

　　右不立宗派古文家

方苞。　刘大櫆。海峰,桐城。　姚鼐。　陈用光。石士,新城。

刘开。孟涂,桐城。　姚莹。石甫,桐城。　方东树。植之,桐城。
吴德旋。仲伦,宜兴。　吕璜。月沧,永福。　梅曾亮。伯言,上元。
管同。异之,上元。　吴嘉宾。子序,南丰。　朱琦。伯韩,临桂。
戴钧衡。存庄,桐城。

　　右桐城派古文家

恽敬。子居,阳湖。　张惠言。　陆继辂。祁孙,阳湖。　董士锡。
晋卿,阳湖。　李兆洛。

　　右阳湖派古文家

骈体文家　国朝工此体者甚多,兹约举体格高而尤著者,胡天
游、邵、汪、洪为最。

毛奇龄。　胡天游。稚威,山阴。　胡浚。竹岩,仁和。　邵齐焘。
荀慈,昭文。　王太岳。芥子,定兴。　刘星炜。圃三,武进。　朱珪。
谥文正,大兴。　孔广森。　杨芳灿。蓉裳,金匮。　汪中。　曾
燠。宾谷,南城。　孙星衍。阮元。洪亮吉。　凌廷堪。　彭
兆荪。　吴鼒。山尊,全椒。　刘嗣绾。芙初,阳湖。　董祐诚。
　谭莹。玉笙,南海。

诸家流别不一,有汉魏体,有晋宋体,有齐梁至初唐体,然亦间有出入,不复分列。

至中晚唐体,北宋体,各有独至之处,特诸家无宗尚之者。彭元瑞恩余堂经进稿用宋法,今人示朴斋骈文用唐法。【补】示朴斋骈文,归安钱振伦撰。

诗家 国朝以诗名者,不啻千家,兹约举康熙以前名家数人,皆各具一格,有独到无习气者,其余触目览涉,以知风会可矣。载不胜载,止可从约。

吴伟业。梅村,太仓。　冯班。定远,常熟。　王士祯。阮亭,新城。施闰章。　毛奇龄。　朱彝尊。　赵执信。秋谷,益都。　查慎行。初白,海宁。

词家 与诗家同例,惟下及道咸间人。

曹贞吉。升六,安丘。　陈维崧。其年,宜兴。　朱彝尊。　顾贞观。梁汾,无锡。　纳兰性德。容若,满洲。　厉鹗。　郭麐。张惠言。　周之琦。稚珪,祥符。　姚燮。梅伯,镇海。　承龄。子久,满洲。　边浴礼。袖石,任丘。

经济家 经济之道,不必尽由学问,然士人致力,舍书无由,兹举其博通切实者。士人博极群书,而无用于世,读书何为,故以此一家终焉。

黄宗羲。　顾炎武。　顾祖禹。　魏禧。　唐甄。铸万,达县。

陈潢。天一,秀水。　　郑〔元〕(余)庆。芷畦,归安。秦蕙田。　　蓝鼎元。　　方苞。　　储大文。六雅,宜兴。印光任。〔戴昌,宝山。〕陈伦炯。资斋,同安。　　陆燿。朗夫,吴江。　　檀萃。默斋,望江。龚景瀚。海峰,〔闽〕(开)县。　〔恽敬。〕　严如熤。乐园,溆浦。徐松。　　姚莹。　　包世臣。　　俞正燮。　　龚自珍。　　施彦士。魏源。

右经济家,皆举著述者,此外名臣,若熊文端赐履、汤文正斌、魏文毅裔介、魏敏果象枢、李文贞光地、于清端成龙、陆清献陇其、靳文襄辅、张清恪伯行、陈恪勤鹏年、赵恭毅申乔、孙文定嘉淦、李侍郎绂、陈文恭宏谋、朱文端轼、鄂文端尔泰、舒文襄赫德、方恪敏观承、刘文正统勋、阿文成桂、松文清筠、傅提刑鼐、陶文毅澍、林文忠则徐、胡文忠林翼、曾文正国藩,诸家皆经济显著者。严、龚皆有政绩,其奏议公牍,即是著述,或在本集,或在切问斋文钞及经世文编中,或自有专书,寻览考求,尤为切实,不惟读其书,并当师其人耳。

跋

张氏《书目答问》，出缪筱珊先生手，见《艺风堂自订年谱》，湘潭叶氏称其书损益刘、班，自成著作。书成以来，翻印重雕，不下数十余次，承学之士，视为津筏，几于家置一编。顾其书成于光绪二年，原刻本签题云光绪二年写定。后此五十年间新著新雕，未及收入，亦时有小小讹失。

某案头初置此书一部，辄就知见，随手以朱笔补注眉上，积久上下眉无隙地，更置一部注之，如是者两三部，窃自比于《桥西杂记》所载邵位西标注简明目故事。乙卯闲居，遂取数部审择移录，合为一帙，成《补正》五卷，原文一以原刻为据，问以原刻后印剜补本参校注明之，其重刻增易处，不出原著人意，异同悉不著。此区区者，亦积年爬罗而仅成之，凡所采获，大抵邵、莫诸家目所未及详也。

近五十年来，海内著述成书者亦夥已，雅俗高下大别，不可尽入于此，约而存之，其间进退取舍，皆断自私肊，惧有未允，获戾当世，念一人识虑难周,辄弗敢自信,写成扃箧衍数岁矣。比呈视旸堂师,谓有功学者,宜亟刊行,私用差壮,爰属赞虞兄为选一卷先布之,是其全稿容印为单行本云。

十八年己巳莫秋,耒研氏识于盋山陶风楼。此系国学图书馆第二年刊所载史部补正跋。